교육심리학
학습과 교수

이선영 · 박혜성 · 우정민 · 황선영 · 김진우 · 이빈 공저

박영story

교육심리학
학습과 교수

이선영 · 박혜성 · 우정민 · 황선영 · 김진우 · 이빈 공저

박영story

들어가며

"교육심리학: 학습과 교수"는 교육심리학을 전반적으로 개관한 책이다. 교육심리학은 "인간의 행동과 심리 과정을 과학적으로 연구하는 경험 과학의 한 분야"인 심리학(출처: 학문명백과: 사회과학)을 근간으로 교육 행위와 현상을 설명하고 연구하는 교육학과 심리학을 접목한 학문이다. 교육학용어사전에 의하면, 교육심리학은 "교육의 과정에서 일어나는 여러 가지 문제를 심리학적 측면에서 연구하여 그 원리와 방법을 밝혀 교육 활동에 도움을 주고자 하는 심리학의 한 응용 분야"이다. 이 책은 교육의 과정에서 발생하는 문제 중 학습과 교수 활동에 주안점을 두고 이를 심리학적 이론과 교육의 실제를 바탕으로 저술한 개론서이다.

학습은 "연습, 훈련 또는 경험에 의해서 일어나는 행동의 영속적인 변화"(출처: HRD 용어사전), "연습이나 경험의 결과로 일어나는 행동의 지속적인 변화"(출처: 교육학용어사전 참고) 등으로 정의되고 있다. 교수도 다양하게 정의되고 있는데 그 예로 "교사가 학습자에게 지식이나 기술을 전달하고 제능력(諸能力)이나 가치관을 형성시키는 교육 활동"(출처: 두산백과), "교사가 교육적 의도를 가지고 하는 일체의 활동"(출처: 교육학용어사전) 등이 있다. 각각의 정의에서 나타난 것처럼 학습은 연습과 훈련 및 경험 등에 의한 행동의 변화를 가정하고 교수는 학습자에게 영향을 미치는 교사의 교육적 의도와 활동을 강조한다. 이는 학습은 학습자에게 발생하는 변화의 결과이며 교수는 이러한 학습자의 변화가 일시적이 아닌 지속적인 것이 될 수 있도록 영향을 미치는 교수자의 의도와 활동이라는 것이다. 따라서 학습과 교수는 서로 대립되거나 독립적인 개념이 아니라 상호 의존적이고 관여하는 분리할 수 없는 관계에 있다고 생각해볼 수 있다.

"교육심리학: 학습과 교수"는 학습과 교수를 중심으로 일반적으로 교육심리학에서 다루는 심리학 및 교육학적 이론과 실제에 관한 책이다. 특히 이 책에서는 학습과 교수의 내용 비중을 동등하게 다루는 데 주안점을 두었다. 일반적으로 학습과 학습자에 관한 내용은 교육심리학(책)에서 많은 관심을 받아왔지만 교수와 교수자의 경우, 관련 내용이 차지하는 비중이 학습과 학습자에 비해 상대적으로 낮았다. 이 책은 교수, 그리고 교사를 포함한 교수자에 관한 내용을 보강하여 학습뿐만 아니라 실제 교육 현장에서 활용 가능한 교수 방안과 활동, 그리고 교수자의 특성을 다각적으로 이해할 수 있도록 구성하였다.

이 책의 또 다른 특징은 학습자와 교수자 간 교수-학습 활동이 일어나는 교육 환경을 관심 있게 다루었다는 점이다. 이제 더 이상 일반인들에게도 낯선 용어가 아닌 교육(education)과 기술(technology)의 합성어인 에듀테크(EduTech)는 4차 산업혁명의 핵심 기술인 인공지능(AI), 클라우드(cloud), 사물 인터넷(IoT), 모바일(mobile), 빅데이터(big data), 가상현실(VR), 증강현실(AR) 등 정보통신기술(ICT)을 교육에 적극적으로 활용하는 차세대 교육을 뜻한다(출처: 정보통신용어사전). 2020년 코로나19 팬데믹을 거치면서 온라인 교육의 필요성에 대한 인식 변화와 함께 에듀테크를 적극적으로 활용하는 교육으로의 전환이 급속도로 진행되었다. 코로나19 팬데믹을 계기로 새로운 교수-학습 기기의 도입이나 교실 환경을 개선하려는 작업이 본격적으로 이루어지면서 에듀테크는 더 이상 차세대 교육이 아닌 당장 필요한 현 시점의 교육이 되어버렸다. 더욱이 최근에 급속도로 성장한 생성형 AI 기술은 교육 현장이 기술과 환경의 변화 속도를 따라가기 힘겹게 만든 것이 사실이다. 생성형 AI 시대에서 교수-학습 활동은 전통적인 교실이나 학교 현장과는 다른 교육 환경을 필요로 하고 있을 뿐만 아니라 교수자와 학습자의 역할에 대한 고민과 재정의를 요구하고 있다. 이 책은 현재 교수-학습에서 활용 가능한 다양한 교수 매체와 교육 환경을 다루었다는 점에서 AI기반 교육의 근간이 되는 도구와 환경을 이해하는 데 도움이 될 것이다.

이 책은 교육심리학에 관한 이론적 및 개념적인 이해뿐만 아니라 교실, 학교 및 교육 현장과 사회 전반에 걸쳐 해결해야 하는 교육의 문제들을 다루었다. 각 장 또는 소단원별 주제에 적합한 학습과 교수 관련 문제들을 "교실/학교 속으로," "교실 안 생각," "교실 밖 생각" 등을 통해 제시함으로써 이 책을 읽고 공부하는 독자들로 하여금 교육의 문제를 다양한 관점에서 생각해볼 수 있는 시간을 가질 수 있도록 하였다. "교실/학교 속으로"가 실제 교실이나 학교에서 발생했거나 발생 가능한 학생 또는 교사 사례들을 중심으로 학습과 교수와 관련된 문제들을 드러내는 데 주안점을 두었다면 "교실 안 생각"과 "교실 밖 생각"에서는 교실 안팎에서 경험할 수 있는 학습과 교수를 비롯한 교육 전반에 관한 문제들을 보다 포괄적으로 다루었다. 이를 통해서 이 책의 독자들이 현재 교육의 문제와 상황을 객관적으로 인식하고 이를 창의적이고 슬기롭게 해결할 수 있는 방안을 고민해봄으로써 미래 교육을 보다 건설적으로 준비할 수 있기를 바란다.

이 외에도 "지식 플러스"를 통해서 내용상 보다 상세한 설명이나 심화 지식이 필요한 개념이나 현상 및 정보들을 다루었고 "최근 연구 소개"에서는 관련 최근 연구(들)의 주요 결과를 간략히 소개함으로써 본문의 내용을 이해하는 데 도움이 되도록 하였다. 이와 함께 주요 개념에 대한 정의는 널리 인용되고 있는 용어사전을 참고하였고 몇몇 주요 인물들에 대한 간략한 소개도 내용상 필요한 부분을 고려하여 포함하였다.

교육심리학에 대한 이론과 실제를 학습과 교수를 중심으로 소개하고 현재와 미래 교육에서 요구하는 교사를 포함한 교수자의 역할과 교육 환경 요인을 다양한 실제 사례와 교육 문제 등과 함께 다룬 이 책은 교육심리학에 관심이 있는 누구나 쉽게 읽을 수 있다. 이 책을 통해서 교육 현장에서 만나는 학습자와 교수자, 학생과 교사의 특성과 역할을 이해하고 성찰하며 현재에서 나아가 미래 학습과 교수 활동에 긍정적인 영향을 미칠 수 있는 교실과 학교, 교수 매체와 교육 환경을 기획하고 설계해 볼 수 있는 시간을 가질 수 있기를 기대해 본다.

마지막으로 결코 쉽지 않은 집필 여정을 무탈하게 마무리할 수 있었던 건 소중한 크루들(crews)이 있었기 때문이다. 먼저 녹록지 않은 책 작업을 함께 완주한 서울대학교 교육학과 교육심리전공 박혜성 박사와 박사과정 우정민, 황선영, 김진우, 이빈 수료생들에게 깊은 애정과 고마움을 전한다. 책은 내용이 좋고 당연히 잘 써야 할 뿐만 아니라 '예뻐야 한다'는 나의 깐깐한 믿음을 누구보다도 잘 이해해주시고 교정과 편집, 그림과 디자인 등 책 작업 전반에 걸쳐 신속한 의사소통이 가능한 박영스토리의 배근하 차장님께 많이 감사하다. 두 개의 단행본에 이어 세 번째로 함께 작업한 이 책에 이르기까지 차장님과의 진한 전우애(戰友愛)가 없었다면 빽빽한 한글 파일이 이렇게 예쁜 책으로 출간되지 못했을 것이다. 내용의 이해를 위해서 알기 쉽고 공감할 수 있는 그림으로 책 곳곳을 알차게 채워주신 박다영 대리님, 이 책을 기획하고 홍보하는 데 열과 성을 다해주신 조정빈 대리님, 늘 믿음으로 묵묵히 지원해주시는 노현 대표님과 박영스토리 관계자분들께도 감사의 마음을 전한다.

2025년 흰 눈발이 날리는 겨울의 끝자락에서
대표 저자 이선영

목차

III 교사 208

교육심리학

I

Educational Psychology

학습

Ⅰ 학습

1 학습의 정의와 개념

교육활동의 핵심 요인은 배우고 가르치는 것이다. 좁은 의미에서 **학습***은 우리가 익히고자 하는 기술이나 과목을 공부하거나 배우는 것이다. 이에 반해 보다 넓은 의미로 학습은 경험이나 연습의 결과로 나타나는 비교적 지속적인 행동이나 잠재력의 변화이다. 다만 학습이라고 정의되기 위해서 경험은 사람과 환경 간의 상호작용에 의해서 발생된 것이어야 한다(Eggen et al., 2010). 예를 들어, 이틀 동안 잠을 자지 못해서 피로가 누적되거나 배가 고픈 것과 같이 단순한 일시적인 변화는 학습에 포함될 수 없다. 또한 학습은 선천적이거나 본능적인, 생리적인 변화나 성숙이 아닌 후천적으로 습득된 결과이다. 따라서 학습으로 정의되기 위해서는 다음과 같은 특성들을 포함해야 한다. 첫째, 학습은 관찰 가능한 행동의 변화로 나타난다. 둘째, 행동의 변화는 경험이나 훈련 또는 연습에 의해서 나타난다. 셋째, 행동 변화로 인한 효과가 비교적 오랫동안 지속되어야 한다.

가. 학습의 과정

학습의 과정은 어떻게 일어나고 무엇을 필요로 하는가? 첫째, 학습의 과정은 기술이나 지식을 배우는 것뿐만 아니라 가치나 태도 및 정서적인 반응까지 습득하는 것을 포함한다. 이와 같은 학습은 대부분 경험이나 교육적인 활동, 그리고 학습자가 자신의 학습을 주도적으로 설계해나가는 과정에서 이루어진다. 이러한 다양한 학습의 과정은 개인의 성장과 더불어 사회적 맥락에서 개인의 적응력을 증진하는 데 기여할 수 있다.

둘째, 학습은 지식을 습득하는 것뿐만 아니라 그것을 응용하고 발전시키는 과정이기도 하다. 따라서 학습은 개인이나 집단이 새로운 정보나 경험을 받아들이고 이해하며 이를 활용하여 문제를 해결하거나 새로운 상황에 적응하는 과정을 통해서 발생한다. 개인이나 집단이 새로운 지식을 획득할 때 기존의 것과 연합하고 이를 활용할 수 있다면 보다 의미 있는 학습을 형성할 수 있다. 이처럼 학습의 과정을 통해서 개인은 보다 나은 문제해결능력과 적응력을 갖추게 되며 지식을 지속적으로 확장하고 발전시킬 수 있다.

셋째, 학습은 개인의 능동적인 참여와 노력이 필요하다. 학습은 자발적인 노력과 몰입의 과정을 요구하며 실패와 실험을 통해서 새로운 것을 배우는 과정을 포함한다. 따라서 학습은 개인의 의지와 노력뿐만 아니라 개별적인 학습양식과 성향에 따라 달라진다.

학습은 다양한 과정을 통해서 일어나고 지속된다. 이들 중 학습의 과정을 인지적인 변화로 어떻게 설명할 수 있을까? 학습자는 청각, 시각, 촉각, 후각, 미각 등 감각에 입력되는 수많은 자극에 노출되는데 이들 중 과제나 학업과 관련된 자극을 만나면 이에 집중하려는 인지적 노력을 해야 한다(Smith & Ragan, 2005). 이 과정을 선택적 지각(selective perception)이라고 하며 선택적 지각이 이루어진 뒤 선별된 정보는 학습자의 작업기억(working memory)에 아주 짧은 시간 동안 저장된다. 이후 학습자는 기존에 알고 있던 지식이나 정보들 중에서 새롭게 유입되어 저장된 정보를 이해하고 기억하는 데 도움이 될 수 있는 것을 선택하고 활용하여 학습 과정 중에 이를 다시 끌어들인다. 따라서 새로운 정보는 학습자의 장기기억 속에 이미 저장되어 있던 것들 중 해당 정보와 관련된 지식이나 가치, 신념 등에 기반하여 이해되고 설명된다. 이처럼 학습자가 이미 알고 있는 지식이나 정보에 새로운 정보가 추가되기도 하고 이미 알고 있던 정보들이 수정 또는 보완되기도 하는 과정을 통해서 학습이 이루어진다. 따라서 학습의 과정은 학습자가 환경과의 상호작용을 통해서 정보를 받아들이고 처리하고 저장한 뒤 필요한 상황에서 적절한 정보를 인출해내는 총체적인 과정이라 할 수 있다(성태제 외, 2012).

2 행동주의적 접근

행동주의[*]적 관점에서 학습이란 외부적인 자극에 대한 반응의 결과로 나타나는 행동이 강화 혹은 약화되는 것을 의미한다. 학습은 비교적 지속적인 행동의 변화로 나타나는 관찰 가능한 행동으로 개인이 속한 환경에 있는 다양한 자극으로부터 발생한다(Schunk, 2004).

행동주의: 심리적 탐구의 대상을 의식에 두지 않고 외현적으로 나타나는 행동에 두는 심리학의 중요한 학파이다.
☑ 출처: 특수교육학 용어사전

가. 행동주의의 시작과 가정

행동주의는 21세기 이전 심리학의 주류였던 구조주의(structuralism)를 비판하는 것에서부터 시작하였다. 행동주의 심리학자들은 구조주의가 인간의 심리 상태를 주관적이고 비과학적인 방식으로 이해한다고 비판하면서 관찰 가능한 행동의 변화로 인간을 이해하고 학습을 설명하였다. 러시아 생리학자 파블로프(I. Pavlov)와 미국의 심리학자 손다이크(E. Thorndike)의 연구를 기점으로 학습은 눈으로 볼 수 있고 객관적으로 제시할 수 있는 행동을 관찰하고 행동이 환경에 있는 자극으로부터 어떠한 영향을 받아 형성되고 변하는지에 주안점을 두었다.

행동주의 심리학자들은 다음과 같은 가정들을 바탕으로 개인의 행동 변화와 학습을 설명하고자 하였다. 첫째, 개인의 행동은 외부 자극에 의해서 유도되며 이에 따른 반응으로 이루어진다. 따라서 개인의 행동은 외부 환경의 자극에 의해서 조절된다. 둘째, 학습은 행동의 변화를 유발하는 중요한 과정이며 학습을 통해서 행동은 조절되고 변한다. 셋째, 행동은 강화나 처벌을 통해서 조절할 수 있다. 인간은 원하고 기대하며 바람직하다고 생각하는 행동을 촉진하고 그렇지 않은 행동을 줄이는데 강화나 처벌을 사용할 수 있다. 넷째, 특정한 조건이 주어졌을 때 이에 대한 반응이 발생하며 이를 조작적 조건부라고 한다. 다섯째, 개인의 행동은 환경적 요인에 의해서 결정된다. 유기체는 백지의 상태로 태어나 환경과의 상호작용과 같은 경험을 통해서 이를 채워나간다. 따라서 개인 내적인 요인보다 외부 환경 요인이 개인의 행동을 결정한다.

나. 행동주의의 기본 개념

1) 고전적 조건화

러시아의 생리학자이자 심리학자 파블로프는 행동주의 학습이론을 자극과 반응 간의 연합을 형성하는 과정인 고전적 조건화(classical conditioning)로 설명한다. 파블로프의 개 실험은 고전적 조건화를 발견한 중요한 심리학 실험이다.

[인물 사전] **이반 파블로프**(Ivan Pavlov, 1849~1936)

러시아의 생리학자. 러시아 상트페테르부르크 대학교에서 박사학위를 받았다. 그는 행동주의 심리학의 기반을 형성하며 인간 및 동물의 학습 과정 이해에 중요한 역할을 하였으며 특히 조건반사 이론을 연구하며 1904년 노벨 생리의학상을 수상하였다.

파블로프의 개 실험(Pavlov, 1927)

파블로프는 1900년대 초 개의 소화 과정을 연구하면서 개의 침 분비를 관찰하였다. 그는 개들이 먹이를 보기 전에 침을 흘리는 것을 발견하고 이 현상을 다음과 같이 체계적으로 연구하기 시작하였다.

(1) 개에게 먹이를 주었을 때 개가 침을 흘리는 반응을 관찰하였다. 이 때 먹이는 무조건 자극이고 침을 흘리는 것은 무조건 반응이다.

(2) 개에게 먹이를 주기 전에 종소리를 들려주었다. 종소리는 특별히 개의 식욕을 자극하지 않았으며 개는 침을 분비하지 않았다. 초기 종소리는 개에게 아무런 반응을 일으키지 않는 중성 자극이다.

(3) 종소리를 들려준 후 곧바로 먹이를 주는 절차를 반복하였다. 이후 여러 차례 추가적으로 종소리가 울렸고 연이어 먹이를 주었을 때 개는 매번 침을 흘렸다. 조건 형성이 이루어진 것이다.

(4) 먹이를 제시하지 않고 종소리만 들려주었다. 개는 종소리만 들어도 침을 흘리기 시작하였다. 이때 종소리는 중성 자극이 아닌 조건 자극이며 침을 흘리는 반응은 조건 반응이 되었다.

파블로프의 개 실험을 통해서 발견된 고전적 조건형성은 이후 다양한 심리 치료와 교육 방법의 개발에 응용되었다. 파블로프의 실험은 행동주의 심리학의 토대를 마련하였고 인간과 동물의 행동을 연구하는 데 중요한 역할을 하였다.

고전적 조건화의 주요 요인과 과정은 다음과 같다.

가) 무조건 자극: 본능적이거나 자연스럽게 생리 반응이나 정서 반응을 유발하는 자극으로 선행하는 학습 과정 없이 반응을 유도한다. 예를 들어, 음식이나 고통의 자극 등이 있다.

나) 무조건 반응: 어떤 자극에 대한 본능적이거나 자연스럽게 나오는 생리적 또는 정서

적 반응이다. 식욕 자극에 대한 배부름이나 무서운 동물에 대한 공격적 반응 등이 있다.

다) 중립 자극: 초기에는 반응을 유발하지 않았던 자극이었지만 학습 과정에서 수반된 조건이 반응을 유도하는 자극으로 변환된 것이다.

라) 조건 자극: 학습 과정을 통해서 중립 자극이 반응을 유발하도록 변환된 자극이다.

마) 조건 반응: 학습 과정을 통해서 조건 자극에 대한 반응으로 유발된 새로운 반응이다. 이 반응은 본래 무조건 자극에 대한 반응과 비슷하거나 관련이 있을 수 있다.

고전적 조건화는 일종의 연합 학습이다. 중립 자극은 무조건 자극과 함께 반복적으로 제시됨으로써 조건 자극이 되고 이어 반응을 유도한다. 이러한 과정을 통해서 개인은 새로운 자극에 대해서 새로운 반응을 형성하게 되는 것이다.

[표 1-1] 고전적 조건화의 예

예	자극과 반응
무조건 자극(실패) **조건자극**(영어시험) **영어시험과 실패가 연합** →	**무조건 반응**(실패로 인한 절망과 불안을 느낌) **조건반응**(영어시험에 반복적으로 실패할 경우 절망감과 불안을 느끼게 됨)
무조건 자극 (수업시작 시간) **조건 자극**(벨소리) **수업시간과 벨소리 간 연합** →	**무조건 반응**(학생들이 수업시간에 집중함) **조건 반응**(학생들이 반복적으로 벨소리에 노출될 경우 벨소리를 듣자마자 수업에 집중하기 시작함)

고전적 조건 형성과 관련된 것으로 일반화, 변별, 소거를 통한 학습된 조건의 유효성과 적용 가능성을 살펴보자. 일반화란 학습된 조건이 유사한 상황에서 얼마나 잘 적용되는지에 관한 것으로 동일하지는 않지만 비슷한 자극이 동일한 조건 반응을 이끌어내는 것이다. 이는 학습된 경험이 일반적인 규칙으로 확장되는 것이다. 이처럼 새로운 자극에 대한 조건 반응의 일반화 현상은 흔히 일어나며(Bouton, 1994), 어떤 경우에는 조건 형성된 공포 반응의 일반화가 확대되어 나타나기도 한다. 예를 들어, 개로 인해 형성된 공포심은

개와 비슷한 동물을 봤을 때에도 비슷한 공포심을 느끼게 할 수 있다. 반대로 이러한 과정은 긍정적인 결과를 야기할 수 있다. 가령, 특정 교사로부터 따뜻한 관심과 사랑을 받은 학생이 일반화 과정을 통해서 다른 교사들에게도 비슷한 감정을 느낀다면 보다 원만한 학교생활을 해나가는 데 도움이 될 것이다.

변별은 학습된 조건이 특정한 상황에서만 적용되는 것으로 유사하지만 서로 다른 상황에서 학습된 것을 식별하는 것을 가리킨다. 개를 마주쳤을 때 긴장하고 공포심이 생기지만 고양이를 보면 긴장하지 않는 경우가 이에 해당한다.

소거란 이전에 학습된 조건이 더 이상 적용되지 않는 것이다. 무조건 자극 없이 조건 자극만 반복적으로 주어진다면 조건 자극은 더 이상 조건 반응을 이끌어내지 못한다(Myers & Davis, 2007). 예를 들어, 개가 짖을 때 주인이 오는 상황을 학습했다고 하자. 그런데 주인이 오지 않는 상황에서 개가 계속해서 짖었는데 끝내 주인이 나타나지 않는다면 이전에 학습했던 것조차 소거될 수 있다. 왜냐하면 개는 더 이상 짖는 것과 주인이 오는 것을 연관시키지 않기 때문이다.

2) 조작적 조건화

앞서 살펴본 고전적 조건화를 통해서 학교나 일상 생활에서 발생하는 사건에 대한 생리적 및 정서적 반응을 학생들이 어떻게 학습하는지를 살펴보았다. 그러나 일부 학자들은 학생들이 단지 자극에 대해서 반응하기만 하는 수동적인 존재가 아니며 의도적이고 자발적으로 행동하는 경우가 더 많다고 주장하였다. 이를 조작적 조건화라고 부른다.

조작적 조건화란 관찰 가능한 반응이 행동 뒤에 따라오는 결과에 의해서 빈도나 지속 시간이 변하는 것을 가리킨다(Skinner, 1953). 미국의 행동주의 심리학자 스키너(B.F. Skinner)는 대부분의 인간 행동은 반응하는 것이 아니라 조작되는 것이라고 주장하였다. 이는 행동이 행동 앞에 주어지는 자극보다 뒤따라오는 결과에 의해서 영향을 받는다는 것과 맥을 같이 한다. 예를 들어, 학생이 공부를 열심히 해서 좋은 성적을 받았다고 하자. 이어진 교사와 부모의 칭찬은 공부를 열심히 한 결과이며 이와 같은 칭찬으로 인해서 학생은 계속해서 공부를 열심히 할 것이다. 이와는 달리 교실에서 규칙에 어긋나는 행동을 했을 때 학생이 교사에게 꾸중을 듣고 벌을 받았다고 하자. 꾸중과 벌을 받은 후 학생은 교실에서 규칙에 어긋나는 행동을 억제할 것이다. 이처럼 조작적 조건화는 자발적인 행동이 발생하고 난 이후 뒤따르는 행동의 결과로 인해서 행동의 빈도와 강도가 달라지는 것에 주목한다.

[인물 사전] **버러스 프레드릭 스키너**(B. F. Skinner, 1904~1990)

미국의 행동주의 심리학자. 1958년부터 1974년까지 하버드 대학교 심리학과 교수로 재직했으며, 조작적 조건화 상자를 만들어 연구한 "스키너의 상자"로 잘 알려졌다. 또한 강화이론을 주창하며 행동의 반응률을 측정하기 위해 누적합산기를 만들어 이론을 뒷받침하였다.

출처: 위키백과, 우리 모두의 백과사전

고전적 조건화와 조작적 조건화 모두 학습이 경험의 결과로 발생한다고 인식하였다. 그러나 조건화를 통해서 유발되는 행동 유형과 자극 및 행동의 순서가 다른 차이점이 있다 ([표 1-2] 참고).

[표 1-2] **고전적 조건화와 조작적 조건화 비교**

	고전적 조건화	조작적 조건화
행동	비자발적(사람이 행동을 통제하지 않음)	자발적(사람이 행동을 통제함)
	정서적	
	생리적	
순서	자극 → 행동	행동 → 자극(결과)
학습 발생과정	중성적인 자극이 무조건 자극과 연합될 때 학습이 발생함	행동의 결과가 뒤따르는 행동에 영향을 줄 때 학습이 발생함
주요 연구자	파블로프	스키너

행동주의적 관점에 따르면 결과는 개인으로 하여금 그 결과로 인해 수반되어 나타나는 행동을 반복할지 여부를 결정하게 한다. 이 경우 결과의 유형과 타이밍은 뒤따르는 행동의 결과를 강하게 하거나 반대로 약하게 할 수 있는데 이를 강화라고 부른다.

강화란 행동을 증가시키기 위해서 강화인을 제공하는 과정을 뜻하며 정적 강화와 부적 강화로 구분된다.

정적 강화[*]란 자극에 대한 반응으로 나타나는 행동의 결과가 그 행동의 빈도나 수준을 높여주는 것이다. 수업 시간에 학생이 교사로부터 칭찬을 받거나 친구들로부터 인정을 받아 열심히 공부해서 중간고사에서 높은 점수를 받았다면 교사의 칭찬과 친구들로부터의 인정은 정적 강화물이 된 것이다. 이에 반해 **부적 강화**[*]는 자극에 대한 반응으로 나타나는 혐오적인 결과나 혐오 자극 자체를 없앰으로써 행동의 빈도나 수준을 높이는 것이다. 예를 들어, 공부를 싫어하는 학생에게 공부를 열심히 하면 방 청소를 면제해준다고 함으로써 공부를 열심히 하게 하거나, 아침에 일찍 일어나면 친구들과 노는 시간을 늘려준다고 함으로써 아침에 일찍 일어나게 하는 경우가 이에 해당한다.

처벌은 강화와는 반대로 행동을 감소시킨다. 벌은 수여성 처벌과 제거형 처벌로 구분된다. 수여성 처벌은 행동을 감소시키기 위해서 불쾌한 자극을 제공하는 것이다. 가령, 교사가 벌점을 주거나 학생들이 싫어하는 과제를 주는 것 등이 있다. 이에 반해 제거형 처벌은 행동을 감소시키기 위해서 유쾌한 자극을 제거한다. 가령, 학생이 교실에서 부적절하게 행동했을 때 이들이 좋아하는 물건이나 누릴 수 있는 특권 등을 없애는 것이다. 이와 같은 제거형 처벌은 바람직하지 않은 행동을 즉각적으로 감소시키는데 단기적으로 효과적일 수 있다. 그러나 이로 인해 학생이 불안과 공포처럼 부정적인 정서를 느낄 수 있기 때문에 장기적으로 학습에 부정적인 영향을 미칠 수 있다([표 1-3] 참고).

[표 1-3] 강화와 벌 비교

	강화	벌
정적	행동 증가를 목적으로 유쾌한 자극 제공 예) 교사의 칭찬, 높은 시험 점수	행동 감소를 목적으로 불쾌한 자극 제공 (수여성 벌) 예) 문제집 다섯장 더 풀기
부적	행동 증가를 목적으로 불쾌한 자극 제거 예) 방 청소 면제	행동 감소를 목적으로 유쾌한 자극 제거 (제거형 벌) 예) 이틀 동안 인터넷, 핸드폰 금지

[표 1-4] 효과적인 처벌과 비효과적인 처벌

효과적인 처벌	비효과적인 처벌
정지 명령 ☑ 교사가 학생의 행동을 중지시키기 위해 사용하는 언어 또는 비언어적 의사소통(Kouin, 1970) ☑ 교사가 손가락을 입에 대고 '쉿'이라고 말하는 것 ☑ 즉각적이고 간결하게 정지 명령을 사용하면 효과적일 수 있음	**처벌** ☑ 손바닥으로 학생의 어깨를 때리는 등의 체벌로 이후 학생이 비슷한 행동을 따라할 수 있는 부작용이 발생하거나 체벌 이후 더 바람직하지 않은 행동을 할 수 있음
타임아웃 ☑ 학생을 일정 시간 교실 밖으로 내보냄으로써 또래들에게서 격리시키는 방법으로 어린 아동에게 주로 사용됨 ☑ 제거적 벌의 한 형태 ☑ 부적응적인 행동을 줄이는 데 효과적임	**굴욕과 면박** ☑ 학생이 수치심을 느끼고 자존감이 저하되고 무력감이 야기되는 등 부정적인 결과를 초래할 수 있음

다. 행동주의 이론에 기반한 학습 전략

행동주의 학습이론에 의하면, 강화를 통해서 바람직한 학습 행동을 유발하고 유지하는 것이 중요하다. 행동주의 학습이론을 바탕으로 학습전략을 효과적으로 활용할 수 있는 방안에는 어떠한 것들이 있을까? 학습 상황에서 강화와 처벌을 유용하게 활용할 수 있는 방안들을 중심으로 살펴보자.

첫째, 바람직한 행동을 우선적으로 구체화한다. 학습자의 바람직한 행동 유형과 빈도를 구체적이고 관찰 가능한 용어로 기술하는 것이 중요하다(Ormrod, 2009). 예를 들면, 교실에서 교사가 학생들에게 '책임감을 배워야 된다'라고 말하기보다 교사의 지시를 잘 따르고 필요한 책과 준비물을 잘 챙겨오며 모든 과제를 기한 내에 제출하는 것이 중요하다는 것을 말하는 것이 보다 효과적이다. 이와 같이 목표 행동을 구체화하는 것은 교사로 하여금 수업 목표를 자신과 학생 모두에게 각인시키고 학생들이 실제로 목표 행동을 향해 나아가는 데 도움이 될 수 있다.

둘째, 학습자 개인에게 적합한 강화물을 활용한다. 행동주의 원리를 실제 교육 현장에서 적용할 때 범하는 실수 중 하나는 특정 결과물이 모든 학생들에게 동일하게 강화될 것이라고 믿는 것이다. 어떤 학생에게는 바람직한 행동을 증가시키는 결과물이 다른 학생에게는 그렇지 않을 수 있다. 따라서 교사는 학생을 일정 기간 관찰하거나 학생이나 학생의 부모에게 직접 물어봄으로써 학생에게 긍정적인 결과를 야기할 수 있는 효과적인 강화물이 무엇인지 파악할 수 있어야 한다. 이와 함께 동일한 강화물이 반복되어 제시될 때 시간이 지나면서 강화로서 가치가 감소될 수 있음을 고려해야 한다.

셋째, 일관성 있게 강화한다. 반응이 일어날 때마다 강화를 지속하는 것은 반응을 빨리 증가시킬 수 있다. 강화를 통해서 행동이 나타날 때마다 칭찬과 보상을 제공하면 그 행동은 강화된 상태로 남게 된다. 강화가 계속되면 행동의 빈도가 높아지고 이에 따라 행동이 습관화되고 자동화되는 과정으로 이어질 수 있다.

넷째, 교사는 학생의 모든 행동을 강화하는 것이 아니라 학습에 도움이 되는 동기와 태도 및 행동을 적절하게 선별하여 강화해야 한다. 학생이 목표에 도달하기 위해서 바람직한 행동을 할 때마다 교사가 미리 약속한 규칙에 따라 토큰을 주고, 일정 기간 모은 토큰을 학생이 교환하여 보상받을 수 있도록 하는 토큰 경제(token economy)는 강화를 활용한 대표적인 학습전략 중 하나이다. 교사는 학생이 외적인 보상을 받기 위해서 공부하는 것이 아니라 토큰을 모으는 과정을 통해서 학생 스스로 공부에 대한 흥미와 관심을 키우고 자신감을 가질 수 있도록 도와줘야 한다. 뿐만 아니라 학생에게 토큰을 제공하는 시기와 빈도를 조절하여 궁극적으로 학생이 토큰 없이도 자발적이고 능동적으로 공부를 할 수 있는 습관을 갖게 하는 것이 중요하다.

다섯째, 처벌은 가능하면 사용하지 않는 것이 좋다. 그러나 처벌을 해야만 하는 경우라면 부적절한 행동이 발생한 직후에 곧바로 제공하도록 한다. 강화의 경우에도 마찬가지지만 처벌이 지연되는 경우 그것의 효과는 극적으로 감소할 수 있다(Landrum & Kauffman, 2006). 행동과 강화 및 처벌 사이의 시간적 간격이 짧을수록 학습자는 자신의 행동이 결과를 야기시킨 것으로 확실하게 인식할 수 있다. 이처럼 행동과 이어 수반되는 결과 간의 인과 관계를 명확히 하는 것이 처벌의 효과성을 높일 수 있다.

여섯째, 처벌을 사용하는 경우에 벌을 주는 사람과 받는 사람 모두 불안감과 공포심을 느끼지 않도록 따뜻하고 우호적인 분위기가 조성되는 것이 좋다. 교사와 학생 간 믿음과 신뢰가 형성되어 있다면 처벌은 보다 효과적일 수 있다(Landrum & Kauffman, 2006).

일곱째, 학생이 부적절한 언행을 보일 때 교사는 그러한 언행이 왜 잘못되었는지 신속하고 명확하게 설명해야 한다. 처벌은 부적절한 행동 이후에 곧바로 그것의 이유와 함께 사용해야 효과적이다. 교사가 학생에게 벌을 주는 이유를 설명할 때 관심과 애정이 담긴 말을 함께 제공한다면 처벌이 학생에게 미칠 수 있는 부정적인 영향을 감소시킬 수 있을 것이다.

여덟째, 강화와 마찬가지로 처벌 역시 일관성 있게 해야 한다. 가끔씩 처벌을 받고 어떤 경우에는 무시되는 등 부적절한 행동에 대한 일관적이지 못한 처벌은 행동을 변화시키는 데 효과적이지 못하다. 일관성 있는 처벌은 행동에 따른 후속 결과를 기대할 수 있게 함으로써 학생으로 하여금 자신의 행동에 대한 결과를 예측하고 더욱 책임감 있게 행동하게 된다. 이를 통해서 학생은 보다 나은 행동을 익히고 이를 습관화할 수 있는 기회를 가지게 될 것이다.

마지막으로 처벌의 효과성을 높이기 위해서 처벌 이후에 적절한 행동을 가르치고 강화하는 것이 중요하다. 잘못된 언행에 대한 처벌은 이후 생산적인 행동에 대한 강화와 연합될 때 장기적으로 효과적이다(Landrum & Kauffman, 2006). 예를 들어, 교실에서 발생한 시험 부정 사건에 대해서 교사가 부정을 저지른 학생에게 벌을 주는 것으로 행동을 억압하는 것에서 나아가 학생에게 좋은 공부 방법과 습관을 가르쳐주고 이를 잘 따라할 때 칭찬과 보상을 통해서 적절한 행동에 대한 강화를 제공한다면 학생의 올바른 학습 습관 형성에 도움이 될 것이다.

라. 행동주의 학습전략에 적합한 학습자

행동주의 이론에 기반한 학습전략은 언제 그리고 어떠한 특성의 학생에게 가장 효과적으로 활용할 수 있을까? 이에 대해 연구자들은 이전 학습에서 거의 성공 경험이 없는 학생들에게 도움이 될 수 있다고 말한다(Gentile & Lalley, 2003). 뿐만 아니라 발달 지체나 학습 장애 아동으로 진단 받은 학생들의 학습 행동을 교정할 때에도 도움이 될 수 있다. 강화를 적절하게 사용하여 일정한 규칙과 패턴으로 학습에서 성공을 경험할 수 있다면 장기간 학업에서의 실패로 인한 낮은 자존감과 자기효능감을 회복하는 데 도움이 될 수 있기 때문이다.

학습 동기가 거의 없는 학생들에게도 행동주의에 기반한 학습 전략을 우선적으로 활용해볼 수 있다. 학습에 흥미와 관심이 적고 학습하고자 하는 동기가 거의 없는 학생들에게 적절한 학습 목표를 설정하게 한 후 칭찬이나 격려와 같은 사회적 강화물 또는 자유시간이나 학생이 좋아하는 특별 활동 시간 등의 외재적 강화물을 활용한다면 학습에 대한 동기 유발에 도움이 될 수 있다(Cameron,

2001). 행동주의 이론에 의하면, 일관되고 지속 가능한 강화와 보상 체계 구축을 통해서 학습자의 학습 동기 유발 및 유지가 가능하다. 따라서 학습자의 동기 상태에 대한 올바른 이해와 함께 학습자의 흥미와 관심을 불러일으킬 수 있는 바람직한 행동에 대한 일관된 강화를 통해서 학습 동기를 유발하고 지속시킬 수 있다.

만성적으로 높은 불안감을 가지고 있는 학생들의 경우, 행동주의 기법은 효과적일 수 있다. 행동주의 학습전략은 자극과 반응 간의 연합에 대한 결과를 예측 가능하게 함으로써 바람직한 행동을 천천히 익히고 습관화시킬 수 있다. 높은 불안감을 보이고 있는 학생들은 종종 부정적인 정서와 행동을 반복적으로 경험할 수 있다. 교사가 대안 행동을 제시하고 학생이 이를 선택하여 활용할 때 칭찬과 같은 긍정적인 피드백을 통해서 학생의 자신감과 자기효능감을 높일 수 있다면, 만성적인 불안감을 덜어내고 학습을 향상시키는 데 효과적일 수 있다.

....

교실 속으로   **행동주의 이론을 교실 수업에 성공적으로 적용하기**

◉ 구체적이고 관찰 가능한 학습 목표 설정

최교사는 전자 칠판 앞에서 서 있었다. "이번 주에는 각자 적어도 세 번 수학 문제를 풀고 발표하는 것이 우리의 목표입니다." 그녀는 칠판에 목표를 적었다. 수업이 끝나갈 무렵, 태민이가 선생님에게 다가갔다. "선생님, 저 내일 문제 하나 발표해도 될까요? 오늘 밤에 열심히 준비할게요."

◉ 개별 학습자에 맞는 강화물의 선정과 적용

수업 후, 김교사는 한가운데 서서 수아를 주목하며 힘주어 말하였다. "수아야, 네가 이번 주에 보여준 집중력과 노력에 대해 매우 감명 받았어. 여기 네가 좋아하는 그림 도구 세트야." 수아는

눈을 반짝이며 선생님에게 다가가 그림 도구를 받았다. "와, 정말이에요? 너무 감사합니다! 더 열심히 할게요."

토큰 경제 시스템 활용

이교사는 교실 한 쪽에서 학생들에게 토큰 경제 시스템을 설명했다. "모든 긍정적인 행동이나 성취를 할 때마다 토큰을 받게 됩니다. 이 토큰들을 모아서 좋아하는 책이나 학용품으로 교환할 수 있어요." 현진이가 손을 들고 질문했다. "선생님, 저희도 이 시스템으로 도서관 쿠폰을 받을 수 있나요?" 이교사는 현진이를 바라보며 고개를 끄덕였다. "물론이야, 현진아. 네가 좋아하는 책을 더 많이 읽을 수 있도록 도와줄게."

적절한 벌의 사용과 그 이유 설명

정교사는 수업이 끝난 후 은지를 불렀다. "은지야, 오늘 수업 중에 계속 수다를 떨었던 거 알고 있지? 그 행동이 왜 수업에 방해가 되는지 알아야 해." 은지는 미안한 표정을 지었다. "네, 선생님. 죄송해요." 정교사는 계속해서 말했다. "오늘은 너에게 수업 후에 정리를 돕는 일을 할 기회를 줄 거야. 이건 너에게 책임감을 가르치고, 또한 우리 반 분위기를 개선하는 데 도움이 될 거야." 은지는 수긍하며 "앞으로 주의할게요, 선생님"이라고 대답하였다.

일반적인 강화보다 특정 행동 강화

서교사는 학급에서 일어나는 작은 변화들에 주목하였다. "오늘 동현이가 수학 문제를 해결하는 데 도움을 준 걸 봤어요. 모두에게 좋은 예가 되었어." 동현이는 미소를 지으며 말했다. "저도 도울 수 있어서 기뻐요." 서교사는 동현이에게 스티커를 건네며, "네 노력과 협력하는 행동을 칭찬한다. 계속해서 좋은 영향력을 발휘해 줘."라고 격려했다.

모델링을 통한 사회적 학습 강화

김교사는 수업 중에 모범이 되는 학생의 행동을 강조하였다. "오늘 수업에서 준영이가 보여준 집중력을 모두가 본받았으면 해요. 준영이처럼 우리도 각자의 과제에 최선을 다해봅시다." 준영이는 부끄러운 듯 웃었고 친구들은 준영이를 쳐다보며 긍정적인 반응을 보였다. 그 순간, 준영이는 자신도 모르게 동급생들에게 긍정적인 모델이 되었다는 것을 깨달았다.

행동주의 이론을 잘못 이해하고 있는 교사들은 학습 환경을 구성하고 학생들을 가르치면서 여러 가지 실수를 범할 수 있다. 여기 몇 가지 가능한 실수에 대해 생각해보자.

⊙ **과도한 보상 의존성 유발:** 교사가 외부 강화에만 의존하여 학습을 유도하려고 할 때, 학생들의 내재적 동기를 유발하지 못할 수 있다. 가령, 학생들이 보상을 받기 위해서만 공부하는 경우가 이에 해당하며, 보상이 없으면 공부를 하지 않는 문제를 야기할 수 있다.

⊙ **행동의 표면적인 변화만 추구:** 행동주의 이론에 지나치게 집중하여 교사가 행동의 외현적인 변화에만 집중할 경우, 학생들이 심도 있게 이해했는지 그리고 비판적으로 사고할 수 있는지 여부를 소홀히 다룰 수 있다. 이는 지식의 내면화보다는 단순 암기나 반복 학습에 치중하게 만들기도 한다.

⊙ **벌을 부적절하게 사용:** 벌을 사용하여 원하지 않는 행동을 줄이려고 할 때, 교사가 이를 부적절하게 사용하면 학생들 사이에 불안감, 공포심 또는 반항심을 조성할 수 있다. 이는 궁극적으로 학습 환경을 부정적으로 만들고, 학생과 교사 간의 관계를 해칠 수 있다.

⊙ **개인차 무시:** 모든 학생들이 동일한 자극에 동일하게 반응할 것이라는 가정하에 행동주의 학습 이론을 일괄적으로 적용할 경우, 개별 학생의 가정환경, 성격, 요구 및 기대, 공부 방식의 차이를 무시하게 된다. 이는 일부 학생에게는 효과적일 수 있지만 다른 학생들에게는 부적합할 수 있어, 학습의 효율성을 저하시킬 수 있다.

⊙ **학습 과정의 다양성 간과:** 교사가 행동주의적 접근만 고수할 경우, 학습 과정에서 탐색 행위, 창의성, 자기 주도적 학습의 중요성을 간과할 수 있다. 이는 학생들로 하여금 다양한 학습 경험을 통해서 가능한 문제해결능력이나 창의적 사고를 계발할 수 있는 기회를 제한한다.

이러한 실수들을 피하기 위해 교사는 행동주의 학습 이론의 기본 가정들을 정확히 이해하고, 학생 개개인의 특성과 요구 및 기대, 학습 스타일을 고려하여 교육 방법을 다양화하고 유연하게 적용해야 한다. 또한 학생의 내재적 동기를 강화하고, 학습 과정에서 학생들의 깊이 있는 이해와 창의적 사고능력을 촉진할 수 있는 교육 환경과 분위기를 조성하는 것이 필요하다.

3 인지주의적 접근

가. 인지주의 학습이론

인지주의 학습이론에서 학습은 개인의 인지 및 사고 과정에 변화를 일으키는 것으로 정의된다. 이는 앞서 소개된 행동주의 이론과 달리 학습자를 단순히 자극에 반응하는 존재가 아니라 정보를 능동적으로 처리하고 해석하며 적용하는 주체로 바라본다. 인지주의 학자들은 학습을 자극과 반응 간의 관계로만 설명하지 않고 학습자의 내적 인지 처리 과정에 의해 발생하는 현상으로 이해한다.

인지주의 학습이론이 가정하는 주요 원리는 학습자의 능동성, 경험의 중요성, 그리고 행동 잠재성의 변화이다. 첫째, 학습자의 능동성은 학습자가 단순히 외부의 자극에 반응하는 것이 아니라 학습자가 주변 환경과 상호작용하면서 정보를 주의 깊게 관찰하고 해석하는 과정을 통해 학습이 이루어진다는 것을 의미한다. 둘째, 경험의 중요성은 학습자의 사전 경험이 새로운 정보를 해석하고 내면화하는 방식에 중요한 영향을 미친다는 것을 강조한다. 셋째, 행동 잠재성의 변화는 학습이 단순히 현재의 행동 변화뿐만 아니라 학습자의 잠재된 행동 변화에도 영향을 미친다는 것을 뜻한다. 본 절에서는 인지주의 학습이론의 핵심 개념과 원리, 그리고 이를 기반으로 한 학습 전략들을 살펴보고자 한다.

1) 잠재학습

잠재학습(latent learning)은 강화물이나 명시적인 보상 없이도 발생할 수 있는 내적 과정으로서의 학습을 의미한다. 이는 학습이 반드시 외부 행동으로 표현되어야 한다는 행동주의적 관점과는 달리 학습이 내적인 인지 과정을 통해 이루어질 수 있음을 뜻한다. 톨만(E. Tolman)과 혼지크(C. Honzik)의 실험이 대표적인 예이다. 이 실험에서 쥐들은 특별한 보상이 주어지지 않은 상태에서도 미로를 통한 이동 경로를 학습한다. 이러한 결과는 학습이 가시적인 외적 보상이나 강화 없이도 발생할 수 있는 내적 변화 과정임을 시사한다(Tolman & Honzik, 1930). 따라서 학습자가 수업 중 의견을 발표하거나 문제를 푸는 등의 적극적인 행동을 보이지 않더라도, 수업 내용을 스스로 정리하거나 읽기 활동을 통해지식을 내면화할 수 있다면 학습이 이루어진 것으로 볼 수 있다.

[그림 1-1] 잠재학습 예시

＊ 쥐는 길을 찾을 때 인지도를 활용할까요?

출처: https://undsci.berkeley.edu/teach-resources/testing-an-idea-1-of-3/

인지도(cognitive map)는 정보를 내면적으로 구조화하여 마음속에서 시각적으로 형상화하는 과정이다. 이는 개인이 자신을 둘러싼 환경을 탐색하고 이해하는 방식으로, 학습자는 인지도를 활용하여 복잡하고 다양한 정보와 개념 간의 관계를 체계적으로 파악할수 있다. 예를 들어, 기후 변화와 관련된 요인들을 체계적으로 정리하고 그들 간의 관계를 명확히 이해하기 위해 인지도를 사용할 수 있다. 온실가스 배출이 해수면 상승과 기후 변화로 이어지는 과정이나, 삼림 파괴가 생물 다양성 감소로 연결되는 과정을 화살표를 통해 시각적으로 표현하는 것이다. 이 과정에서 학습자는 화살표의 색상, 굵기, 실선과 점선등을 사용하여 원인과 결과의 관계나 연관성의 강도를 추가적으로 나타낼 수 있다. 이를통해 학습자는 복잡한 정보들을 구조화하고 보다 심층적으로 이해할 수 있다.

2) 통찰학습

통찰학습(insight learning)은 복잡한 문제 상황에서 관련 없는 요소들을 재구성하여 갑작스럽게 해결책을 발견하는 학습으로, 20세기 초 형태주의 이론(gestalt theory)의 핵심 개념 중 하나이다. 형태주의 심리학자들은 인간의 지각, 학습 및 문제해결능력이 단편적인 정보의 단순 집합이 아니라, 전체적인 구조의 인식에서 비롯된다고 주장하였다. 이는 학습자가 정보를 각자의 방식으로 조직하고 이 과정에서 통찰(insight)을 얻게 된다는 것을 의미한다.

통찰학습의 대표적인 사례는 침팬지를 대상으로 한 문제해결실험에서 확인할 수 있다. 해당 실험에서 침팬지 '술탄'은 손이 닿지 않는 위치에 있는 바나나를 얻으려고 시도한다. 술탄은 처음에는 해결책을 찾지 못해 포기하는 듯 보였으나, 강화물 없이도 두 개의 대나무 막대기를 연결하여 바나나를 가져오는 방법을 발견했다. 이는 술탄이 문제의 요소들을 재구성하고 이를 통해 새로운 해결책을 도출해 낸 통찰의 과정을 보여준다. 통찰학습은 단순한 시행착오 과정을 넘어 문제 해결 과정에서 요구되는 이해력과 재조직 능력을 포함하는 학습 형태라고 할 수 있다(Köhler, 1921).

통찰학습은 학습자가 문제 해결을 위해 정보를 새로운 방식으로 조직하고 전체적인 구조를 이해하여 갑작스럽게 해결책을 찾아내는 과정을 설명할 수 있다. 학습자는 문제 상황을 다양한 관점에서 인식하고 이전에 고려하지 않았던 방식으로 문제와 관련된 요인들을 재구성하여 새로운 해결 방안을 모색할 수 있다. 이 과정에서 학습자는 자신만의 인지 지도를 형성하여 얽혀 있는 관계들을 정리하고 새로운 해결책을 도출하게 된다. 특히 통찰학습은 단순한 암기나 반복 학습과는 달리 학습자의 깊이 있는 이해력과 창의적인 문제해결능력을 계발하는 데 중요한 역할을 한다. 이러한 학습을 통해 학습자는 복잡한 문제 상황에서 유연하게 사고하고 독창적인 방식으로 문제를 해결할 수 있는 역량을 기를 수 있다.

3) 정보처리이론

정보처리이론(information processing theory)은 인간의 기억 체계가 정보를 어떻게 받아들이고 조직하며 저장하는지를 설명하는 이론으로, 미국의 심리학자 조지 밀러(G. Miller)에 의해 최초로 제안되었다. 이 이론은 인간의 인지 과정을 컴퓨터의 정보 처리 과정에 비유하여 추상적인 정보가 입력, 처리, 출력의 일련의 단계를 거쳐 처리되는 과정을 설명한다(Miller, 1956). 이후 엣킨슨(R. Atkinson)과 쉬프린(R. Shiffrin)은 이 이론을 발전시켜 감각기억, 작업기억, 장기기억으로 구성된 다중기억모형을 제안하였다(Atkinson & Shiffrin, 1968). 현대 정보처리이론에 따르면, 인간의 인지과정은 정보가 저장되는 기억 저장소(감각기억, 작업기억, 장기기억), 정보 처리 과정, 그리고 인지 과정을 지각하고 조절하는 메타인지로 구성된다고 이해할 수 있다. 이 이론을 통해 우리는 인간의 기억이 어떻게 조직되고 작동하는지 그리고 새로운 정보를 어떻게 학습하고 장기적으로 기억에 저장하는지를 보다 체계적으로 이해할 수 있다.

[그림 1-2] 정보처리이론 도식화

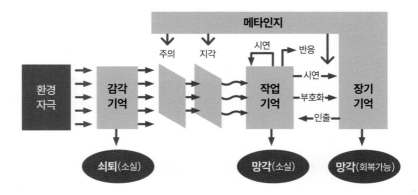

출처: 교육심리학, 신종호 외, 2015

일반적으로 사람들은 긍정적이고 유용한 기억은 장기기억 속에 오래도록 저장하여 필요할 때 쉽게 떠올리고 싶어 하는 반면 부정적이거나 불필요한 기억은 빨리 잊고 싶어 한다. 그러나 기억은 이러한 개인의 바람에 따라 선택적으로 저장되거나 사라지는 것이 아니라 의식적인 노력을 통해 인출된다. 학습된 자극과 정보의 저장, 인출, 그리고 전이는 학습을 가능하게 하는 주요한 인지적 과정이며, 이를 바탕으로 한 학습 전략은 기억과 전이 활동을 적극적으로 촉진하는 데 중점을 둔다. 이제 정보처리이론의 주요 개념과 이와 관련된 학습 전략들을 살펴보자.

가) 기억 저장소

기억 저장소는 정보를 보관하는 일종의 창고로 비유될 수 있다. 이 저장소에서는 정보가 가공되지 않은 상태로 일시적으로 보관되기도 하고, 때로는 조직화되어 의미 있는 형태로 저장되기도 한다. 기억 저장소는 크게 감각기억, 작업기억, 그리고 장기기억으로 구분할 수 있다.

첫째, 감각기억(sensory memory)은 환경에서 받아들인 자극을 매우 짧은 시간 동안 보관하는 저장소이다. 시각 정보는 약 1초 동안 유지되며, 청각 정보는 2초에서 4초간 유지된다. 감각기억의 용량은 매우 크지만 정보가 즉시 처리되지 않으면 기억의 흔적은 빠르게 사라진다. 이처럼 감각기억은 환경에서 들어오는 다양한 자극을 일시적으로 저장하여 다음 단계인 작업기억으로의 전환을 준비하는 역할을 한다.

둘째, 작업기억(working memory)은 정보를 처리하고 의미를 부여하는 동안 정보를 유지하는 곳으로, 흔히 "마음의 작업대"라고 불린다. 이곳에서는 한 번에 약 7개의 정보를 처리할 수 있으며 정보는 성인 기준으로 10초에서 20초 동안 유지된다. 작업기억은 중앙집행부(central executive), 조음 루프(phonological loop), 시공간 스케치판(visual-spatial sketchpad) 등으로 구성된다. 중앙집행부는 정보의 흐름을 감독하고 조절하며 다양한 인지적 활동을 통합하는 역할을 한다. 조음 루프는 단기적으로 단어와 소리와 같은 언어적 정보를 저장하고 반복하는 기능을 수행한다. 시공간 스케치판은 시각적 및 공간적 정보를 단기간 동안 저장하며 이미지나 공간적 관계에 관한 정보를 처리한다.

작업기억에서 정보를 유지하는 대표적인 방법으로 유지 시연(maintenance rehearsal)이 있다. 유지 시연은 작업기억에 있는 정보를 반복하여 되새기며 기억을 유지하는 과정으로 학습자가 암기할 때 자주 사용하는 방법이다. 학습자는 충분한 유지 시연을 통해 작업기억 속의 특정 정보를 장기기억으로 이전할 수 있다. 그러나 유지 시연만으로는 정보를 장기적으로 저장하거나 복잡한 개념을 통합적으로 이해하고 응용하는 데 한계가 있다. 효과적인 학습을 위해서는 반복 학습과 더불어 의미를 부여하고 정보를 연결하는 심화 학습 전략이 필요하다.

셋째, 장기기억(long-term memory)은 정보를 최종적으로 저장하는 곳으로 부호화 과정을 통해 정보를 무제한적이고 (반)영구적으로 저장할 수 있다. 장기기억은 일화기억(episodic memory), 의미기억(semantic memory), 절차기억(procedural memory)의 세 가지 유형으로 구분된다. 일화기억은 개인이 경험한 특정한 사건이나 에피소드에 대한 의식적인 기억을 말한다. 예를 들어, 어린 시절 처음 맞이한 생일 파티에서 어머니가 준비한 케이크의 모습이나 처음 자동차를 구입했을 때 느꼈던 감정이 일화기억에 속한다. 의미기억은 사실이나 일반적인 지식에 대한 기억을 의미한다. 예를 들어, "런던은 영국의 수도이다"라는 정보나 "사과는 과일이다"라는 사실을 기억하는 것이 의미기억에 해당한다. 절차기억은 특정 기술이나 작업을 수행하는 방법에 관한 기억이다. 자전거 타는 방법이나 피아노 연주 방법과 같은 기술적 기억은 절차기억에 속하며 이는 주로 무의식적으로 작동하고 언어보다 행동을 통해서 나타난다. 이러한 세 가지 유형의 장기기억은 우리가 세상을 이해하고 지식을 축적하며 다양한 기술을 배우고 유지하는 데 중요한 역할을 한다. 각각의 기억은 일상생활에서 우리의 경험과 행동에 영향을 미치며 학습과 문제해결능력을 향상시키는 데 기여한다.

지식 플러스　**장기기억**

장기기억에 저장되는 지식은 크게 선언적 지식, 절차적 지식, 그리고 조건적 지식으로 나눌 수 있다. 선언적 지식은 특정 사실, 개념, 절차, 사건 등에 관한 지식을 의미하고, 절차적 지식은 행동이나 조작 등 특정한 방법에 관한 지식을 말한다. 마지막으로 조건적 지식은 이러한 선언적 지식과 절차적 지식을 언제, 어떻게 적용할지를 아는 지식을 가리킨다.

나) 기억의 과정

기억은 정보에 주의를 기울이고 이를 지각하여 부호화하고, 필요할 때 인출하는 일련의 과정을 포함한다. 이러한 과정에서 정보는 하나의 기억 저장소에서 다른 저장소로 이동하며, 개인은 이 정보를 처리하고 저장한 후 필요할 때 인출하여 사용할 수 있다. 이제 기억이 어떠한 단계를 거치는지 구체적으로 살펴보자.

첫 번째 단계는 주의(attention)이다. 주의는 주변의 수많은 자극 중에서 특정한 자극에 의식적으로 초점을 맞추는 것을 의미한다. 주의를 기울임으로써 우리는 정보를 보다 깊이 있게 처리할 준비를 하게 된다. 주의를 받은 정보는 작업기억으로 이동하지만, 주의를 받지 못한 정보는 작업기억으로 이동하지 못하고 소멸된다. 예를 들어, 시험 공부를 할 때 학습자는 주변의 소음, 휴대폰 알림, 주변 사람들의 대화와 같은 다양한 자극들이 있음에도 불구하고 학습 자료에 주의를 집중한다. 학습자가 공부하는 내용에 집중할 때 이 정보는 작업기억으로 이동하여 이후 장기기억으로 전이될 준비를 하게 된다. 반면, 주의를 받지 못한 대부분의 정보는 감각기억 단계에서 소멸된다. 비슷한 예로, 운전자는 복잡한 교통 상황에서 신호등의 색상 변화, 앞 차량의 속도, 보행자의 움직임과 같은 중요한 정보에 주의를 집중한다. 이때 운전자는 다양한 시각적 및 청각적 자극 중 운전과 관련된 주요 자극에 더 많은 주의를 기울인다. 이러한 정보는 작업기억으로 이동하여 운전자가 필요할 때 적절하게 인출하여 안전한 운전을 할 수 있도록 돕는다. 이처럼 주의는 기억 과정의 첫 단계로, 정보가 더 깊이 처리될 수 있도록 필수적인 역할을 하며 주의 집중 여부에 따라 정보의 저장과 인출이 결정된다.

두 번째 단계인 지각(perception)은 주의를 기울인 자극에 의미를 부여하는 과정으로, 뇌가 받아들인 자극을 즉각적으로 처리하고 해석하는 역할을 한다. 이 과정에서 자극은 개인의 경험, 특성, 지식 등을 바탕으로 의미 있는 정보로 변환된다. 지각을 통해 우리는 복잡한 환경 속에서 중요한 정보를 식별하고 이해할 수 있다.

지각 과정의 독특한 예로 시각적 환영(visual illusions)을 들 수 있다. 시각적 환영은 뇌가 자극을 해석하는 방식이 실제 물리적 자극과 다를 수 있음을 보여준다. 다음은 몇 가지 대표적인 시각적 환영의 사례이다.

(1) 뮐러-라이어 환영(Müller-Lyer Illusion)

뮐러-라이어 환영이란 두 선분이 서로 다른 방향으로 끝나는 화살표 모양을 가지고 있을 때 실제 길이가 같음에도 불구하고 하나가 다른 하나보다 더 길게 보이는 현상을 가리킨다. 이는 우리의 뇌가 시각적 단서들을 다르게 해석함으로써 발생하는 지각적 오류이다.

[그림 1-3] 뮐러-라이어 환영

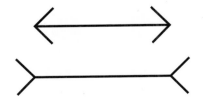

(2) 카니자 삼각형(Kanizsa Triangle)

카니자 삼각형은 그림에 실제 존재하지 않는 삼각형이 보이는 착시현상이다. 이는 시각 정보가 부분적으로 제시되었을 때 뇌가 이를 보완하여 형태를 구성하려는 경향성을 가리킨다. 이처럼 지각의 초점과 주의를 어떻게 두느냐에 따라 가상의 자극이 지각되기도 한다.

[그림 1-4] 카니자 삼각형

(3) 루빈의 꽃병(Rubin's Vase)

아래 그림은 두 가지 방식으로 지각될 수 있다. 하나는 흰색 배경에 검은색의 두 얼굴이 마주보고 있는 모습이고, 다른 하나는 검은색 배경에 흰색의 꽃병이 보이는 모습이다. 이와 같은 예시는 지각이 단순한 자극의 수용을 넘어서 개인의 기대를 바탕으로 자극을 해석하는 복잡한 인지적 과정임을 보여준다.

[그림 1-5] 루빈의 꽃병

세 번째 단계는 부호화(encoding)이다. 부호화는 지각된 자극이 작업기억에 저장되어 조직화되는 과정으로 정보가 장기기억에 저장될 수 있도록 준비하는 단계이다. 이 과정은 단순한 반복 학습이나 암기와는 차이가 있으며 관련된 내용들을 공통 범주나 유형으로 묶어 정리하는 전략이 필요하다. 부호화는 새로운 정보를 유의미한 형태로 변환하고 기존에 장기기억에 저장된 정보와 연결하여 새로운 정보가 더 효과적으로 기억되도록 돕는다. 이를 통해 정보는 독립된 개별 정보로 존재하는 것이 아니라 기존 지식과 연관된 맥락 속에서 의미 있게 저장된다. 학습자가 새로운 단어를 배울 때 그 단어를 기존의 어휘와 연관시키거나 문맥 속에서 이해하려고 노력하는 것이 부호화 전략의 예이다. 이처럼 부호화는 정보를 기억의 형태로 변환하여 이후에 필요할 때 효율적으로 인출할 수 있도록 돕는 중요한 과정이다. 이를 통해 우리는 정보를 단순히 기억하는 것을 넘어 유기적으로 활용할 수 있게 된다.

네 번째 단계인 인출(retrieval)은 저장된 정보를 필요할 때 활용하거나 장기기억의 정보를 작업기억으로 이동시키는 과정을 의미한다. 학습한 자극이나 정보를 원하는 순간에 마음대로 인출할 수 있다면 학습이 훨씬 수월하겠지만 실제 학습 상황에서 인출은 쉽지만은 않다. 인출 과정에서 중요한 요소 중 하나는 해당 정보가 어떤 맥락에서 부호화되었는지를 이해하는 것이다(Williams & Zacks, 2001). 정보를 저장할 때의 상황이나 맥락과는 다른 환경에서 정보를 인출해야 한다면 인출 과정이 더 어려워질 수 있다. 예를 들어, 조용한 도서관에서 역사 공부를 하며 특정 사건에 대한 정보를 습득했다면, 시끄러운 교실에서 시험을 치를 때는 도서관에서 학습한 정보를 인출하는 데 어려움을 겪을 수 있다. 이는 학습 환경과 인출 환경의 불일치로 인해 발생하는 현상으로 환경적 차이가 인출 과정에 부정적인 영향을 미칠 수 있음을 보여준다. 이처럼 인출의 성공 여부는 단순히 정보가 장기기억에 저장되어 있는지 여부뿐만 아니라 정보를 저장할 때의 맥락과 인출 시 맥락 간의 일치 여부에 따라서도 달라질 수 있다. 학습자는 학습 환경과 인출 환경의 유사성을 높이거나 다양한 맥락에서 정보를 부호화하는 전략을 통해 인출 능력을 향상시킬 수 있다.

다) 인출

인출은 효과적인 학습을 위해 매우 중요한 과정이다. 그렇다면 어떻게 해야 인출을 잘할 수 있을까? 이를 설명하기 위해 상태의존 학습(state-dependent learning; Thompson, 1986) 개념을 들 수 있다. 상태의존 학습에 따르면 학습 당시의 신체적 또는 정서적 상태가 인출할 때의 상태와 일치하면 정보를 더 잘 기억해 낼 수 있다. 예를 들어, 특정 음악을 들으면서 학습한 내용은 나중에 동일한 음악을 듣게 되면 더 쉽게 기억해 낼 수 있다. 반면, 시험 시간에 시간이 부족해 긴장된 상태에서 학습했다면, 이완된 상태에서는 학습한 정보를 제대로 기억해 내기 어려울 수 있다. 이처럼 정보를 인출할 때 학습 당시의 상황이나 맥락을 함께 떠올려 보는 것이 도움이 된다. 중립적이거나 긍정적인 정서를 유발하는 사람, 장소, 상황 등을 조성하고 학습자에게 회상의 단서를 제공하는 것도 인출에 도움을 줄 수 있다(Williams & Zacks, 2001). 예를 들어, 학습자가 특정 장소나 물건, 혹은 정서적 경험을 회상 단서로 사용하면 해당 정보와 연관된 기억을 더 쉽게 불러올 수 있다. 학습자는 학습 당시와 유사한 신체적 또는 정서적 상태를 재현함으로써 인출 능력을 향상시킬 수 있다.

라) 망각

망각은 장기기억에 저장된 정보를 소실하거나 인출할 수 없는 것으로 과거에 학습하거나 경험한 내용을 일시적 또는 영구적으로 잊어버리는 현상이다. 망각의 발생 원인은 기억 저장소에 따라 다르다. 감각기억의 경우 시간이 지나면서 정보가 점차 쇠퇴(퇴색, decay)하여 사라지기 때문에 망각이 일어난다. 작업기억에서의 망각은 정보의 쇠퇴 또는 작업기억의 용량 한계로 인해 정보가 이동하거나 대체되면서 발생한다. 장기기억의 용량은 무제한이며 (반)영구적이라고 가정하지만, 장기기억에 저장된 정보가 제대로 인출되지 못하는 경우 망각이 일어난다. 이는 정보가 장기기억에서 사라진 것이 아니라 인출에 실패했기 때문에 발생하는 것이다(Williams & Zacks, 2001).

그렇다면 왜 인출에 실패하는 것일까? 인출 실패의 한 원인으로는 간섭(interference)을 들 수 있다. 간섭은 다른 정보가 인출하려는 정보를 방해하는 현상이다. 예를 들어, 두 개 이상의 외국어를 동시에 학습할 때 한 언어의 단어나 문법 규칙이 다른 언어 학습을 방해하는 경우를 생각할 수 있다. 프랑스어를 제2외국어로 배운 후 스페인어를 학습할 때 프랑스어의 발음, 문법 및 성 구분 규칙이 스페인어 학습에 혼란을 줄 수 있다. 이는 두 언어가 라틴어에서 비롯되어 여러 면에서 유사점을 갖기 때문에 발생하는 간섭 효과이다. 또 다른 예로, 학습자가 역사 수업에서 서로 다른 시대나 사건을 배울 때 이전에 학습한 사건의 세부 사항이 새로운 사건의 정보와 혼동되어 학습을 방해할 수 있다. 프랑스 혁명과 미국 독립 전쟁의 발발 연도를 혼동하여 어느 하나를 정확하게 기억하기 어려운 상황이 생길 수 있다. 따라서 유사한 자극과 정보를 한꺼번에 암기하려 하기보다는 각 정보의 차이점과 특성을 강조하며 학습하는 것이 효과적인 기억 인출에 도움이 된다(Sousa, 2006).

망각이 발생했는지 여부는 회상(recall)과 재인(recognition)을 통해 확인할 수 있다. 회상은 단서 없이 장기기억에 저장된 정보를 인출하는 것으로 단답형이나 서술형 문항풀이에 유리하다. 반면, 재인은 단서나 상황의 도움을 받아 정보를 인출하는 것으로 객관식 문항을 풀 때 필요하다. 재인은 회상보다 인출이 수월한데 학습자가 객관식 문항을 서술형 문항보다 더 쉽게 느끼는 것도 이 때문이다. 이처럼 특정한 단서나 맥락의 도움으로 정보를 인출할 수 있다면 그것은 단순한 인출 실패로 볼 수 있으며 망각이 실제로 일어났다고 단정할 수는 없다. 만약 학습자가 인출 단서를 적절히 활용할 수 있다면 정보를 보다 효과적으로 인출할 수 있을 것이다.

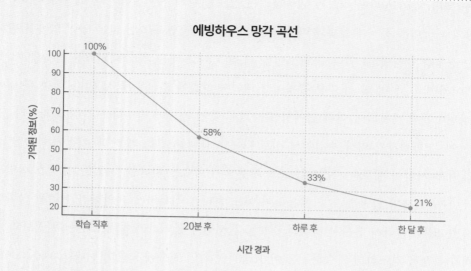

에빙하우스 망각 곡선

에빙하우스(H. Ebbinghaus)의 망각 곡선은 학습한 정보가 시간이 지남에 따라 어떻게 망각되는 지를 보여주는 이론적 모델이다. 에빙하우스는 실험을 통해, 학습 직후 20분 이내에 약 42%의 정보가 망각되고 하루가 지나면 약 67%, 한 달 후에는 약 79%의 정보가 망각된다는 것을 발견하였다. 이 연구는 우리가 학습한 내용을 얼마나 빨리 잊어버리는지 구체적으로 보여주고 있다 (Ebbinghaus, 1885). 망각 곡선은 학습 직후 급격한 망각이 일어난 후 시간이 지남에 따라 점차 망각 수준이 완화되는 경향을 나타낸다. 이를 바탕으로 에빙하우스는 처음 학습한 내용을 반복적으로 복습함으로써 망각률을 줄이고 학습 내용을 장기기억으로 전환하는 방법을 제안하였다. 이러한 반복 학습은 학습 내용을 장기적으로 유지하고 기억의 효율성을 높이는 데 도움이 된다.

망각 곡선은 교육심리학 및 학습이론에서 중요한 역할을 하며 주기적인 복습이 기억을 강화하고 장기적 학습에 효과적임을 시사한다. 특히 반복 학습과 분산 학습 전략은 학습자의 기억 유지율을 높이고 학습 효율성을 극대화하는 데 필수적이다. 이는 단기적인 암기에 의존하기보다는 장기적인 학습 계획을 세우고 체계적으로 복습하는 것이 중요하다는 것을 의미한다.

에빙하우스의 망각 곡선은 다음과 같은 중요한 학습 전략을 시사한다.

❶ **즉각적인 복습**: 학습 직후 빠른 시일 내에 복습을 통해 망각을 최소화할 수 있다.

❷ **주기적인 반복 학습**: 일정한 간격을 두고 학습 내용을 반복 복습하면 기억 유지율이 높아진다.

❸ **분산 학습**: 한번에 많은 양을 학습하기보다는 짧은 시간에 나누어 여러 번 학습하는 것이 효과적이다.

이러한 전략을 통해서 학습자는 망각을 줄이고 학습 내용을 장기적으로 기억할 수 있으며 효율적으로 학습할 수 있다.

마) 메타인지

메타인지(metacognition)는 자신의 사고 과정에 대한 지식으로 자신이 무엇을 알고 모르는지를 자각하고 자신의 인지 과정을 효율적으로 관리 및 통제하는 능력을 가리킨다(Flavell, 1979). 정보처리이론에서 메타인지는 학습자가 자신의 학습 상태를 모니터링하고 학습 전략을 선택 및 조정하며 문제 해결 과정을 계획하는 데 도움을 준다. 이를 통해 학습자는 주의를 유지하고 작업기억을 효율적으로 관리하며 정보를 장기기억으로 전이하는 과정을 촉진할 수 있다.

메타인지는 학습자가 자신의 학습과 기억 능력을 이해하고 과제 달성을 위한 계획을 세우며 자신에게 적합한 학습 전략을 선택하는 데 유용하다(Bjork et al., 2013; Norman et al., 2019). 예를 들어, 학습자는 학습 중간에 자신의 이해도를 점검하고 부족한 부분을 보완하기 위해 추가 자료를 찾아보거나 복습 시간을 조정하여 효율성을 높일 수 있다.

메타인지는 크게 메타인지 지식과 메타인지 조절의 두 가지 요소로 구성된다(Brown, 1977; Cross & Paris, 1988; Efklides, 2001). 메타인지 지식은 학습자가 자신의 인지 과정과 학습 전략에 대해 알고 있는 것을 의미한다. 자신이 언어보다는 시각 자료를 통해 더 잘 학습한다는 사실을 알고 있는 것이 메타인지 지식의 한 예이다. 메타인지 조절은 학습자가 학습 상황에서 자신의 인지 활동을 조정하고 통제하는 능력을 의미한다. 이는 목표 설정, 전략 선택, 학습 진척도 평가, 학습 전략 조정 등을 포함한다. 문제를 풀 때 어려움을 느끼면 전략을 바꾸어 문제를 다시 접근하거나, 학습 계획을 수정하는 것이 메타인지 조절의 예이다. 이 두 가지 요소에 대한 이해는 학습자가 자신의 학습과 문제해결능력을 효과적으로 향상시키는 데 필수적이라 할 수 있다. 메타인지가 잘 발달한 학습자는 자신의 학습 전략과 과정을 지속적으로 점검하고 개선할 수 있어 학습의 효율성을 극대화할 수 있기 때문이다.

(1) 메타인지 지식

메타인지 지식은 자신의 인지 과정을 스스로 어떻게 인식하고 있는지에 관한 것으로 다음의 세 가지 유형으로 나뉜다.

(가) 선언적 지식(declarative knowledge): 선언적 지식은 자신이 무엇을 알고 있는지에 관한 지식으로 자기 자신에 대한 지식과 과제에 활용할 수 있는 전략에 대해 알고 있는 것이다. 가령, 특정 사람의 얼굴은 기억하지만 이름은 기억하기 어렵다는 것을 스스로 인지하거나 자신의 학습 스타일이나 강점과 약점을 파악하고 있는 것은 선언적 지식에 해당한다.

(나) 절차적 지식(procedural knowledge): 절차적 지식은 과제를 수행하는 방법과 절차, 그리고 난이도에 관한 지식이다. 예를 들어, 수학 문제를 효과적으로 해결하기 위한 단계나 특정 용어를 암기하는 방법을 이해하는 것이 절차적 지식에 해당한다. 이는 문제 해결 과정에서 어떤 절차를 따라야 하는지, 학습할 때 어떤 방법이 더 효과적인지 등에 대한 지식을 포함한다.

(다) 조건적 지식(conditional knowledge): 조건적 지식은 특정 전략을 사용해야 하는 시기, 조건, 방법 및 그것의 이유를 포함하는 지식이다. 학습자가 오전에 집중력이 가장 높다는 것을 알고 있어 가장 어려운 과목을 그 시간에 공부하기로 결정했다면, 그는 자신의 일과 중 어떤 시간에 어떤 과목을 공부하는 것이 효과적인지를 알고 있는 것이다. 이러한 조건적 지식은 학습자가 학습 전략을 선택하고 사용할 때 중요한 역할을 한다. 조건적 지식은 구체적인 학습 전략을 세우는 데 큰 영향을 미친다. 예를 들어, 이전 학습 내용을 복습하는 것과 새로운 내용을 예습하는 것 사이의 균형을 유지하는 것이 중요하다는 것을 인식한 학습자는 새로운 개념을 학습한 직후에 이전 학습 내용을 간단히 복습하고 점검

하는 시간을 가질 것이다. 이러한 지식은 자신에게 적합한 학습 전략을 선택하고 적용하는 데 중요한 역할을 한다.

메타인지 지식은 학습자가 자신의 인지 과정을 인식하고 효율적인 학습 전략을 선택하고 사용하는 데 중요하다. 이러한 지식을 통해서 학습자는 자신의 학습 과정을 더욱 효과적으로 관리하고 통제할 수 있다.

(2) 메타인지 조절

메타인지 조절은 학습과 기억 등 인지 과정을 통제하고 최적화하기 위해 사용하는 능동적인 전략이다. 이는 학습자가 과제에 접근하는 방법을 계획하고 학습 중 자신의 이해 수준과 진행 상태를 점검하며 과제 결과를 평가하는 일련의 활동을 포함한다. 메타인지 조절은 계획, 점검, 평가의 세 가지 활동으로 구분된다(Händel et al., 2013).

(가) 계획(planning): 계획은 과제를 시작하기 전에 목표를 설정하고 사용할 전략을 선택하며 필요한 자원을 할당하는 과정이다. 학습자가 시험 준비를 위해 공부해야 할 내용을 정리하고 시험까지 남은 기간을 고려하여 학습 일정을 세우는 것이 이에 해당한다. 학습자는 학습 내용이 복잡할수록 더 많은 시간을 할애해 주요 개념을 정리하고 관련 내용을 요약하는 등의 계획을 세울 수 있다. 이러한 계획은 학습 과정의 방향을 설정하고 효율적인 시간 관리와 자원 배분을 가능하게 한다.

(나) 모니터링(monitoring): 모니터링은 학습자가 학습 활동 중 자신의 이해 수준과 진행 속도를 점검하는 과정이다. 학습자가 스스로 질문을 던져 자신의 이해도를 확인하거나 어려움을 느끼는 부분에 대해 추가 자료를 찾고 교수자에게 질문하는 등의 행동이 이에 해당한다. 이러한 점검 활동은 학습자가 자신의 학습 전략이 효과적으로 작동하고 있는지 확인하고, 필요한 경우 학습 전략을 수정할 수 있도록 돕는다.

(다) 평가(evaluation): 평가는 과제가 완료된 후 학습 결과를 분석하고 어떤 전략이 효과적이었는지, 그 이유가 무엇인지 평가하는 과정이다. 학습자는 자신이 사용한 전략이 얼마나 유효했는지, 학습 목표를 달성했는지, 그리고 어떤 부분이 부족했는지 등을 분석한

다. 이를 통해 학습자는 향후 학습 전략을 수정하고 보완하여 더욱 효율적으로 학습할 수 있다.

메타인지는 학습자가 자신의 학습 및 인지 과정을 스스로 통제함으로써 학업 성취, 기억, 의사소통 능력, 문제해결능력을 향상시키는 데 중요한 역할을 한다. 학습자가 메타인지 능력을 계발하면 자신의 부족한 지식을 인식하고 학습 습관을 조절하며, 자신에게 적합한 학습 전략을 선택하여 적용할 수 있다. 기존 연구들은 메타인지 전략을 적극적으로 활용할 때 학습자가 이해하지 못하거나 잘못 이해한 부분을 재검토하고 수정함으로써 학습 성과가 향상된다고 보고하였다(Bjork, Dunlosky, & Kornell, 2013; Zimmerman, 1989, 2013). 그러나 많은 학습자들은 메타인지 전략을 효과적으로 사용하지 못하거나 자신에게 어떤 학습 전략이 적합하고 도움이 되는지 잘 알지 못하는 경우가 많다(Zimmerman & Moylan, 2009).

학습 상황에서 메타인지를 강화하기 위해서 학습자는 자신의 학습 과정을 잘 이해하고 자신에게 적합한 학습 전략을 선택 및 활용하는 연습을 해야 한다. 학습자는 자신의 학습 과정을 객관적으로 점검하고 필요한 메타인지 지식과 조절 능력을 계발하여 이를 학습 상황에 적용하려는 노력을 기울여야 한다. 또한, 학습자에게 자신에게 맞는 학습 전략을 인지하고 이를 적극적으로 활용하는 것이 효과적으로 학습하는 데 도움이 된다는 점을 인식시킴으로써 학습자 스스로 메타인지를 계발하고자 하는 동기를 가질 수 있도록 해야 한다. 효과적인 학습을 위해서는 학습자가 주도적으로 자신의 학습 과정을 면밀히 살펴보고 점검하는 습관을 길러 메타인지를 적극적으로 계발하고 이를 학습 과정에 적용하려는 의식적인 노력이 필요하다.

바) 전이(transfer)

전이(transfer)란 특정 상황에서 습득한 지식과 정보를 다른 상황에 적용할 수 있는 능력이다. 인지주의 학습이론에 따르면 학습한 자극과 정보의 저장, 인출, 그리고 전이는 학습을 가능하게 하는 주요 인지 능력이다. 학습 전략은 전이 활동을 적극적으로 촉진하는 것과도 밀접하게 관련되어 있다. 전이는 이전 학습이 이후의 학습이나 수행을 촉진하는 긍정적 전이와 방해하는 부정적 전이로 구분될 수 있으며 전이의 방향에 따라 수평적 전이와 수직적 전이로 나눌 수 있다.

(1) 긍정적 전이

긍정적 전이는 이전 학습이 새로운 과제 수행을 용이하게 하여 학습자가 새로운 지식이나 기술을 더 쉽게 습득할 수 있도록 돕는 현상이다. 즉 이전에 학습한 내용이 새로운 상황이나 문제 해결에 긍정적인 영향을 미칠 때 긍정적 전이가 발생했다고 할 수 있다. 가령, 어린아이가 자전거 타기를 배운 후 스케이트보드를 탈 때 자전거를 타면서 익힌 균형 감각과 조절 능력이 스케이트보드를 배우는 데 도움을 줄 수 있다. 자전거 타기에서 습득한 능력이 새로운 기술 습득에 긍정적으로 전이된 것이다. 긍정적 전이는 학습자가 기존의 지식을 새로운 맥락에서 효과적으로 적용할 수 있게 하여 학습의 효율을 높인다.

(2) 부정적 전이

부정적 전이는 이전 학습이 학습자가 새로운 정보를 이해하고 적용하는 데 방해가 되어 새로운 학습이 어려워지는 현상을 의미한다. 이전에 학습한 내용이 새로운 상황이나 문제 해결에 부정적인 영향을 미쳐 학습 과정에서 혼란이나 오류를 초래할 때 부정적 전이가 발생한다고 볼 수 있다. 예를 들어, 영어를 모국어로 사용하는 사람이 스페인어를 배울 때 비슷한 단어로 인한 혼란이 발생할 수 있다. 영어 단어 'actual'은 "실제의, 실제적인"이라는 의미를 가지지만, 스페인어 단어 'actual'은 "현재의"라는 뜻으로 사용된다. 이처럼 비슷한 단어가 다른 의미로 사용될 때 학습자는 이전 언어 학습의 경험 때문에 새로운 언어를 배우는 데 어려움을 겪을 수 있다.

(3) 수평적 전이

수평적 전이는 특정 영역에서 학습한 지식이나 기술이 다른 영역이나 실생활에 직접적으로 적용되는 현상이다. 이는 학습자가 학습한 내용을 다양한 분야나 맥락에서 유연하게 활용할 수 있음을 의미한다. 예를 들어, 학교에서 배운 수학적 비율 개념을 실생활에서 요리할 때 레시피의 양을 조절하는 데 적용하는 경우 수학에서 배운 비율에 대한 지식이 요리와 같은 실생활 문제 해결에 직접적으로 적용된 것이다. 이처럼 수평적 전이는 학습자가 다양한 상황에서 학습한 지식을 실질적으로 활용할 수 있게 해 준다.

(4) 수직적 전이

수직적 전이는 특정 분야에서 기초적인 학습이 이후 더 고차원적이고 복잡한 학습의 기반이 되는 현상을 의미한다. 수직적 전이는 학습자가 단순한 개념이나 기술을 익힌 후 이를 바탕으로 점차 복잡한 이론이나 기술을 이해하고 습득할 때 발생한다. 예를 들어, 기본적인 대수학의 원리를 학습한 후 그 지식을 바탕으로 보다 복잡한 미적분 문제를 풀 수 있게 되는 것은 대수학의 기본 개념에 대한 학습이 미적분과 같은 고차원적인 수학 문제 풀이로 이어진 것으로 생각할 수 있다. 이처럼 수직적 전이는 점진적인 학습 과정에서 학습자가 기초적인 지식을 바탕으로 더욱 심화된 내용을 학습하는 데 중요한 역할을 한다.

최근 연구 소개

통찰은 개념적으로 정의하기 쉽지 않지만, 연구자들은 통찰이 문제 해결을 위한 기본적이고 필수적인 사고 과정이라고 주장한다(Chu & MacGregor, 2011). 또한, 통찰은 교육과 훈련을 통해 계발될 수 있는 능력으로 간주된다. 몇몇 연구들에서는 통찰이 무의식적이고 복잡하며 경험적으로 설명하기 어려운 능력이나 과정으로 여겨졌지만 최근에는 비교적 간단하고 짧은 훈련을 통해서도 함양될 수 있음이 밝혀졌다(Chrysikou, 2006; Dow & Mayer, 2004). 예를 들어, 한 연구에서는 통찰 문제해결능력이 훈련을 통해 향상될 수 있는지 확인하였다. 이를 위해 심리학 전공 학부생들에게 재구성 과정을 촉진하는 다양한 전략(사전 전략 지침 제공, 다양한 연습량, 피드백 유형의 차이, 문제 비교 등)을 제공하였다. 실험 결과, 훈련을 받은 그룹은 비훈련 그룹에 비해 통찰 문제 해결 비율이 눈에 띄게 향상되었다(Ansburg & Dominowski, 2000).

또 다른 연구에서는 통찰 훈련이 다양한 문제해결능력에 미치는 영향을 탐색하였다. 연구 참여자는 40명의 대학생으로 이들에게 퍼즐 형식의 문제와 실생활에서 직면할 수 있는 문제를 해결하게 하여 통찰 훈련의 효과를 분석했다. 연구 결과, 통찰 훈련은 퍼즐 문제처럼 공간 지각력이 필요한 문제 해결에는 긍정적인 영향을 미쳤지만 실생활에서의 문제 해결에는 별다른 영향을 미치지 않았다. 이는 통찰 훈련의 효과가 문제 유형, 영역 및 맥락에 따라 달라질 수 있음을 시사한다(Cunningham & MacGregor, 2008).

나. 인지주의 학습이론에 기반한 학습 전략

인지주의 학습이론을 바탕으로 한 학습 전략은 기억과 인출 과정을 활성화하여 학습 효과를 극대화하는 데 초점을 둔다. 이러한 전략들은 학습자가 정보를 효과적으로 부호화하고 장기기억에 저장하여 필요할 때 쉽게 인출할 수 있도록 돕는다.

1) 부호화 전략

부호화는 새로운 정보를 유의미한 형태로 변화시켜 장기기억에 표상하는 과정이다. 부호화는 학습자가 정보를 이해하고 기억하는데 중요한 역할을 한다. 주요 부호화 전략으로는 다음과 같은 방법들이 있다. 첫째, 청킹(chunking)은 작은 단위의 정보들을 몇 개의 큰 덩어리로 묶어 기억하는 전략이다. 이를 통해 학습자는 관련된 세부 정보와 그들을 연결해주는 상위 주제를 쉽게 기억할 수 있다. 예를 들어, 역사적 사건들을 시대별로 묶어 학습하면 각 시대의 주요 사건들과 이들 간의 연관성을 쉽게 파악하고 기억할 수 있다.

둘째, 심상(imagery) 전략은 학습 정보를 시각적 자료와 연계하여 기억하는 방법이다. 학습자가 어려운 과학 용어를 배울 때 그 의미와 관련된 그림을 그려보면 이를 더 쉽게 기억할 수 있다. 예를 들어, '축구공'이나 '의자'와 같은 단어는 시각적으로 표상되기 쉬워 기억하기가 더 수월한 반면, '정의'나 '정체성'과 같은 추상적 개념은 시각적 이미지를 만들기 어려워 기억하기가 더 어렵다. 이처럼 학습자는 정보를 시각적 이미지로 변환함으로써 기억 효과를 높일 수 있다.

셋째, 시연(rehearsal) 전략은 정보를 반복하여 생각해내거나 소리 내어 말함으로써 기억을 강화하는 전략이다. 기계적으로 반복하는 단순 암기보다는 정보에 의미를 부여하면서 학습하는 것이 효과적이다. 예를 들어, 특정 날짜나 인물과 관련된 비밀번호를 만들어 사용하면 숫자를 기억하는 것이 더 쉬워진다.

넷째, 정교화(elaboration) 전략은 새로운 정보를 이미 알고 있는 지식과 연결하여 그 정보를 구체적이고 의미 있게 만드는 과정이다. 예를 들어, 화산에 대해 학습할 때 백두산과 같은 구체적인 예시를 떠올리면 해당 정보를 보다 흥미롭고 의미 있게 기억할 수 있다. 이같은 전략은 학습자가 정보를 더 깊이 이해하고 장기기억에 효과적으로 저장하는 데 도움이 된다.

마지막으로 조직화(organization) 전략은 학습 내용을 구조화하여 관련 정보들을 공통 범주나 유형으로 묶는 전략이다. 가령, 흐름도(flow chart)나 개념 지도(concept map)는 학습자가 복잡한 개념 간의 관계를 시각적으로 이해하도록 돕는다. 이러한 시각적 자료는 학습자가 학습 내용을 명확하게 파악하고 개념 간의 관계를 쉽게 이해하도록 도와준다. 개요 작성(outlining)과 같은 방법은 상위 범주에서 하위 범주로 이어지는 구조적 체계를 통해 학습 내용을 위계적으로 정리하여 학습자가 전체적인 내용을 한눈에 파악할 수 있게 한다.

이처럼 부호화 전략은 학습자가 정보를 장기기억에 효과적으로 저장할 수 있도록 돕는 청킹, 심상, 시연, 정교화, 조직화와 같은 전략들은 각각의 특성을 활용하여 학습자가 정보를 더 깊이 이해하고 기억할 수 있도록 돕는다.

[그림 1-6] 조직화 전략 예시(Sousa, 2006)

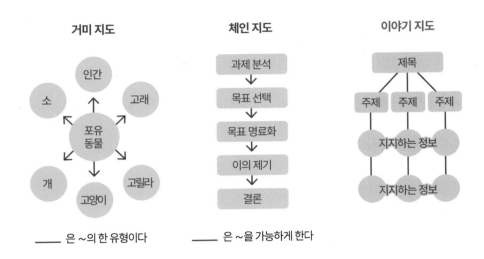

은 ~의 한 유형이다   은 ~을 가능하게 한다

지식 플러스   **효과적인 밑줄긋기와 요약하기**

밑줄긋기와 요약하기는 기억을 조장하는 대표적인 학습 전략이다. 밑줄긋기와 요약하기의 효과성에 대해서는 의견이 분분한데, 이는 핵심 내용에 대한 이해 없이 이루어지는 무분별한 밑줄긋기와 요약하기는 학습에 특별히 도움이 되지 않기 때문이다. 그렇다면 밑줄긋기와 요약하기를 효과적으로 할 수 있는 방법에는 어떤 것들이 있을까?

🔽 밑줄긋기

무조건 밑줄을 긋는 것이 아니라 제목, 소제목, 주요 개념 및 핵심 주제를 파악하고 학습의 방향성을 설정한 후 밑줄을 친다면 학습에 도움이 될 수 있다. 가령, 한 문단에서 가장 중요한 문장에만 밑줄을 긋게 하면 학습자의 기억력을 높일 수 있다(Snowman, 1962). 밑줄긋기에서 중요한 것은 학습에서 중요한 것과 중요하지 않은 것을 구분하는 것이기 때문이다.

밑줄긋기 훈련은 점진적 학습을 통해서 가능하다. 학습자에게 짧고 간명하며 구조화가 잘된 문단들을 요약하게 하는 연습을 통해서 요약 연습을 시작 할 수 있다. 초기 단계에서의 성공 경험은 학습자로 하여금 자신감을 갖게 하고 점차 길고 복잡한 문장과 문단으로의 전환을 용이하게 할 것이다.

⊘ 요약하기

요약하기의 시작은 핵심 문장을 식별하고 생성하는 데 있다. 문단에서 가장 중요한 정보를 포함하고 있는 핵심 문장을 파악하고, 필요한 경우에는 학습자 스스로 자신의 말로 핵심 문장을 다시 만들어보는 것을 통해서 문단 속에 숨겨져 있는 주된 내용을 살펴보자. 이어 세부 정보를 조직화하여 범주화할 수 있는 상위 개념을 만들어보고 이를 뒷받침하고 보완할 수 있는 추가 정보를 찾아내어 학습 내용에 포괄적으로 접근한다. 마지막으로 중요도가 떨어지거나 반복되는 정보를 하나씩 제거함으로써 학습하고자 하는 핵심 내용에 집중한다. 이와 같은 과정으로 학습 자료를 체계적으로 요약해나간다면 내용에 대한 이해와 기억을 촉진하고 학습을 효과적으로 할 수 있다.

2) 인출 전략

기억 저장소에서 정보를 꺼내는 인출을 활성화하기 위한 대표적인 전략으로는 SQ3R과 PQ4R이 있다. SQ3R 전략은 훑어보기/개관하기(survey), 질문하기(question), 읽기(read), 암송하기(recite), 복습하기(review) 활동으로 구성되어 있다(Robinson, 1961). PQ4R은 사전 검토하기(preview), 질문하기(question), 읽기(read), 숙고하기(reflect), 암송하기(recite), 복습하기(review)의 과정을 따른다(Thomas & Robinson, 1972). 이들 모두 영문 첫 자를 따서 만들어진 이름이며 복습하기를 마무리 전략으로 사용한다.

학습자가 교과서의 새로운 장을 학습하기 시작한다고 가정해보자. SQ3R 전략의 단계별 상세 내용과 활동은 다음과 같다.

가) 훑어보기/개관하기: 학습자는 새 장을 학습하기 전에 이전 장의 제목, 소제목, 그림, 차트 및 요약문 등을 훑어본다. 이 과정에서 학습자는 해당 장의 주요 개념과 구조를 미리 파악해볼 수 있다. 구체적으로 학습자는 새로운 장의 제목으로 어떤 주제를 다룰 것인지 확인하고, 각 절의 소제목을 읽음으로써 주요 개념을 파악할 수 있다. 또한 그림과 차트를 통해서 시각적으로 정보를 미리 접한 후 장을 마무리하는 요약문을 읽어봄으로써 전체적인 내용을 개관해볼 수 있다.

나) 질문하기: 개관한 내용을 바탕으로 해당 장에서 다룰 내용에 대한 질문을 스스로 만들어보거나 소제목을 질문 형태로 바꿔 질문해봄으로써 학습에 대한 동기를 유발할 수 있다.

다) 읽기: 생성한 질문에 대한 해법을 찾으려는 목적으로 교과서를 꼼꼼히 읽어본다. 이때 앞서 만들어놓은 질문을 생각하면서 읽기에 집중한다면 관련 정보를 쉽게 찾아내어 이해하고 기억할 수 있다.

라) 암송하기: 읽은 내용을 토대로 질문에 대한 해법을 설명하고 답을 말해보거나 주요 개념을 말로 요약해본다. 자신의 언어로 정보를 구현해내는 활동은 학습 내용에 대한 이해와 기억을 강화시킨다.

마) 복습하기: 이전 단계에서 명확하게 이해하지 못한 부분을 다시 읽어보고 암송하며 그동안 학습한 주요 개념과 질문에 대한 해법을 복습한다. 학습한 내용을 요약한 노트를 활용할 수 있다.

교실 속으로 **메타인지 사례**

윤정이는 공부를 할 때마다 교과서 페이지를 넘기지만 자신이 정말로 무엇을 이해하지 못하는지, 어떤 부분에서 막히는지 정확하게 알지 못한다. 그녀는 종종 '이게 왜 이해가 안 가지?'라며 혼잣말을 하지만 구체적으로 어느 부분을 이해하지 못하는지, 어떤 방법으로 접근해야 하는지, 그리고 어떻게 해결해야 하는지 등에 대한 고민은 하지 않는다. 공부 계획을 세우거나 자신의 공부법을 점검하는 일도 거의 없다. 문제를 풀 때도 틀린 문제에 대해서 왜 틀렸는지 분석하기보다 답을 확인하는 데에만 몰두한다. 이로 인해 윤정이는 같은 실수를 반복하며 공부에 많은 시간을 투자함에도 불구하고 자신이 기대하는 만큼 학습 성과를 얻지 못한다. 윤정이의 공부법을 향상시킬 수 있는 방법이 있을까? 윤정이의 문제점을 해결하기 위해서 무엇을 해야 할까?

윤정이의 사례를 보고 아래 질문에 대해 생각해 보자.

▼ 학습 상황에서 윤정이에게 부족한 부분은 무엇일까?

▼ 내가 만약 윤정이라면 학습 과정을 개선하기 위해서 어떠한 전략을 세워야 할까?

▼ 윤정이처럼 메타인지가 낮은 학습자를 위한 메타인지능력 향상 방안에는 어떠한 것들이 있을까?

▼ 학습에서 메타인지는 왜 중요할까?

▼ 학습자의 메타인지를 기르기 위해서 교육 현장에서 도입하거나 개선해야 할 점은 무엇일까?

4 사회인지적 접근

가. 사회인지이론

사회인지이론(social learning theory)은 학습 과정에서 사회적 환경이 미치는 영향을 강조하며 동기, 자기 조절, 성취와 관련된 교육학 및 심리학적 개념과 현상을 다룬다 (Schunk & Usher, 2019). 이 이론은 자극과 반응에 초점을 둔 행동주의 학습이론과 대조된다. 행동주의 학습이론에서는 학습이 자극에 대한 강화나 처벌을 통해 관찰 가능한 행동 변화를 일으키는 것으로 정의된다. 그러나 이러한 접근은 행동 형성에 미치는 개인의 기대, 정서, 심리적 상태의 영향을 고려하지 못한다. 또한 학습은 다양한 맥락과 환경에서 복잡하게 일어나기에 고전적 조건형성이나 조작적 조건형성과 같은 행동주의 학습의 주요 원리만으로는 학습 과정을 충분히 설명하는 데 한계가 있다. 이와 같은 한계를 극복하고자 사회인지이론이 등장하였다. 사회인지이론은 직접적인 강화나 처벌 없이도 학습이 발생할 수 있다고 설명하며 학습이 내적 인지 과정을 통해 이루어지는 정신적 변화라고 본다.

사회인지이론에 따르면 학습은 단순히 외부의 자극에 의해 발생하는 것이 아니라, 타인의 행동을 관찰하고 그 결과를 예측하며 자신의 행동을 조정하는 과정에서도 일어난다(Bandura, Ross, & Ross, 1963). 이는 학습자가 다른 사람의 행동을 관찰함으로써 특정 행동이 어떤 결과를 가져오는지에 대한 기대를 형성하고, 그 기대를 바탕으로 행동하게 되는 것을 의미한다. 사회인지이론의 주요 개념 중 하나는 자기도식(self-schema)이다(Woolfolk, 2001). 자기도식에 기반한 동기이론들은 개인이 자신에 대해 어떻게 생각하고 평가하는지가 어떠한 경로를 통해서 행동에 영향을 미치는지 설명한다(Pajares, 2002). 이처럼 사회인지이론은 개인의 내적 인지 과정을 바탕으로 학습이 단순히 외부 자극에 의해 발생하는 것이 아니라 개인의 인지적 구조와 사회적 맥락 속에서 이루어지는 복잡한 과정임을 강조한다. 이 이론은 학습자들이 단순히 행동을 모방하는 것을 넘어 학습 과정에서 자신의 행동을 계획하고 평가하며 조절하는 능동적인 존재로 이해한다는 점에서 의미가 있다.

[인물 사전] **알버트 반두라**(Albert Bandura, 1925~2021)

미국의 심리학자. 캐나다의 작은 마을에서 태어나 미국의 아이오와 대학교에서 박사학위를 받았으며, 스탠퍼드 대학교 교수로 재직하였다. 사회인지학습이론을 창시한 사람으로 널리 알려져 있다. 그는 노숙자에서 테러에 이르기까지 폭넓은 영역에 관한 연구를 수행하였다. 2002년까지 반두라는 논문에서 가장 많이 인용되는 심리학자 중 3위를 차지하였다.

출처: https://www.britannica.com/biography/Albert-Bandura

지식 플러스 **보보인형 실험**(Bandura, 1965)

반두라의 보보인형 실험은 3~6세 아동을 대상으로 학습이 단순한 행동의 결과가 아닌 관찰을 통해 이루어질 수 있음을 입증하였다. 이 실험에서 반두라는 아동들을 세 개의 집단으로 나누었다. 첫 번째 집단의 아동들에게는 성인이 보보인형을 공격한 후 보상을 받는 장면이 담긴 영상을 보여주었다. 두 번째 집단의 아동들에게는 성인이 보보인형을 공격한 후 처벌을 받는 장면이 담긴 영상을 보여주었고, 세 번째 집단의 아동들에게는 뒤따르는 보상이나 처벌없이 성인이 보보인형을 공격하는 장면만을 보여주었다.

연구 결과, 첫 번째 집단의 아동들은 다른 집단의 아동들에 비해 성인의 공격적인 행동을 더 많이 모방했다. 반면, 두 번째 집단의 아동들은 성인의 공격적인 행동을 거의 모방하지 않았다. 이는 성인이 처벌받는 장면을 본 아동들이 처벌에 대한 두려움으로 인해 공격적인 행동을 억제했음을 보여준다. 흥미로운 점은 세 집단의 아동 모두에게 성인의 행동을 모방하면 보상을 주겠다고 했을 때 모든 아동들이 성인의 공격적인 행동을 따라했다는 것이다. 이는 아동들이 영상을 통해 성인의 행동을 이미 학습했음을 시사한다.

이 실험은 아동들이 타인의 행동을 관찰하고 그 행동이 보상받는지 혹은 처벌받는지 여부에 따라 학습이 달라질 수 있음을 보여주었다. 이러한 결과는 사회인지 학습이론의 핵심 개념인 대리강화(vicarious reinforcement)를 뒷받침하며 인간이 직접적인 경험 없이도 타인의 행동을 관찰하고 이를 학습할 수 있다는 사실을 입증했다. 보보인형 실험은 행동주의 이론의 한계를 넘어서 학습이 단순한 행동 변화가 아닌 인지적 과정에 의해 이루어질 수 있음을 강조하며 사회학습이론의 중요한 기반을 마련한 연구로 평가받는다.

[그림 1-7] 보보인형 실험(Bandura, 1965)

[그림 1-8] 보보 인형

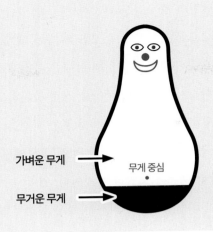

가벼운 무게 → 무게 중심

무거운 무게 →

1) 주요 개념

가) 모델링

모델링(modeling)은 관찰학습의 핵심 개념으로 학습자가 다른 사람의 행동을 관찰하고 이를 모방하는 과정이다. 모델링은 한 명 이상의 모델(model)의 행동을 관찰하여 야기된 정서, 인지 및 행동 변화를 가리킨다. 초기 사회인지이론은 관찰학습의 중요성을 특히 강조하였다. 아동이 모델의 행동을 학습하기 위해서는 해당 모델에 주의를 기울이고 모델의 행동을 기억하며 이를 모방할 수 있어야 한다(Bandura & Walters, 1963).

예를 들어, 아동은 부모나 다른 어른들의 행동을 주의깊게 관찰하고 이를 모방함으로써 사회적으로 수용 가능한 행동 방식을 배울 수 있다. 교사는 모델링을 통해 학생들에게 수학 문제 풀이법, 효과적인 글쓰기 기술, 비판적 사고 방식과 같은 학습 전략을 가르칠 수 있다. 학생들은 이러한 모델링을 통해 학업 수행에 필요한 기술과 능력을 기를 뿐만 아니라 타인에 대한 존중과 배려, 상반된 의견에 대한 인내, 학습 동기 등 생활 전반에 걸쳐 필요한 태도와 가치를 습득할 수 있다. 이같은 모델링은 새로운 행동을 학습하게 하고 이미 학습한 행동을 촉진하며 억제된 행동을 변화시키고 학습에 수반된 정서적 반응을 변화시키는 데 효과적이다. 모델링의 중요성은 단순한 행동을 학습하는 것을 넘어서 학습자가 사회적 환경에서 효과적으로 상호작용할 수 있도록 돕는 데 있다.

모델링은 다양한 유형으로 구분되며 각각의 유형은 특정 학습 상황에서 다르게 활용될 수 있다. 직접 모델링은 학습자가 모델의 행동을 직접 관찰하고 그대로 모방하는 것을 의미한다. 가령, 교사가 학생들 앞에서 수학 문제를 푸는 과정을 시연하고 학생들이 이를 따라하도록 하는 경우가 직접 모델링에 해당한다. 상징적 모델링은 책, 연극, 영화, TV 프로그램 등의 매체에서 관찰한 행동을 모방하는 것이다. 영화 속 인물이 문제를 해결하는 방식을 모방하거나 책 속 인물의 행동을 따라하는 것은 상징적 모델링의 예이다. 종합적 모델링은 관찰한 행동의 일부를 결합하여 새로운 행동을 만들어내는 것이다. 학습자는 여러 모델의 행동을 관찰한 후 그 행동의 특정 요소들을 종합하여 자신만의 새로운 행동 방식을 창출할 수 있다. 인지적 모델링은 행동에 내재된 사고 과정을 설명하고 시연하는 것을 포함한다. 교사가 문제를 해결할 때 자신의 사고 과정을 학생들에게 설명하면서 문제를 푸는 방법을 가르치는 것이 이에 해당한다. 이를 통해서 학습자는 단순한 행동 모방을 넘어서 행동을 수행하는 이유와 그 과정에서 필요한 사고 방식을 이해할 수 있다.

나) 대리적 조건형성

대리적 조건형성(vicarious conditioning)이란 타인의 행동과 그에 따른 결과를 관찰하고 이를 바탕으로 학습하는 과정을 가리킨다. 이를 통해서 학습자는 직접적인 경험 없이도 타인의 경험을 통해 행동의 결과를 예측하고 자신의 행동을 조절하는 능력을 가질 수 있다. 예를 들어, 신입 사원 A가 선배 직원이 회사 내 주요 프로젝트에서 실패하고 이에 따라 징계를 받는 것을 목격했다고 하자. A는 이를 통해 비슷한 상황에서 동일한 실수를 피하기 위해 사전 준비를 철저히 하고 세심한 주의를 기울여야 한다는 교훈을 얻는다. A는 직접적으로 실패나 징계를 경험하지 않았지만 선배의 경험을 통해 자신이 어떻게 행동해야 하는지를 학습한 것이다. 또 다른 예로, 스포츠 경기에서 한 선수가 규칙을 위반하고 그 결과로 팀 내에서 중요한 지위를 상실하는 것을 보았다고 하자. 다른 선수들은 이를 보고 규칙을 준수하는 것이 얼마나 중요한지를 다시금 깨닫게 된다. 이는 그들이 규칙을 지키고 팀 내에서 필요한 지위를 유지하려는 동기를 강화시킨다. 이와 같은 과정은 대리적 조건형성을 통해 이루어진 것으로, 선수들이 직접적인 경험 없이 관찰을 통해 학습한 것이다.

이처럼 대리적 조건형성은 학습자가 타인의 행동과 그에 따른 결과를 관찰함으로써 자신의 행동을 조정하고 변화시킬 수 있는 과정을 설명한다. 예를 들어, 학교에서 친구가 선생님의 질문에 명확하게 답변한 후 칭찬을 받는 것을 관찰하게 되면 학생들은 수업에 더 적극적으로 참여하고 질문에 답변하려는 동기를 갖게 된다. 이는 학생들이 질문에 대답하는 것이 교사로부터 긍정적인 피드백을 받을 수 있는 행동이라는 기대를 형성했기 때문이다. 이러한 기대는 학습자가 비슷한 상황에서 비슷한 행동을 하도록 유도하며 이는 학습 행동에 긍정적인 영향을 미친다.

행동주의 학습이론에서는 강화와 처벌을 이후 행동의 직접적인 원인으로 보는 반면, 사회인지학습이론에서는 유발된 행동에 따른 결과가 형성한 기대와 신념이 이후 행동에 영향을 미친다고 설명한다. 이는 개인이 어떤 행동을 할 때 그 행동이 가져올 결과에 대한 기대를 가지고 있으며 이 기대가 이후 행동을 결정하는 중요한 역할을 한다는 것을 뜻한다. 따라서 교사는 학생에게 어떤 행동이 긍정적인 강화(칭찬, 보상)를 받게 하는지 그리고 어떤 행동이 부정적인 결과를 초래하는지에 대해 명확히 설명해주어야 한다. 특정 행동에 대한 기대감은 학생들에게 자신의 행동을 효과적으로 조절하고 개선할 수 있게 하며 보다 바람직한 행동을 선택하게 하는 동기로 작용한다.

다) 관찰학습

관찰학습은 주의집중(attention), 파지(retention), 재생산(reproduction) 그리고 동기화(motivation)의 네 단계의 인지 과정을 거친다(Bandura, 1977a). 이 과정을 통해 학습자는 타인의 행동을 학습하고 자신의 행동으로 재현하며 학습 결과를 통해 동기를 형성하게 된다.

첫 번째 단계인 주의집중에서 학습자는 모델의 행동 중 특정 부분에 관심을 기울인다. 이 과정에서 학습자가 모델에게 얼마나 주의를 집중하는지가 관찰학습의 성공에 중요한 영향을 미친다. 모델의 역량, 사회적 지위, 자신과의 유사성 등이 학습자가 모델에 주의를 기울이게 하는 중요한 요소들이다(Bandura & Walters, 1963). 학습자는 역량이 뛰어나거나 사회적 지위가 높은 모델 혹은 자신과 비슷한 특성을 가진 모델에게 더 많은 주의를 기울일 가능성이 높으며 이는 학습자가 모델의 행동을 관찰하려는 동기를 증가시킨다.

두 번째 단계인 파지에서 학습자는 모델의 행동을 기억에 저장한다. 이 단계에서 학습자는 모델의 행동을 언어적 또는 시각적으로 표상화하여 기억한다. 가령, 학생이 수업 시간에 선생님의 수학 문제 풀이 과정을 주의 깊게 관찰하고 이를 시각적 이미지나 언어적 설명으로 변환하여 기억하는 것이다. 이러한 과정은 이후 유사한 상황에서 모델의 행동을 재현할 수 있는 기초를 마련한다.

세 번째 단계인 재생산에서 학습자는 이전 단계에서 기억한 행동을 실제로 수행해본다. 학습자가 모델의 행동을 기억하고 있지만 이를 재현할 수 있는 능력이 부족하다면 실제 행동으로 구현해내기 어렵다. 따라서 학습자는 모델의 행동을 여러 번 연습하면서 자신의 행동으로 재현하는 능력을 기르게 된다. 학생이 수업 중에 선생님의 복잡한 수학 문제 풀이 과정을 주의 깊게 보고 기억해 두었다가 방과 후 집에서 과제를 할 때 선생님과 동일한 방식으로 유사한 수학 문제를 풀어보려고 노력하는 것이 이에 해당한다.

마지막 단계인 동기화는 학습자가 모델의 행동을 재현한 후 그 결과에 대한 기대감을 형성하는 단계이다. 학습자가 모델의 행동을 모방하여 긍정적인 결과를 얻을 수 있을 것이라는 기대가 형성되면 관련 행동을 반복할 동기를 갖게 된다. 예를 들어, 학생이 선생님의 수학 문제 풀이 방식을 꾸준히 관찰하고 이를 따라해 보았지만 예상한 만큼 시험에서 좋은 성적을 얻지 못했다면, 학생은 선생님의 문제 해결 방식을 더 이상 관찰하거나 활용하려고 하지 않을 수 있다. 이처럼 행동의 결과와 그에 대한 기대감은 학생의 동기를 형성하고 이후 행동에 영향을 미친다.

관찰학습의 네 가지 단계는 학습자가 모델의 행동을 관찰하고 기억에 저장하고 실제 행동으로 재현하며 학습 결과에 따라 동기를 형성하는 일련의 인지적 과정을 설명한다. 학습자는 타인의 행동을 통해 학습할 수 있으며 이러한 학습 과정을 통해 자신의 행동을 조절하고 향상시킬 수 있다.

지식 플러스 **비계와 강화**

관찰학습이 효과적으로 이루어지기 위해서는 학습자가 모델의 행동에 주의집중하고, 그 행동을 이해하며 기억하고, 이를 실제로 재생산할 수 있도록 돕는 일련의 지원이 필요하다. 이러한 학습 과정에서 중요한 전략으로는 **비계**[*]와 강화(reinforcement)를 들 수 있다. 비계는 학습자가 행동을 효과적으로 재생산할 수 있도록 돕는 추가적인 지원과 피드백을 의미한다. 비계는 다음과 같은 방식으로 제공될 수 있다.

- 학습자가 모델의 행동을 이해하고 재생산할 수 있도록 행동을 단계별로 설명하고, 각 단계를 쉽게 따라 할 수 있도록 세분화한다. 예를 들어, 글쓰기 수업에서 교사는 글의 구성 요소를 설명하고 서론, 본론, 결론을 차례대로 작성하는 방법을 단계적으로 안내할 수 있다.

- 학습자가 행동을 재생산할 때 교사는 적절한 피드백을 제공하여 학습자가 올바른 방향으로 나아가도록 돕는다. 예를 들어, 학생이 문제를 풀 때 잘못된 접근 방식을 사용한다면 교사는 그 부분을 지적하고 올바른 해결 방법을 제시할 수 있다.

- 학습자가 점점 더 독립적으로 행동을 재생산할 수 있게 되면 교사는 제공하는 비계의 양을 점진적으로 줄여간다. 이를 통해 학습자는 스스로 문제를 해결할 수 있는 능력을 기를 수 있다.

비계(scaffolding): 초보자가 주어진 과제를 잘 수행할 수 있도록 유능한 성인이나 또래가 도움을 제공하는 지원의 기준이나 수준이다.

☑ 출처: 특수교육학 용어사전

라) 삼원상호작용

반두라는 1980년대 사회학습이론을 발전시켜 사회인지이론으로 제시하면서 학습에 영향을 미치는 개인적, 행동적, 환경적 요인들이 서로 복잡하게 상호작용한다고 설명하였다(Bandura, 1986). 이를 삼원상호작용(triadic reciprocal interactions)이라고 한다. 삼원상호작용 모델은 인간의 행동이 단순히 외부 환경에 의해 결정되는 것이 아니라 개인의 내적 상태와 행동 그리고 환경 간의 상호작용을 통해 형성되는 것임을 설명한다.

영어 수업 시간에 발표하는 것에 대해 높은 자기효능감을 가지고 있는 학생이 있다고 가정해 보자. 학생의 높은 자기효능감(개인적 요인)은 영어 수업에 더 적극적으로 참여하게 만들고(행동적 요인), 영어 발표와 관련된 지속적인 연습과 과제에 더 많은 시간과 노력을 투자하게 할 것이다. 영어 발표를 잘한 후에 반 친구들이 그 학생의 발표 실력을 칭찬한다면(환경적 요인) 학생의 자기효능감은 더욱 높아지고 영어 발표에 대한 지속적인 노력과 동기를 유지하게 될 것이다. 이처럼 학습자는 주어진 환경 속에서 자기참조적 사고(self-referent thought)를 통해 자신을 조절하고 이러한 사고와 행동이 학습에 어떻게 기여할지를 스스로 결정한다. 이처럼 개인은 단순히 외부 환경에 의해서 수동적으로 영향을 받는 존재가 아니라 자신의 생각과 행동을 통해서 환경을 변화시키고 환경이 다시금 생각과 행동에 영향을 미치는 복잡한 상호작용의 주체이다.

[그림 1-9] **삼원상호작용론 모델**(Bandura, 1986)

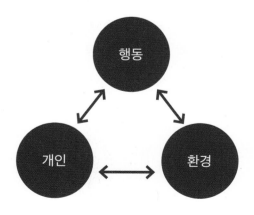

출처: 학습동기, 김아영 외, 2022

마) 자기효능감

사회인지이론에 의하면 개인은 자신의 삶에서 중요한 사건에 주체적으로 영향을 미칠 수 있다는 믿음을 가지기 위해서 끊임없이 노력한다. 개인은 목표를 설정하고 이를 달성하기 위해 다양한 세부 전략을 실행하고 조절함으로써 삶의 주체성을 확보하고자 한다. 이 과정에서 핵심적인 역할을 하는 것이 바로 자기효능감(self-efficacy)이다(Bandura, 1997b). 자기효능감이란 특정 상황에서 주어진 과제를 성공적으로 수행할 수 있다는 자신감이다. 이는 과제에 특화되어 있으며 미래 지향적이라는 점에서 성취와 관련된 다른 변인들(예: 결과 기대, 자기가치, 자존감)과 구별된다(Bandura, 1977b; Bong & Clark, 1999; Bong & Skaalvik, 2003).

자기효능감은 반두라의 사회인지이론을 바탕으로 "환경—개인의 지각—행동" 간의 상호작용을 중재하는 중요한 동기로 작용하며 개인의 목표 달성과 성취에 영향을 미친다. 자기효능감이 높은 학습자는 더 도전적인 과제나 목표를 선택하고(Bandura, 1993; Schunk, 1991) 어려움에 직면했을 때에도 더 많은 노력을 기울여 이를 극복하고자 한다. 이로 인해 수행의 결과는 학습자의 자기효능감에 크게 영향을 받게 된다(Bandura, 1977b).

지식 플러스 **뱀 공포 실험**(Bandura, Blanchard, & Ritter, 1969)

뱀 공포 실험(Snake phobia experiment)은 자기효능감에 관한 초기 연구 중 하나로, 개인이 자신이 지각하는 능력에 대한 효능감 수준이 이후 행동 변화에 어떠한 영향을 미치는지 살펴보았다. 이 실험은 뱀에 대한 공포증을 가진 사람들을 대상으로 이들이 공포를 극복하고 뱀에 접근할 수 있는 능력을 계발할 수 있도록 하기 위해 수행되었다.

실험 참가자들은 타인이 뱀을 자연스럽게 만지고 뱀과 소통하는 모습을 관찰하고 이를 모방하면서 자신도 뱀에 접근할 수 있다는 효능감을 형성하였다. 이러한 관찰을 통해 참가자들은 실제로 뱀에 대한 공포를 감소시켰으며 일부 참가자들은 뱀을 직접 만지고 다룰 수 있게 되었다. 이같은 뱀 공포 실험은 직접 경험뿐만 아니라 대리 경험도 자기효능감 형성에 기여할 수 있음을 보여준 초기 사례 중 하나였다.

이 실험은 행동주의 이론이 관찰 가능한 행동 변화만을 학습의 결과로 간주하고 있는 데 반해, 사회인지 학습이론은 관찰할 수 없는 내적 과정의 변화에도 주목하고 있음을 강조하고 있다.

[그림 1-10] 뱀 공포 실험 예시

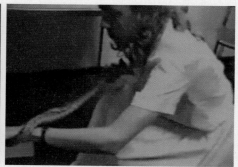

출처: https://vimeo.com/228694242

자기효능감은 어떻게 형성되는 것일까? 자기효능감은 다양한 정보원에 대한 인지적 평가를 통해 형성된다(Usher, Ford, Li, & Weidner, 2019). 여기서 정보원이란 과거의 성공 경험, 대리 경험, 사회적 설득, 생리적 및 정서적 반응 등을 포함한다(Bandura, 1977b, 1986; Joët, Usher, & Bressoux, 2011; Schunk & Usher, 2019). 특히 이전의 성취나 숙달 경험은 개인이 무엇을 얼마만큼 성취할 수 있는지를 예측할 수 있게 하며 가장 신뢰할 수 있는 정보원으로 간주된다(Joët et al., 2011). 성취 경험은 유사한 과제에 대한 높은 자기효능감을 형성하는 반면, 실패 경험은 낮은 자기효능감을 유발할 수 있다.

앞서 언급한 반두라의 뱀 공포 실험처럼 타인을 관찰함으로써 이루어지는 학습도 자기효능감 수준에 영향을 미친다. 성공적인 행동을 관찰하면 관찰자는 높은 자기효능감을 형성할 수 있지만 실패하는 모습을 보게 되면 자기효능감이 오히려 낮아질 수 있다(Bandura, 1977b). 대리 경험은 과거의 성취 경험 다음으로 자기효능감 형성에 큰 영향을 미치는 요인이다. 관찰자가 모델과 자신이 유사하다고 느낄수록 대리 경험의 효과는 더욱 커진다.

타인으로부터 받는 칭찬과 같은 사회적 인정도 자기효능감에 영향을 미친다. 예를 들어, 교사가 학생의 과제 수행 능력을 칭찬하거나 인정하는 긍정적인 피드백을 제공하면 학생의 자기효능감은 높아질 수 있다. 반면, 과제 실패에 대한 지적이나 성공 가능성에 대한 의심과 같은 부정적인 피드백은 학생의 자기효능감을 낮출 수 있다(Zeldin & Pajares, 2000). 이러한 사회적 요인의 효과는 설득하는 주체(예: 교사)를 얼마나 신뢰하는지에 따라 달라질 수 있다. 전문가로부터 받는 피드백은 또래 친구로부터 받는 피드백보다 학생의 자기효능감에 더 큰 영향을 미칠 수 있다. 다만 대리 경험이나 사회적 인정은 개인의 자기효능감을 일시적으로 높일 수 있지만 장기적인 자기효능감 수준을 향상시키기 위해서는 성공적인 수행을 직접 경험해보는 것이 필요하다.

마지막으로 개인의 생리적 그리고 정서적 반응도 자기효능감에 중요한 영향을 미친다. 특정 과제를 수행하는 과정에서 불안, 좌절, 공포, 식은땀, 떨림과 같은 생리적 및 정서적 반응은 개인이 과제 수행에 대한 자기효능감을 평가하는 데 중요한 역할을 한다(Usher & Pajares, 2008). 만약 학생이 과제 수행 중 불안감을 느끼지 않고 평정을 유지할 수 있다면 자신의 능력에 대한 자신감을 갖고 성공을 기대할 가능성이 높다. 반대로 높은 수준의 불안이나 좌절감은 학생으로 하여금 자신을 유능하지 못하다고 느끼게 함으로써 자기효능감을 낮출 수 있다.

[표 1-5] 자기효능감 정보원과 결과

자기효능감 정보의 출처	☑ **숙달 경험**(실제 수행) ☑ **대리 경험**(모델링된 경험) ☑ **사회적 설득의 형태** ☑ **생리적 지표**
자기효능감 결과	☑ **동기적 결과**(과제 선택, 노력, 지속성) ☑ **학습** ☑ **성취** ☑ **자기조절**

출처: *Self-Efficacy Theory in Education*(Schunk & DiBenedetto, 2016)

자기효능감은 과제 선택, 목표 설정, 노력과 같이 학업 성취와 관련된 여러 변인에 영향을 미친다(Bandura, 1977b; Pajares, 1996; Schunk & Pajares, 2005, 2009). 일반적으로 학습자는 자신이 유능하다고 느끼는 과제나 활동을 선택하는 경향이 있다. 또한 자기효능감은 활동에 투입하는 신체적 및 인지적 노력, 도전적인 과제에 대한 지속성, 효과적인 학습을 위한 물리적 및 사회적 환경 조성 등 전반적인 학습과 성취 수준에도 영향을 미친다.

자기효능감이 높은 학습자는 도전적인 목표를 설정하고 꾸준히 노력하며, 실패에 직면했을 때 과제를 포기하지 않고 어려움을 극복하려는 경향이 있다. 이는 더 높은 수준의 학업 성취를 가능하게 하는 원동력이 된다. 반면, 자기효능감이 낮은 학습자는 쉬운 목표를 설정하고 최소한의 노력만 기울이며, 어려움이 발생하면 이를 회피하거나 실패에 낙담하여 극복하기 어려워할 수 있다. 따라서 낮은 자기효능감은 학습 중단이나 학업 부진의 위험성을 높인다(Bandura, 1977b; Honicke & Broadbent, 2016; Klassen & Usher, 2010; Miller & Brickman, 2004; Schunk & DiBenedetto, 2016; Schunk & Usher, 2019).

교사는 학생들의 자기효능감을 증진하는 데 중요한 역할을 할 수 있다(McInerney, 2004; Miller & Brickman, 2004). 학생이 선호하는 맞춤형 학습 전략을 제공, 성취 수준에 맞는 단계별 문제 해결 접근법 활용, 시각 자료 활용, 추가 연습 문제 제공 등을 통해 학습 활동을 지원함으로써 학습 효과를 극대화할 수 있다. 이러한 지원을 통해 학생들은 과제 수행에서 성공 경험을 쌓고, 이를 바탕으로 자기효능감을 향상시킬 수 있다.

나. 사회인지이론에 기반한 학습 전략

1) 자기효능감 증진

자기효능감을 높이기 위한 학습 전략으로는 모델링, 목표 설정, 사회적 비교 정보 활용, 학습 진행 자가 모니터링, 그리고 자기평가능력이 있다(Schunk & DiBenedetto, 2016; Schunk & Usher, 2019).

첫째, 모델링은 자기효능감을 높이는 데 효과적일 뿐만 아니라, 그 자체로도 유용한 학습 전략이다. 자신의 관심 분야에서 성공한 전문가를 만나 그들의 성공과 실패를 극복한 경험을 접하는 것은 학습자가 자신의 능력에 대한 믿음과 기대를 가지는 데 도움이 될 수 있다. 모델과의 만남은 강연이나 방문 등 직접적인 방식뿐만 아니라 영상이나 온라인 매체를 통한 간접적인 방식도 가능하다. 모델링이 효과적이기 위해서는 학습자가 공감할 수 있고, 현실적이고 구체적인 모델에 노출되는 것이 중요하다.

예를 들어, 수업 시간에 교사가 자신의 생각을 말하며 가르치거나 문제 해결 과정에서 사용하는 기술이나 방법을 단계별로 설명하면, 학생들은 교사가 사용하는 사고 방식과 전략을 자신의 것으로 내면화하여 학습 활동에 적용할 수 있다. 효과적인 모델링을 위해 교사는 학생들이 특정 행동에 집중하고 이를 기억하며 재생산할 수 있도록 격려해야 한다. 교사로부터 칭찬이나 인정을 받는 또래 친구의 행동을 모방하는 것도 학습에 긍정적인 영향을 미친다. 자신과 연령, 능력, 상황이 비슷한 또래 친구를 통한 대리 강화 경험은 모델링의 효과를 극대화할 수 있다.

둘째, 구체적이고 실현 가능한 목표를 설정하고 성취하는 것은 자기효능감 증진에 효과적이다. 예를 들어, 학습자가 주초에 학습 목표를 스스로 설정하고 매일 진행 상황을 점검하여 목표 달성 정도를 평가한 후 이를 다음 주 학습 목표 설정에 반영하게 하는 것이다. 이러한 구체적이고 단기적인 목표 설정과 성취는 학습자가 자신의 학습 과정을 이해하고 작은 성공 경험을 축적하게 함으로써 자기효능감을 점진적으로 증진시키는 데 도움이 된다.

셋째, 학습 진행 상황에 대한 자가 모니터링은 학습자가 자신의 학습 경로를 확인하고 이해하며 학습 준비도와 능력에 맞게 학습 활동을 조정하고 계획함으로써 학습에 대한 자신감을 키울 수 있게 한다. 학습 일지를 활용하여 학습 내용, 어려움, 계획 등을 기록하고 교사로부터 피드백을 받는 것은 효과적인 자가 모니터링 방법 중 하나이다. 학습 활동에 대한 명확한 자기 인식은 자기효능감을 증진시키기 위한 첫걸음이다.

마지막으로, 자기평가능력을 기르는 것은 적응적인 자기효능감을 형성하는 데 도움이 된다. 학습자가 자신의 학습 과정과 성과를 기록하는 학습 포트폴리오를 만들어 학습 활동과 목표 달성 여부를 평가하고 되돌아보는 것은 향후 학습을 스스로 계획하고 주도해 나가는 능력을 키우는 데 효과적이다. 또한 체크리스트를 활용하여 각 단원이 끝날 때마다 단원의 핵심 개념과 지식, 기술에 대한 이해 정도를 학생 스스로 평가하고 점검하는 것도 필요하다. 학습 경로와 성장을 제대로 이해하는 것은 적응적인 자기효능감을 형성하는 데 큰 도움이 된다.

교실 속으로

1. 자기효능감은 정말로 학습을 촉진하는 동력이 되는 것일까?

다음은 대학교 2학년 학생 수진이가 교육심리학 수업 시간에 한 말이다.

"아무리 생각해도 자기효능감 이야기는 너무 뻔하고 당연한 것 같아요. 우리 모두 자신감이 중요하다는 걸 알고 있잖아요? 학교에서, 일터에서, 심지어 일상 생활에서도 자신감의 중요성을 강조하는 이야기는 이미 너무나 익숙합니다. 그러나 현실은 그렇게 단순하지 않아요. 단지 자신감이 있다고 해서 모든 문제가 해결되는 건 아니에요. 예를 들어, 실제로 필요한 기술이나 지식이 부족하다면, 자기효능감이 높다고 해도 그건 현실적인 도움이 되지 않아요. 오히려 자신의 능력을 과대평가하게 만들 수 있고, 이는 결국 실패로 이어질 수 있어요. 우리가 진정으로 필요한 건 현실적인 기준에 따른 자기 평가와 실질적인 능력 개발이에요."

분명 일리 있고 설득력있는 주장이다. 그럼에도 연구자들은 학습에서 자기효능감의 필요성과 중요성에 대해서 끊임없이 주장한다.

자기효능감이 학업 성취와 학습에 긍정적인 영향을 미치게 하기 위해서 어떠한 것들이 필요할까? 자기효능감만으로 학습능력을 향상시킬 수 없는 이유는 무엇일까?

2. 모델링에 대한 진실과 오해

김교수는 오늘도 그만의 방식대로 강의를 시작한다. 대형 스크린에 띄운 파워포인트 슬라이드에 의존한 채 수업을 진행하면서 슬라이드에 적힌 내용들을 거의 그대로 읽어나간다. 교실은 학생들로 가득 찼지만 학생들의 눈빛은 흥미로움보다 공허함으로 가득 차 있다.

"그러니까 여러분, 이 공식을 사용하면 문제를 쉽게 해결할 수 있어요." 김교수는 말한다. 그는 복잡한 수학 문제의 해답을 슬라이드에 띄우며, 그 과정을 설명하지 않고 결과만을 강조한다. 학생들 사이에서 수근거림이 들린다. "어떻게 저렇게 됐지? 설명을 듣고도 이해가 안 가는데." 한 학생이 옆자리 친구에게 귀엣말을 한다.

강의가 거의 끝나갈 무렵 김교수는 학생들에게 자신이 설명한 내용을 바탕으로 짧은 퀴즈를 풀게 한다. 퀴즈 문제는 강의 내용 중에 다루어진 것이지만 문제 풀이 과정을 이해하지 못한 학생들에게 퀴즈 맞추기는 여전히 어렵다. 강의실은 혼란스러워지고 학생들은 답답함을 호소한다. "교수님, 과정을 좀 더 자세히 설명해 주실 수 있나요?" 소현이가 손을 들고 조심스럽게 묻는다. 김교수는 잠시 멈칫하고는 '슬라이드에 다 나와 있으니 집에 가서 다시 보도록' 하라고 답한다. 그 순간 질문을 한 소현이 그리고 질문을 함께 들으면서 김교수의 답변을 기다리고 있었던 학생들 모두 실망스러움을 감추지 못한다. 문제를 이해하려는 노력조차 하고 싶지 않다는 생각이 든다.

위의 사례를 읽고 아래 문제들에 대해서 토론해 보자.

- 김교수의 수업 방식에서 문제 해결과정을 학생들과 공유하지 않음으로써 발생할 수 있는 학습의 방해 요인은 무엇일까?

- 내가 만약 김교수라면 소현이의 질문에 어떻게 응답했을까? 그렇게 응답한 이유는 무엇인가?

- 김교수의 수업 방식이 학생들의 학습을 촉진하는 효과적인 모델링이 되려면 무엇을 개선해야 할까?

5 구성주의적 접근

가. 구성주의 이론

구성주의는 사회적 경험을 통해서 학습자가 적극적으로 지식을 구성하고 습득한다고 인식한다. 이는 지식이 보편타당하고 절대적인 진리라고 간주하는 **객관주의**[*]와는 상반되는 관점으로 학습자 스스로 지식을 구성, 융합 및 활용하는 자기주도적 학습능력과 고차원적인 사고능력을 강조한다. 구성주의는 기존에 있는 지식을 비판의식 없이 단순히 받아들이지 않으며 객관주의와 다음과 같은 점에서 차이가 있다.

1) 지식의 상대성: 지식은 경험에 따라 구성되는 것이기에 개인마다 다양하고 상대적이며 끊임없이 수정될 수 있다. 따라서 절대적이고 유일무이한 진리나 지식이란 존재하지 않는다.

2) 지식의 맥락성: 지식은 사회적 협상의 결과물이며 삶의 경험 자체가 사회 구성원들의 해석에 따라 지식이 된다. 사회적 맥락과 역사 및 시간의 흐름에 따라 지식은 각기 다른 모양으로 구성되고 변한다. 따라서 개인은 상황, 장소 및 맥락에 부합하게 지식을 인식한다.

3) 지식의 주관성: 개인은 자신의 주관적인 경험, 생각, 느낌을 바탕으로 개별적이고 특별한 지식을 새롭게 구성한다.

4) 지식의 유용성: 지식의 가치는 개인이 그것을 얼마나 유용하고 적합하게 사용하느냐에 따라 결정된다. 개인이 지식을 어떻게 인식하느냐보다 자신이 구성한 지식을 어떻게 활용하는지가 더 중요하다.

5) 지식의 총체성: 지식은 개인의 삶과 함께 존재하며 개인과 개인, 개인과 사회 간 형성되는 관계 속에서 총체적 구조의 형태로 존재한다. 개인은 모두 능동적으로 지식의 구성 과정에 참여하며 개인과 개인 간, 그리고 개인과 사회 간 관계성을 가지는 통합적인 지식을 강조한다.

객관주의: 지식은 보편타당한 절대적인 진리이며, 외부에 존재하는 것으로 본다. 객관주의에서 학습자는 정보의 수동적인 수용자이다.
☑ 출처: **교육심리학, 조규판 외,** 2019

[표 1-6] 객관주의와 구성주의

구분	객관주의	구성주의
교육 목표	보편타당한 절대적 진리와 지식이 학습자 내부로 전이	개인적 경험을 바탕으로 삶에 유의미한 지식을 능동적으로 구성해 가는 과정
지식	☑ 개인 밖에 존재 ☑ 고정적이고 확인 가능한 대상 ☑ 암기하여 습득	☑ 개인의 사전 경험, 정신구조, 신념을 토대로 개별적으로 마음 안에서 재구성됨 ☑ 개인이 속한 사회 구성원들의 영향을 받음 ☑ 역동적이며 개인적, 사회적으로 창출됨
주요개념	발견, 암기, 전수	의미의 구성, 연결, 창조, 아이디어 교환
학습자의 역할	지식을 수동적으로 수용	아이디어를 능동적으로 만들어냄
교사의 역할	전문가로서 전문 지식을 보유하고 제공	동료 학습자 또는 조력자로서 문제 상황을 제시하고 문제해결과정에 관여
교사-학생 관계	수직적이며 일방적 관계	수평적이며 상호보완적 관계
교육 방법	☑ 일제 수업, 개별화 활동, 강의식 수업 ☑ 강의, 반복, 암송을 통한 완전학습	☑ 협동 수업, 소집단 활동, 토의식, 발견학습, 문제해결학습 ☑ 비판적 사고 및 창의적 사고 증진
평가	가치판단, 결과중심, 양적 평가로 학습자를 서열화함	정보처리관점, 통합절충, 과정중심, 질적 평가로 학생의 향상 정도를 평가
교육의 책임	학습자, 학생	교수자, 교사
주요 이론가	스키너(B. F. Skinner), 손다이크(E. Thorndike), 오수벨(D. Ausubel)	피아제(J. Piaget), 비고츠키(L. Vygotsky), 폰 글라저스펠트(E. von Glasersfeld), 조너슨(D. Jonassen)

　　구성주의는 인지적 구성주의와 사회적 구성주의로 구분된다. 인지적 구성주의는 개인 내부에서 발생하는 인지 작용을 강조하며 지식의 재구성 과정에서 개인과 사회 및 문화 간 상호작용은 그리 중요하지 않다. 반면 사회적 구성주의에 의하면, 지식은 공동체 안에서 타인과의 지속적인 상호작용으로 구성되며 사회적 상호작용과 문화적 환경이 지식을 구조화하는 데 중요하다.

[인물 사전]

장 피아제(Jean Piaget, 1896~1980)

스위스의 철학자, 자연과학자이자 발달심리학자. 피아제는 구성주의 인식론의 선구자이며, 어린이의 학습에 대한 연구인 인지발달이론과 발생적 인식론으로 유명하다. 21세에 생물학 박사학위를 받았으며, 생물이 환경에 적응하는 과정이 인간의 인지발달에도 적용된다고 보았다. 즉, 신체구조가 환경에 맞게 적응하는 것과 같이, 인간의 사고 구조도 외부세계에 맞추어 점차 발달해 간다고 생각했다. 피아제는 아동의 사고과정이 성인의 사고과정과 질적으로 다르다고 보았으며, 자신의 세 자녀를 대상으로 다양한 실험, 관찰, 면접을 실시하며 인지발달이론을 정립하였다.

출처: 교육심리학, 조규판 외, 2019; 위키백과, 우리 모두의 백과사전

레프 비고츠키(Lev S. Vygotsky, 1896~1934)

러시아의 심리학자. 1934년에 38세의 젊은 나이에 결핵으로 사망하였으나, 짧은 연구 경력 기간 동안 인지발달이론에 가장 많은 영향을 끼친 학자 중의 한 사람이다. 비고츠키는 아동의 발달에서 사회와 문화 그리고 타인과의 관계에서 받는 영향을 중시하였다. 또한 아동의 인지발달은 사회 및 사회 구성원들의 상호작용의 결과로 인식하였다. 이러한 관점은 아동이 스스로 주변세계를 탐색하고 발견해 나가며 자신의 세계를 구조화하고 이해한다고 생각한 피아제와는 차이가 있다.

출처: 위키백과, 우리 모두의 백과사전

에드워드 손다이크(Edward Thorndike, 1874~1949)

미국의 심리학자. 컬럼비아 대학교에서 전체 경력의 대부분을 보냈다. 1912년 미국 심리학 협회 회장을 역임했으며, 동물의 행동과 학습 과정에 대해 연구했다. 현재 심리학의 과학적 기반을 세웠으며, 행동주의와 학습, 심리학 실험에 동물을 이용한 선구자이다.

출처: 위키백과, 우리 모두의 백과사전

에른스트 폰 글라저스펠트(Ernst von Glasersfeld, 1917~2010)

오스트리아와 미국의 심리학자이자 철학자. 조지아 대학 심리학 명예 교수이며, 근본적 구성론의 제창자이다.

출처: 위키백과, 우리 모두의 백과사전

데이비드 오수벨(David Ausubel, 1918~2008)

미국의 심리학자이자 교육사상가. 오수벨이 주창한 유의미 수용학습은 포섭 이론, 또는 언어적 설명 학습이라고도 하며, 유의미 학습을 위해 필요한 몇 가지 조건을 제시하였다. 그 중 하나가 선행 조직자이며, 학습자가 수업을 배우기 전에 미리 알아야 하는 상위 개념을 의미한다.

출처: 위키백과, 우리 모두의 백과사전

데이비드 조너슨(David H. Jonassen, 1947~2012)

미국의 교육 개혁가로, 구성주의자. 그 외에 교육 설계 및 교육 공학에도 많은 영향을 미쳤다.

출처: 위키백과, 우리 모두의 백과사전

나. 구성주의 학습

구성주의의 대표적인 학습 모형에는 인지적 도제, 상황학습, 문제 중심 학습이 있다. 구성주의적 관점에서 학습자는 지식과 경험을 바탕으로 자율적이고 능동적으로 지식을 구성하고 발전시키며 교사는 학습자가 주도적인 학습을 할 수 있도록 안내하고 촉진한다.

1) 인지적 도제

인지적 **도제**[*]란 학습자가 전문가 또는 자신보다 유능한 또래와의 상호작용을 통해서 실제 생활 속 문제를 해결하는 과정을 거치며 전문적인 지식이나 기술을 점진적으로 발달시키는 것이다. 전통적으로 도제는 초보자가 전문가의 과제 수행을 직접 관찰하고 모방하는 과정을 통

도제(徒弟): 중세 수공업에서 직업에 필요한 지식과 기능을 습득하기 위해 스승의 밑에서 일을 하던 아동을 뜻한다.

☑ 출처: 교육심리학, 조규판 외, 2019

해서 지식과 기술을 연마하는 것처럼 현장에서 이루어지는 교육 방식이다. 인지적 도제는 형식적인 지식과 기능을 전수하는 데 초점을 두었던 전통적인 도제 방식에서 벗어나 창의적 및 반성적 사고와 문제 해결력 등의 고차원적 정신 기능을 학습하는 데 적합하도록 재구성한다.

실제 상황을 반영한 학습환경을 조성하기 위해서 인지적 도제를 활용할 수 있다(Brown, Collins, & Dugid, 1989). 인지적 도제 학습이란 전문가와 초보자 간 밀접한 상호작용을 통해서 실제 작업 환경에서 지식과 기술을 습득하는 과정이다. 학습자는 실제 상황에서 전문가의 지도하에 관찰하고 이해하며 실천하는 방법을 배우면서 작업을 수행한다. 따라서 전문가는 학습자에게 단순히 이론적 지식을 전달하는 것이 아니라 실제 상황에서의 경험을 통해서 학습자로 하여금 보다 심도 있는 이해력과 응용력을 계발시킬 수 있도록 조장한다.

모델링(modeling): 개인(관찰자)이 다른 개인(모델)의 사고, 태도 또는 외현적 행동을 모방하거나 순응할 수 있는 행동을 나타내는 것으로 정의될 수 있다. 모델은 살아 있는 사람, 영화, 또는 인쇄물 등에 나타난 것이 될 수도 있다. 심지어 모델은 상상되어지는 것일 수도 있다.

☑ 출처: **교육심리학 용어사전**

스캐폴딩(scaffolding): 아동이나 초보자가 주어진 과제를 잘 수행할 수 있도록 유능한 성인이나 또래가 도움을 제공하는 지원의 기준이나 수준이다.

☑ 출처: **특수교육학 용어사전**

페이딩(fading): 학습 내용과 관련된 문제해답에 도움을 주는 힌트나 단서를 사용하는 과정에 힌트를 점차적으로 제거하여 가는 기법을 가리킨다.

☑ 출처: **교육심리학 용어사전**

> **지식 플러스** **인지적 도제**
>
> 구성주의적 관점에 기반한 학습모형으로 널리 활용되고 있는 인지적 도제는 문제 해결의 전 과정을 단계별로 세분화한다(조규판 외, 2019). 모형은 전문가의 시연(**모델링***), 교수적 도움(**스캐폴딩***), 교수적 도움의 점진적 중단(**페이딩***)의 세 단계로 구성되어 있다.

> **교실 속으로** **인지적 도제를 수업에서 어떻게 활용할 수 있을까?**

🔵 시범 단계(modeling)

수업 시간에 박교사는 재생 가능 에너지 모형을 사용하여 태양열 패널이 어떻게 작동하는지 학생들에게 보여주었다. "보시는 것처럼, 태양의 빛이 이 패널에 닿으면 전기가 생성돼요." 학생들 특히 호준이는 박교사의 시범 모습을 집중해서 관찰하며 태양열 패널의 작동 원리에 대해서 이해하기 시작하였다.

🔽 교수적 도움단계(scaffolding)

박교사는 학생들이 태양열 패널을 직접 만들어 볼 수 있도록 지원했다. "자, 이제 여러분이 직접 해볼 차례예요. 만약 막히는 부분이 있으면 언제든 도움을 요청해 주세요." 박교사는 호준이가 어려움을 겪고 있을 때마다 적절한 질문을 던지며 호준의 학습을 이끌었다. "호준아, 태양이 패널에 충분히 닿으려면 어떤 방향으로 조정해야 할까?"

🔽 교수적 도움 소멸단계(fading)

프로젝트 후반부로 가면서 박교사는 학생들에게 더 이상 구체적인 지시를 하지 않았다. 호준이와 그의 팀은 이제 스스로 태양열 패널의 위치를 조정하고 가장 효율적인 전기 생성 방법을 실험하기 시작했다. "선생님, 우리가 해냈어요! 패널을 이렇게 조정하니까 전기가 더 많이 생겨요." 호준이가 자랑스럽게 말했다.

단계별 학습활동을 하면서 학생들은 재생 가능 에너지를 보다 심도 있게 이해할 수 있었고 스스로 문제를 해결하는 방법을 배웠다. 박교사는 이러한 과정을 통해 학생들이 단순히 지식을 습득하는 것을 넘어 적극적인 학습자로 성장하는 모습을 지켜보았다.

2) 상황학습

상황학습[*](situated learning)은 특정 사건과 사건이 발생하는 상황이나 맥락의 중요성을 인지하고 학습 과정에서 실제 상황이나 맥락의 본질적 가치를 탐색하는 학습이다. 상황학습에서 지식은 개인과 환경 간 상호작용에서 발생하는 역동적인 결과물로 실제 상황 속에 존재하며 학습은 이와 같은 맥락 안에 내재된 지식을 자연스럽게 습득하는 과정

상황학습: 학습이 특정 사회·문화·역사적 맥락 내에서의 일상생활 속에서 이루어지며, 개인과 환경 간 상호작용의 결과라고 보는 입장이다.

☑ 출처: Lave & Wenger, 1991

이다(Anderson, Reder, & Simon, 1996). 따라서 학습에서 중요한 것은 이론적 지식을 단순히 습득하는 것이 아니라 실제 생활 속 경험이다.

지식은 지식이 활용되는 맥락 속에서 습득되어야 하며 학습자는 지식이 활용되는 상황이나 맥락, 환경에 맞게 지식을 유용하게 사용할 수 있어야 한다. 상황학습은 학습자에게 실제 생활에서 직면할 수 있는 문제를 제시하고 이를 해결하는 과정을 경험하게 함으로써 문제를 인식하고 해결하는 능력을 기르게 한다. 학습 활동은 실제 문제 해결 과정과 유사하고 관련 지식이나 기능이 그것을 사용하는 상황과 맥락에 적합하게 설계되어야 한다. 학습자의 관심사가 학습 문제나 수행 과제에 반영된다면 학습자는 학습을 자신의 문제를 탐구하고 해결하는 과정으로 인식할 수 있다. 이는 상황학습의 효과성을 높일 수 있는 방안이기도 하다.

지식 플러스 　상황학습 적용 수업과 효과성 증진 전략

상황 학습을 적용하여 수업을 계획할 때 어떠한 것들을 고려해야 할까? 몇 가지 주요 원칙은 다음과 같다(Lave & Wenger, 1991).

첫째, 지식은 실제 삶의 맥락에 맞게 제시한다. 학습 내용이 학생들의 일상 생활이나 경험과 관련되어 있다면 학습 내용을 보다 쉽게 이해할 수 있다.

둘째, 학습은 사회적인 교류와 협동 과정을 필요로 하며 학습자의 능동적인 참여가 중요하다. 상황학습에서 교사는 학생에게 적절한 피드백을 제공하는 학습 촉진자의 역할을 담당하고 학생들 간의 협동학습을 장려해야 한다.

셋째, 학업성취평가는 시험을 비롯한 전통적인 평가 방법에 의존하기보다 학습자가 실제 상황에서 지식을 얼마나 효과적으로 활용할 수 있는지에 주안점을 둔다.

라브(J. Lave)와 웬거(E. Wenger)는 상황적 학습의 효과성을 증진시키기 위한 교사와 학생의 노력을 다음과 같이 제안하였다.

첫째, 교사는 상황학습에서 자신의 역할을 단순한 정보 제공자가 아닌 학습의 조언자이자 촉진자로 인식해야 한다. 이와 함께 학생이 주도하는 학습활동을 가치 있게 여기고 개방적이고 유연한 태도로 이를 지원하기 위한 방안들을 강구해야 한다. 이와 함께 교육목표를 해치지 않으면서 실제 상황에 기반한 과제를 교실에서 효과적으로 다룰 수 있는 방안들을 계획하는 것도 필요하다.

둘째, 학생은 교사가 제시하는 해답을 그대로 받아들이는 것이 아니라 이전에 습득한 지식과 개인적 경험을 바탕으로 문제를 스스로 해결할 수 있다는 자신감을 갖고 있어야 한다. 따라서 학생은 학습 과정에서 수동적인 정보 수용자가 아닌 자신의 생각과 의견을 적극적으로 표현하고 독립적으로 사고할 수 있는 학습의 주체가 되어야 한다(Lave & Wenger, 1991).

3) 문제중심학습

문제중심학습[*]은 킬패트릭(W. Kilpatrick, 1918)과 듀이(J. Dewey, 1988)의 교육 전통에 뿌리를 둔 것으로 학습자에게 실생활 속 문제 상황을 제시하고 스스로 문제를 해결해나갈 수 있도록 하는 데 목적을 두는 교수-학습 모형이다. 학습자는 실제 생활과 관련된 문제를 해결하는 과정에서 정보를 수집하고 자신의 학습 과정에 대한 계획을 세우며 이를 관리 및 점검하는 등 다양한 학습전략을 사용함으로써 자기주도 학습능력을 키울 수 있다. 뿐만 아니라 또래와의 협동학습을 통해서 자신과 다른 타인의 관점과 생각을 경청하고 이해하며 공감 및 의사소통 능력을 기르면서 보다 나은 해결책을 제시할 수 있다.

문제중심학습에서 학습이란 정해진 답이 없는 복잡한 문제를 해결하는 과정이며 학습자들끼리 집단을 이루어 협업하는 과정을 통해서 문제 해결을 도모한다. 학습자가 주도적으로 학습에 참여하고 새롭게 습득한 지식을 문제 해결에 적용하며 문제 해결에 사용된 전략과 학습 내용을 다시금 성찰해보는 것도 문제중심학습의 또 다른 특징이다. 이

문제중심학습(Problem-Based Learning): 바로우(H. S. Barrows)가 캐나다의 의과대학에서 교수로 재직할 때 제시한 대안적 교육 방법이다. 실생활 문제 상황에서 학습자 스스로 문제 해결을 도모할 수 있도록 설계한 대표적인 교수-학습모형으로 5~7명의 학습자가 집단을 이루어 학습한다. 학생들은 상호 토의와 협의를 통해 의사소통능력을 기르며 문제 해결을 위한 정보 수집, 계획 수립, 관리 및 점검에 이르기까지 자기주도 학습능력을 키울 수 있다.

☑ 출처: 교육심리학, 조규판 외, 2019; 교육심리학, 최선일 외, 2018

경우, 교사는 지식의 전달자이기보다 학습을 촉진하는 안내자 역할을 하게 된다.

실생활 속 문제 해결 과정을 통한 학습을 중시하는 문제중심학습의 효과성을 극대화하기 위한 방안에는 어떤 것들이 있을까? 문제중심학습을 통해서 달성하고자 하는 교육 목표를 정리하면 다음과 같다(Barrows & Kelson, 1995).

1 광범위하고 유연한 지식체계 구축이다. 교과(영역)와 관련된 단순 사실과 지식을 습득하는 것을 넘어 여러 교과(영역)에서 통용되는 정보를 통합하고 영역의 원리를 바탕으로 조직된 지식을 구축한다.

2 문제 해결 능력 계발이다. 서로 다른 환경에서 적용할 수 있는 지식을 탐색하고 이를 문제상황에 직접 적용해 봄으로써 문제 해결에 필요한 기술을 계발한다.

3 자기주도적 평생학습 능력 계발이다. 학습자 스스로 학습 과정을 관리하고 지속적인 학습을 위한 동기와 기술을 갖춘다.

4 협업 능력 계발이다. 학습자 간 팀워크를 구축하고 문제 해결 과정에 필요한 협업 기술을 계발한다.

5 내재적 학습동기 강화이다. 학습 과정에서 즐거움과 만족감을 느끼고 학습에 대한 흥미와 열정 등 내재적 동기를 증진시킨다.

[그림 1-11] **문제중심학습 과정** (Hmelo-Silver, 2004)

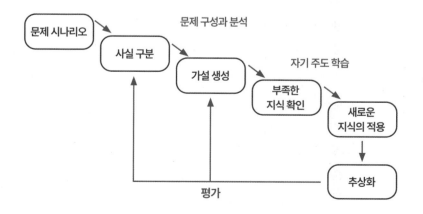

가) 문제중심학습에서의 문제

문제중심학습에서 중요한 요소 중 하나는 학습을 촉진하는 문제의 유형이다. 문제중심학습에서 다루는 문제는 명확히 정의되거나 예측할 수 있는 구조화된 문제가 아닌 비구조화된 문제이다. 비구조화된 문제란 명확한 해결책이 존재하지 않으며 다양한 접근 방식과 해결책이 가능한 문제를 말한다. 이러한 문제는 학습자가 스스로 탐구하고 논의하며 다양한 관점을 고려하여 해결책을 모색하게 한다. 예를 들어, "어떤 지역사회에서 발생하는 특정 질병의 원인은 무엇인가?"와 같은 문제는 다양한 원인과 해결책을 포함할 수 있으며 학습자가 여러 방면에서 탐구하도록 유도한다. 그러나 비구조화된 문제는 많은 지식과 경험을 필요로 하기 때문에 학습자가 충분한 배경 지식이 없을 경우 문제 해결에 어려움을 겪을 수 있다는 단점이 있다(Weiss, 2003).

교육 현장에서 문제중심학습을 적용할 때는 교육과정과 학습자의 발달 수준에 적합한 문제를 고려해야 한다. 교육과정에 기반한 문제는 학습자가 특정 학습 목표를 달성하도록 설계된 문제로, 학습자가 무엇을 배워야 하는지를 명확히 이해하도록 돕는다. 학습자의 발달 수준에 적합한 문제는 학습자의 현재 능력과 발달 단계를 고려하여 설계된 문제이다. 도전적이지만 해결 가능한 수준의 문제는 학습 동기를 유지하고 성취감을 느끼게 한다. 초등학생에게는 "학교 주변에서 보행자와 운전자가 안전하게 다닐 수 있는 방법은 무엇일까?"와 같은 문제가 적합할 수 있다.

다양한 학습 자료를 탐색해야 하는 문제는 학습자가 다양한 정보원과 자료를 활용하여 문제를 해결하도록 유도하며 정보 탐색 능력과 비판적 사고 능력을 기르도록 돕는다. 예를 들어, "기후 변화가 지역 농업에 미치는 영향을 조사하라"는 문제는 학습자가 다양한 자료를 수집하고 분석하여 종합적인 결론을 도출하도록 한다. 비구조화된 문제는 학습자의 창의적 사고와 문제해결능력을 길러주는 데 효과적이다. 명확한 해결책이 없기 때문에 학습자는 다양한 관점을 고려하고 협력하여 최선의 해결책을 찾아야 하며, 이 과정은 학습자의 비판적 사고와 의사소통 능력을 향상시킨다.

문제중심학습이 효과적인 이유는 무엇일까?

연구에 따르면, 문제중심학습은 학습자가 선행 지식을 바탕으로 문제 해결 과정에서 지식을 심화시키고, 소그룹 활동을 통해 학습을 지속하게 만든다. 또한 학습자가 문제 상황과 관련된 새롭고 유용한 정보를 인식하고 이해하며 이를 장기기억에 저장할 수 있도록 돕는 것도 문제중심학습의 장점이다. 연구자들은 문제중심학습에서 문제 상황 자체가 학습에 대한 흥미와 관심을 유발하며 교사가 문제중심학습 시 제공하는 학습자의 인지적 및 사회적 특성에 맞춘 맞춤형 지원도 학습의 효과를 높인다고 주장하였다(Schmidt, Rotgans, & Yew, 2011).

나) 문제중심학습에 기반한 학습전략

문제중심학습의 특성을 활용한 학습전략으로 프로젝트 기반 학습이 있다. 환경과학 프로젝트를 통해서 학생들에게 지역 생태계가 직면한 문제(예: 쓰레기 오염, 서식지 파괴)를 다각적으로 조사하고 이를 해결하기 위한 방안을 모색하게 하는 것이 한 예이다. 학생들은 또래 친구들과 협업하여 문제를 인식하고 문제 해결을 위한 실천 계획을 수립하며 이를 실행하는 과정을 통해 프로젝트를 완수하게 된다. 프로젝트를 통해서 학생들은 환경과학의 기본 원리를 실생활에 적용하는 경험을 갖고 협업과 문제해결능력을 향상시킬 수 있다.

수학탐구 활동의 하나로 예산을 계획하여 수립해보는 것도 문제중심학습을 활용한 수업의 또 다른 예이다. 학생들에게 가상의 시나리오(예: 학교 축제 기획, 가족 여행 계획)를 제시하고 제한된 예산 내에서 가능한 활동을 계획해 보게 한다면 학생들은 수업 시간에 배운 수학적 개념(예: 비율, 백분율, 기본적인 대수)을 예산을 계획하고 활용하는 데 적용할 수 있다. 이는 수학적 지식을 실제 문제 해결에 적용한 것으로 경제적이며 합리적인 사고와 의사결정능력을 계발하는 데 도움이 된다.

마지막으로 역사적 인물과 시대에 대한 분석에 기반한 활동을 고려해 볼 수 있다. 학생들은 관심 있는 역사적 인물에 대해서 조사하고 그 인물이 살았던 시대상을 분석하여 인물과 얽힌 사건들을 심도 있게 학습할 수 있다. 인물과 시대에 대한 탐구는 사건의 당위성을 이해하고 반성적 사고와 통찰을 가능하게 한다. 학생들은 구두 발표, 연극, 디지털 프레젠테이션 등 다양한 방식으로 결과를 공유한다. 이 같은 활동은 연구, 비판적 사고, 의사소통능력 등의 다양한 기술을 익히고 역사적 상황에서 문제를 해결하려는 인물들의 태도를 이해하는 데 도움이 된다.

[표 1-7] 구성주의 학습 모형

구분	인지적 도제	상황학습	문제중심학습
학습자	도제	주도적 학습자	주도적 학습자
교사	전문가, 안내자	동료 학습자, 촉진자	안내자
학습과정	☑ 시연 ☑ 교수자의 역할이 점진적으로 감소 ☑ 지식, 기술의 전문성	☑ 충분한 학습 시간	☑ 문제발견 ☑ 자기주도학습 ☑ 비판적 사고
학습목표	☑ 문화적 동화	☑ 독립적인 사고능력 ☑ 협동학습	☑ 전문지식 습득 ☑ 문제 해결 과정 습득
학습과제	☑ 특정 영역의 지식 ☑ 전문가적 수행과 지식	☑ 다양한 구체적 사례 ☑ 복잡한 과제	☑ 비구조화된 복잡한 과제
학습환경	☑ 실생활의 복잡성 반영 ☑ 전문가와의 상호작용과 협동학습 강조 ☑ 학습과정에서 일어나는 변화에 대한 수용이 상대적으로 적음	☑ 실생활의 복잡성 반영 ☑ 안내자와의 사회적 상호작용과 협동학습 강조 ☑ 학습과정의 변화를 융통성 있게 수용	☑ 실생활의 복잡성 반영 ☑ 안내자와의 사회적 상호작용과 협동학습 강조 ☑ 학습과정의 변화를 융통성 있게 수용 ☑ 학습과정이 순환적이며 역동적임

교실 속으로 **문제중심학습 적용의 예**

문제중심학습은 학습자가 실질적인 문제를 해결하는 과정에서 학습 내용을 심도 있게 이해하고 문제해결능력을 기를 수 있는 학습 방법이다. 예를 들어, 고등학교 2학년이었던 수연이는 "지역 내 공원의 수질 오염 문제 해결"이라는 프로젝트에 참여한 경험이 있다.

수연이의 학급은 프로젝트의 시작 단계에서 공원의 수질 오염 원인을 분석하기 위해 현장 조사를 진행하였다. 학생들은 오염된 물의 샘플을 채취하고 오염 물질을 분석하며 데이터를 수집하였다. 또한 환경 전문가와의 인터뷰를 통해 수질 오염의 주요 원인과 개선 방안을 학습하였다. 이 과정에서 수연이는 팀원들과 함께 지속 가능한 해결책을 모색하며 협력적인 학습 경험을 쌓을 수 있었다.

이 프로젝트를 통해 수연이는 단순히 교과서 내용을 암기하는 것이 아니라 학습 내용을 실제 상황에 적용하는 방법을 배웠다. 또한 문제를 해결하기 위해 데이터를 분석하고 근거를 기반으로 의사결정을 내리며 팀원들과 효과적으로 소통하는 방법을 익혔다. 수연이는 이 경험을 통해 환경 문제 해결이 자신의 노력과 아이디어로 가능하다는 사실을 깨닫게 되었고 이는 학습에 대한 자신감과 동기를 높이는 데 크게 기여했다.

이 사례는 문제중심학습이 학습자에게 이론적 지식뿐만 아니라 실제적인 문제해결능력과 협업, 비판적 사고, 의사소통 능력을 동시에 개발할 수 있도록 돕는 학습 방법임을 잘 보여준다. 학습자가 단순히 교사가 제공하는 정보를 수동적으로 받아들이는 것이 아니라 능동적으로 학습에 참여하고 주도적으로 문제를 해결해 나갈 수 있는 점도 문제중심학습의 장점이다.

다. 인지적 구성주의

1) 인지적 구성주의의 정의와 특징

인지적 구성주의는 피아제의 인지발달이론을 기반으로 형성되었다. 피아제는 1920년대에 아이들의 사고를 시험하기 위해 다음의 문제를 활용하였다(Eggen & Kauchak, 2015).

"당신은 똑같은 두 액체 용기를 가지고 있습니다. 이제 그림에서와 같이 두 번째 용기에 있던 내용물을 세 번째 용기에 붓습니다. 이제 첫 번째 용기에 있는 액체의 양과 세 번째 용기에 있는 액체의 양은 같은가요, 다른가요?"

[그림 1-12] 피아제의 보존 실험(Piaget, 1952)

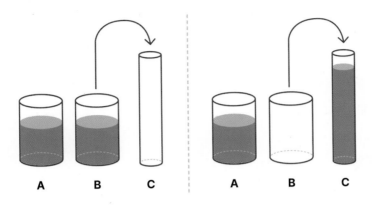

A   B   C   A   B   C

[그림 1-12]에서처럼 하나의 용기에 있던 내용물을 다른 용기로 옮겼을 때 각각 담고 있는 액체의 양은 동일하다. 그러나 피아제는 어린 아동이 일관되게 틀린 답을 제시한다는 사실에 흥미를 느꼈다. 예를 들어, 4~5세의 아동은 세 번째 용기에 더 많은 액체가 들어 있다고 답했으며 연령이 더 높은 아동은 그것의 양이 같다고 응답했다. 피아제는 인지발달이론을 통해서 아동이 연령에 따라 서로 다른 경험을 가지며 발달 단계별로 사고방식의 차이를 보인다고 설명하였다(Piaget, 1952; 1980).

인지적 구성주의에 의하면, 인지구조는 개인의 경험을 통해서 형성되고 절대적인 지식이란 없으며 모든 지식은 개인이 스스로 구성한다. 피아제(1952)는 동화와 조절을 통한 인지발달을 주장하였다. 그는 모든 인간이 인지적으로 평형 상태를 유지하려는 본능을 가지고 있으며 인지적 평형은 동화와 조절을 통해서 유지된다는 사실을 강조하였다. 따라서 학습은 새로운 정보가 유입되어 인지구조에 평형이 깨지면서 동화와 조절을 통해서 반성적 사고가 일어나고 이전과는 질적으로 다른 새로운 지식이 구성되면서 이루어지는 것이다.

인지적 구성주의에서 학습자는 수동적으로 지식을 전달받는 것이 아니라 정신활동을 통해서 경험에 대한 주관적인 해석을 내리고 능동적으로 정보를 내면화한다. 이러한 활동은 학습자의 인지 변화를 가져온다. 학습자는 사고 과정에서 모순과 한계를 깨닫고 인지적 갈등을 경험하는데 이를 통해서 보다 더 심오한 사고에 기반한 새로운 도식을 형성하게 되고 궁극적으로 인지적 성장을 이루게 된다. 인지적 구성주의에서 사회적 상호작용과 사회, 문화적 요인은 개인의 인지적 발달을 촉진하는 중요한 촉매제 역할을 하지만 인지구조 자체를 변화시키는 주요 기제는 아니다. 인지적 구성주의에서 교사는 학생으로 하여금 자신의 생각과 실제 경험을 스스로 반추해 보고 점검할 수 있게 하는 안내자이자 학습자가 학습능력을 계발하고 잠재성 수준에 이를 수 있도록 도움을 주는 조력자의 역할을 한다.

최근 연구 소개 **구성주의와 교과 교육 연구**

전통적으로 구성주의, 특히 인지적 도제학습에 관한 연구들은 수학이나 언어 교과를 중심으로 많이 수행되었다(신윤식, 2004; 이진숙, 2003). 예를 들어, 영어를 제2외국어로 배우는 학생들의 영어 수업이 지식 전달이나 문법 위주로 진행된다면 학생들은 영어에 대한 흥미를 잃게 되고(Al-Jarrah & Ismail, 2018; Marzuki, 2019), 지식을 수동적으로 배우며(Güngör, 2008), 문장과 전체 내용을 이해하는 데 어려움을 겪는다(Khataee, 2019). 외국어 학습에서 중요한 것은 언어가 사용되는 맥락을 함께 제공하는 것이며(Verschueren, 1999) 구성주의 학습은 언어교육에서 중요한 의사소통 능력을 학습자의 사전 지식 및 경험과 연관된 실생활에서 자연스럽게 습득하고 활용할 수 있도록 하기에 외국어 학습에 유용하다(Gao, 2021; Yang, 2022).

음악 교과에 적용된 연구에서도 구성주의 학습의 효과성은 상당 부분 증명되었다. 박소영과 김석우(2007)의 연구에서 초등학교 5학년 64명을 대상으로 8주간 교사가 학습자의 학습 과정과 결과에 대해 비평가적 평가와 협력, 긍정적인 강화, 학습자 수준에 적절한 발문과 자료를 제공하는 등 인지적 도제학습에 의한 음악 수업을 실시하였다. 연구 결과, 음악 기능 습득 위주의 교사 중심 음악 수업을 한 통제집단보다 인지적 도제학습에 의한 음악 수업을 실시한 집단에서 메타인지능력(예: 인지 전략, 계획하기, 자기 점검)과 학습 태도(예: 학교 공부에 대한 흥미, 교우 관계, 교사와의 관계) 향상에 효과가 있었다. 뿐만 아니라 학습과정에서 '무엇을', '어떻게', '왜'와 같은 질문을 바탕으로 한 또래와의 상호작용 과정에서 반성적 사고와 의사소통 능력이 길러졌고 학습전략에 대한 수정 및 개선이 가능한 것으로 나타났다.

몇몇 연구자들은 인지적 구성주의에 기반한 학습을 의학 교육에도 활용해야 한다고 주장한다. 의학 교육은 고도의 학습량과 집중도를 요구하기에 학습자의 호기심과 동기 및 학습에 대한 적극적 참여가 중요하다. 이와 함께 기초의학, 임상의학, 인문사회의학 등의 학문 간 연계, 실제 의료 상황에 대한 적용 및 의학 교육 내용의 사회적 활용 가능성을 인지하고 통합교육의 하나로 인지적 구성주의 학습을 고려해 볼 수 있다(천경희, 2020; Denick, 2016).

라. 사회적 구성주의

1) 사회적 구성주의의 정의와 주요 개념

사회적 구성주의는 비고츠키(L. Vygotsky)의 사회문화적 인지발달이론에 기반을 두고 있다. 사회문화적 인지발달이론에 의하면, 인간의 인지발달과 기능은 사회문화적 환경과의 상호작용을 통해서 개인에게 내면화되면서 이루어진다(Vygotsky, 1968). 개인은 사회적 존재로서 타인과의 관계와 사회적 상호작용을 통해 영향을 받으며 인지발달을 이루게 되고, 따라서 지식의 구성에 있어서도 사회적 상호작용이 중요하다고 강조한다. 따라서 사회적 구성주의에 의하면, 인지발달이란 개인이 경험한 사회문화적 환경과의 상호작용을 통해서 내면화되어 이루어진 결과이다.

비고츠키의 사회문화적 인지발달이론을 설명하는 주요 개념 중 하나로 근접발달영역(zone of proximal development: ZPD)이 있다. 근접발달영역은 아동의 실제적 발달 수준과 잠재적 발달 수준 간의 차이를 가리키며 잠재적 발달 수준이란 아동이 자신보다 유능한 또래, 성인 등 타인의 도움을 받아 도달할 수 있는 수준이다. 일반적으로 아동은 문제를 스스로 해결할 수 없는 경우를 종종 경험한다. 이 때 아동이 성인으로부터 도움을 받거나 능력 있는 또래와 협업을 하게 되면 스스로 해결할 수 없는 문제를 풀어낼 수 있다. 따라서 아동은 타인과의 유의미한 사회적 상호작용을 통해서 실제 발달 수준보다 높은 수준의 인지발달에 도달할 수 있다. 사회적 구성주의 학습이론은 학습자가 고도의 지식과 전문 기술을 가진 타인의 도움을 받으면 현재 자신의 학업수행능력보다 높은 수준의 학습이 가능하며 궁극적으로 **완전학습**[*]에 도달한다고 가정한다.

완전학습: 학급의 약 95%의 학생이 주어진 학습 과제를 90% 이상 완전히 성취해 내는 것을 의미한다.
　☑ 출처: B. S. Bloom, 1968

[그림 1-13] 근접발달영역

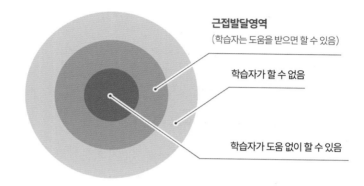

출처: Wikipedia: The Free Encyclopedia.

[표 1-8] 인지적 구성주의와 사회적 구성주의 비교

구분	인지적 구성주의	사회적 구성주의
주요 개념	동화, 조절, 평형화	근접발달영역, 언어적 상호작용
관심	개인의 인지발달 과정	사회문화적 인지발달 과정
학습	개인의 주관적 경험에 의한 의미 구성	사회적 상호작용을 통한 의미 구성
학습목표	개별 학습자들이 스스로 자신의 인지적 수준에 적합한 지식을 구성	활발한 사회적 상호작용에 의한 사회문화적 관습 습득
교수	개인적 이해를 위한 사고 안내	지식의 공동 구성
교사의 역할	촉진자, 안내자, 환경 제공자	촉진자, 안내자, 공동 참여자
학습자 역할	의미의 능동적 구성자	의미의 능동적 공동 구성자
환경	교사와 학생 간에 형성하는 문화	공동체 문화를 반영하는 학습 및 교육환경

디지털 매체와 기술이 빠른 속도로 발전함에 따라 구성주의적 관점에서 이와 같이 변화된 기술을 어떻게 교육에 활용할 수 있는지에 대한 관심이 증가하고 있다. 특히, 소셜 미디어를 활용하여 사회적 구성주의에 기반한 다양한 교육활동을 제공할 수 있다(Schrader, 2015). 예를 들어, 소셜 미디어를 통해서 학습자와 공동체(예: 지역 사회, 국가, 문화) 간 연결 고리를 만들고, 다양한 배경과 개별적인 특성을 가진 학습자들이 자신의 학습 활동을 온라인으로 공유한다. 이때 학습이 이루어지는 장소(예: 교실)의 범위는 제약 없이 확대되고 컴퓨터나 관련 기술에 대한 접근이 가능한 학습자라면 누구나 동등한 접근성을 가지고 학습 활동에 참여할 수 있다. 소셜 미디어를 포함한 디지털 방식의 소통의 장은 새롭고 독창적인 아이디어를 교환할 수 있는 기회를 제공하기에 창의적인 학습 활동을 조장할 수 있다.

지식 플러스   사회적 구성주의 이론을 적용한 수업의 예: 창업교육

사회적 구성주의 학습이론을 적용한 수업으로 대학에서의 창업교육 수업의 예를 생각해 볼 수 있다. 가령, 15주간의 수업 중 5주(30%) 이상을 외부 전문가의 특강이나 멘토링으로 구성한 창업교육 수업에서 학생들은 창업과 관련된 이론과 관련 지식을 배울 뿐만 아니라 동료들과 집단을 이루어 협업을 통해서 창업 아이템을 발굴할 수 있다. 학생들은 선배 창업자 또는 기업 방문을 통해 실무경험과 노하우를 배우게 되며, 집단 내에서는 각각 리더, 총무, 홍보, 자료조사 등의 역할을 분담하게 된다. 이는 사회적 구성주의에서 강조하는 공동체 활동을 통한 사회문화적 상호작용을 가능하게 한다. 아이템의 사업성, 기술성, 시장성 분석하기 등을 포함한 집단 내 협업 활동을 통해 학생들은 경진대회 참가 및 수상, 특허 획득, 사업자등록 등의 성과를 보인 것으로 나타났다(이규봉, 신주현, 2016).

마. 자기주도학습

1) 자기주도학습의 정의와 특징

자기주도학습이란 학습에서 학습자가 스스로 학습 상황과 목표를 설정하고 필요한 전략을 선택하여 실행하며 학습 속도를 조절하고 평가와 점검을 주도적으로 수행하는 능력을 가리킨다(Knowles, 1975). 자기주도학습 능력에는 학습 계획 단계에서 동기를 가지고 목표를 설정하며 활용 가능한 인적, 물적 자원을 파악하는 것, 학습 실행 단계에서 알맞은 학습전략을 선택하여 주어진 과제의 완성을 위해 노력하는 것, 학습평가 단계에서 결과에 대한 평가를 통해 목표 및 이후의 실행 방법을 수정하는 것이 포함된다(이석재, 2003). 따라서 자기주도학습자는 호기심과 열정, 책임감이 높을 뿐만 아니라 탁월한 문제해결능력을 보인다(박형근, 2009).

자기주도학습은 학습의 계획, 실행 및 평가에 이르기까지 학습 전반에 관한 장기적인 과정을 수반하며 이 과정에서 학습자가 주도권을 가진다(Sandars & Walsh, 2016). 자기주도학습은 자기조절학습보다 넓은 개념이며 자기주도학습을 수행하기 위해서 자기조절학습 능력이 필요하다. 자기주도학습과 자기조절학습은 학습에 대한 통제권 및 주도권에서 차이가 있다. 자기주도학습은 학습자가 학습 내용을 선택하고 과제 수행 및 평가에 적극적으로 참여하는 등 학습의 전 과정에 주도적으로 관여한다. 이에 반해, 자기조절학습은 원하는 목표 달성을 위해서 학습자가 자신의 인지적 및 동기화 과정을 조절, 통제 및 감독하는 전략과 목표 지향적인 과정을 강조한다(Mahbuba, 2023). 따라서 자기주도학습의 경우, 학습자가 자신의 경험을 바탕으로 지식을 재구성하고 학습 활동을 이끌어나가지만 자기조절학습에서 학습자는 생성된 과제에 적합한 학습 전략을 사용하여 학습 활동에 적극적으로 참여한다(김현진, 이순아, 2018).

자기주도학습능력이 뛰어난 학습자는 그렇지 못한 학습자보다 학업성취 수준이 높고 타인과 경쟁하기보다 자신의 특성과 능력에 맞게 학습 활동을 지속하며 목표 달성을 위해서 필요한 방법을 스스로 선택하고 조절할 수 있다(박형근, 2009). 이와 함께 자기주도학습능력이 높을 때 학습에 대한 몰입도가 높으며 학습 태도도 보다 긍정적인 것으로 나타났다(조아라, 노석준, 2013). 자기주도학습능력은 최근 들어 더욱 보편화된 온라인 원격교육에서 매우 중요하다. 온라인 원격교육에서는 학습자가 스스로 목표를 세우고 목표 달성을 위한 전략을 결정하며 환경을 조성하는 등의 능동적인 태도와 행위가 필요하다. 그렇기 때문에 온라인 원격교육이 효과적으로 이루어지기 위해서는 학습 전반에 걸쳐 학습자의 자기주도학습능력이 필요하다(김지운, 2020).

자기주도학습에 관한 메타연구에 의하면, 학습에 대한 내재적 동기, 내적 통제소재, 자신의 속도에 맞는 학습과 필요한 도움에 대한 주변인들의 지원, 그리고 자기효능감은 학습자의 자기주도학습능력을 활용하려는 의지를 높이는 주요 선결 요건이다(Boyer et al., 2014). SDL 프로젝트 연구에서는 대학교 경영학과 학생들을 대상으로 한 학기 동안 실제 취업 상황과 유사한 시나리오를 설정하고, 목표하는 직업을 갖기 위해 필요한 준비를 하도록 했다. 현재의 이력서와 5년 뒤 원하는 직업을 갖기 위해 필요한 능력, 지식, 기술을 명시하게 하고 5년간 어떻게 학습 목표를 달성할지, 그리고 성취도를 어떤 방식으로 측정할지를 계획하게 하는 SDL 프로젝트 연구에 참여한 학생들은 자신감, 과제수행능력, 자기효능감 등이 높아졌으며 궁극적으로 자기주도학습능력이 향상되었다고 보고하였다. 뿐만 아니라 자기주도학습의 효과성을 높이기 위해서는 학생들에게 유용한 자원(예: 기술, 정보, 문헌, 멘토)을 적극적으로 활용하는 것이 중요한 것으로 나타났다(Boyer et al., 2014).

학습 내용과 실생활 간의 연계성을 통한 학습자의 인지적 참여 독려와 지식의 실제적 활용을 강조하는 구성주의 학습이론에 기반한 다양한 교육은 교사가 교수학습 활동을 주도하고 통제했던 교사 중심 학교 교육에서 벗어나 학습자 중심 교육을 지향하는 오늘날 교육현장의 요구와 기대에 상당 부분 부합한다(Bransford et al., 1999; Hardy et al., 2006; Jong & Shang, 2015). 그러나 현직 교사도 교사 중심 교육을 받아왔다는 점, 교사가 지식의 소유자이자 전달자라는 점, 교사의 경우 수업 계획서에 따라 가르치면 수업 준비가 용이하다는 점, 그리고 교사 중심 교육에서는 개별 학생의 특성을 많이 고려하지 않아도 된다는 점 등의 이유로 학생 중심 교육은 여전히 실제적 활용의 측면에서 어려움이 있는 것이 사실이다(Emaliana, 2017; Reiser, 2004).

2) 자기주도학습 증진을 위한 학습전략

자기주도학습을 증진시키기 위한 방법으로 협력학습, 발견학습, 문제해결학습, 탐구학습, 경험학습이 제시되고 있다(Kirschner et al., 2006). 이들 모두 학습자 주도 학습 과정을 가정하고 있지만 교사의 지도가 필요 없다는 것은 아니다(Milad, 2022). 자기주도학습의 효과성을 높이기 위해서 오히려 학습자의 특성을 고려한 지도(예: 교사의 자기성찰적 질문법)가 필요하며 이를 통해서 학습자는 자신에게 적합한 학습활동을 수행해 나갈 수 있다. 특히 초보 학습자의 경우, 교사의 개입을 필요로 했으며(Mitry, 2021) 교사로부터 분명하게 지도를 받았다고 인지할 때 지식 습득이 보다 잘 이루어진 것으로 보고되었다(Meyers & Jones, 1993; Kirschner et al., 2006). 뿐만 아니라, 교사나 멘토 등 유의미한 성인의 도움 없이 학습할 경우, 학습자의 학습 속도가 느려지고 학습에 대한 좌절감을 많이 경험하는 것으로 나타났다(Mahoney, 2004; Vygotsky, 1994). 따라서 자기주도학습의 효과성을 높이기 위해서는 학습자의 특성과 능력을 고려한 적절한 자극 제공과 동기화가 필요하다.

6 학습동기

학습동기[*]는 학습활동을 긍정적으로 인식하고 학습의 결과를 가치롭게 받아들이며 학습에 적극적으로 참여함으로써 목표하는 바를 이루고자 하는 마음의 상태를 가리킨다. 학습동기는 학습에 대한 관심과 흥미, 목표를 달성하고자 하는 의지, 학습활동에 대한 지속성과 관련이 있기에 학업 수행 및 성취 수준에 영향을 미친다.

학습동기가 높은 학습자는 학습하는 상황에 흥미와 즐거움을 느끼고 주어진 과제를 해결할 수 있다는 자신감이 높으며 어려운 과제에 도전하기를 좋아한다. 타인과의 비교보다 자신의 성장을 중요하게 여기며 좌절과 실패를 극복하고 이를 기반으로 더 많이 배우고자 노력한다. 이와 함께 학습 상황에서 학습할 과제를 스스로 선택하고 공부하는 것이 어떤 의미가 있고 이로운지 인지하고 있다. 수업 시간에 학교 수업을 중요하게 여기고 높은 집중력을 보이며 공부하는 과정을 즐거워한다면 학습동기가 높은 학생의 모습이다. 이와는 달리 학습동기가 낮은 학생은 학교 수업에 큰 의미를 두지 않고 수업 시간에 딴짓을 많이 하며 공부를 지루해하는 경향이 있다.

동기: 유기체 내에서 목표지향적 행동을 일으키고 그 방향을 결정짓는 원동력이다.
☑ 출처: 교육학용어사전

학습동기: 학습목표를 개인의 목표와 결부시켜 분명한 목표의식을 가지게 하고, 적성이나 흥미에 맞는 과제의 제시와 보상, 경쟁심의 적용, 피드백 등을 활용하는 학습에 작용하는 동기이다.
☑ 출처: 교육학용어사전

가. 동기의 유형과 위계

1) 내재적 동기와 외재적 동기

일반적으로 학습동기는 내재적 동기와 외재적 동기로 구분한다. 내재적 동기는 학습 활동 자체에 흥미와 관심이 있고 학습을 하는 이유가 학습 그 자체에 있다. 따라서 외부의 보상과 상관없이 주어진 과제를 수행하거나 활동하는 자체가 보상이 된다. 이에 반해 외재적 동기는 학습을 하는 이유가 학습을 통해서 얻을 수 있는 보상이나 결과에 있다. 가령, 학생이 학습 활동에 집중하면서 공부를 하는 것을 즐기며 지속한다면 학습에 대한 내재적 동기가 높은 경우이다. 그러나 우수한 성적으로 부모나 교사로부터 칭찬과 보상을 받을 것을 기대하며 공부를 하거나 처벌이 두려워 공부를 하는 학생이라면 외재적 동기가 높다고 할 수 있다.

내재적 동기와 외재적 동기는 동기의 원천과 학습과제에 대한 인식에서 차이가 있다. 내재적 동기의 원천이 학습 과제나 학습자의 내부, 즉 과제에 대한 흥미와 관심, 학습 과정에서 느끼는 즐거움 등에 있는 데 반해 외재적 동기의 원천은 학습 과제나 학습자 외부에 있다. 따라서 외적인 보상이나 처벌이 동기의 원동력이 되는 것이다. 내재적 동기가 높은 학습자에게 학습 과제 자체가 학습의 목적이라면 외재적 동기가 높은 학습자의 경우 학습 과제는 보상 획득이나 처벌 회피를 위한 수단이 된다.

내재적 동기를 가진 학습자는 학습에 자발적으로 참여하고 이를 지속하며 학습 자체를 가치롭게 여기고 자기주도학습자로 성장해나갈 수 있다. 그러나 외재적 동기를 가진 학습자는 자신이 원하는 목표를 달성하기 위해 높은 수준의 학습동기를 보일 수 있지만 목표 달성 이후에는 더 이상 학습에 동기화되지 않을 수 있다. 뿐만 아니라 학습 과정보다 결과물에 집착할 수 있어 목표 달성에 실패하면 이로 인한 좌절감과 상실감으로 인해 학습을 지속할 수 없게 된다.

이처럼 내재적 동기와 외재적 동기는 상반된 특성을 가지고 있으며 일반적으로 학습에서 내재적 동기가 외재적 동기보다 바람직한 것으로 여겨진다. 그러나 대부분의 학습자는 내재적 동기와 외재적 동기를 동시에 가지며 각각의 동기에 대한 수준이 다를 뿐이기에(Covington, 2000; Schunk et al., 2013) 어느 한 유형의 동기만이 학습을 조장하고 지속시키며 학습에 우호적이라고 단언하기는 어렵다. 가령, 학생이 공부 자체가 즐거워서 공부를 하기도 하지만 높은 점수를 받기 위해서 공부에 매진한다면 이 학생은 내재적 동기와 외재적 동기 수준이 모두 높다고 할 수 있다. 공부가 즐겁지는 않지만 우수한 학업 성취를 위해서 공부한다면 내재적 동기는 낮지만 외재적 동기는 높은 경우이다. 따라서 학습자의 동기 유형과 수준을 고려한 효과적인 학습전략을 통해서 학습동기가 과제수행과 성취에 긍정적인 영향을 미칠 수 있도록 해야 한다.

2) 내재적 동기를 유발하는 학습전략

학습자에게 학습에 대해 내재적 동기를 갖도록 유도하는 것이 바람직하지만 학습 상황이 학습자에게 언제나 흥미롭고 즐거운 것은 아니다. 학습자의 내재적 동기를 유발하고 증진할 수 있는 방안에는 어떤 것이 있을까? 첫째, 도전적인 과제를 제시한다. 학습자의 수준에 적합하면서 적당히 어려운 과제를 제시하여 학습자로 하여금 과제 수행에 대한 성공 경험을 갖게 하면 학습에 대한 만족감을 느낄 수 있다. 둘째, 학습자로 하여금 자율성을 경험하게 한다. 학습자가 학습 과정에서 주도권을 가지고 스스로 학습에 영향을 미칠 수 있다고 믿게 되면 학습에 대한 내재적 동기가 강화된다. 셋째, 학습자의 호기심을 자극한다. 과제가 학습자의 흥미를 자극하거나 새롭고 예상치 못한 경험을 제공할 때 내재적 동기가 유발된다. 넷째, 학습자가 학습에 대해 내재적 동기를 갖지 못하거나 이를 유지하는 데 어려움을 겪는다면 외적 보상을 통해서 외재적 동기를 유발한 뒤 점진적으로 학습에 대한 내재적 동기로 이어질 수 있도록 돕는다.

외적 보상을 활용하는 경우, 다음의 두 가지 사항에 대한 고려가 필요하다. 첫째, 보상은 학습자의 수행에 대한 구체적인 정보를 제공해야 한다. 만약 학습자가 보상으로부터 자신의 학습 과정에 대한 정보를 제공받기보다 보상을 통해서 자신이 통제받는다고 느낀다면 보상은 오히려 학습에 대한 동기를 저하시킬 수 있다. 보상이 내재적 동기에 긍정적인 영향을 미치기 위해서는 학습자의 수행에 대한 구체적인 정보 제공뿐만 아니라 보상이 주어지는 근거가 명확해야 한다. 따라서 단순히 학습자의 수행 유무를 기준으로 보상을 제공하기보다 수행 수준에 따라 차별적인 보상을 제공하는 것이 필요하다. 보상을 통해서 학습자가 과제에 대한 흥미를 갖기 시작하면 점진적으로 외적 보상을 줄이고 과제 자체의 즐거움과 가치를 느낄 수 있도록 한다.

둘째, 학습에 대한 내재적 동기를 가진 학습자에게 외적 보상을 제공하는 경우 이미 유발된 내재적 동기가 떨어지는 부정적인 결과를 초래할 수 있다. 학습에 대해 흥미와 즐거움을 느끼고 있는 학습자가 부가적으로 보상을 받게 되면, 학습 과정의 흥미나 만족감 때문이 아니라 보상 획득을 위한 것으로 학습의 이유가 변할 위험이 있다. 따라서 보상을 활용하여 학습동기를 강화하는 경우, 현재 학습자의 내재적 및 외재적 동기 상태와 수준을 이해하고 고려해야 한다.

교실 속으로

김 교사는 중학교 수학 수업을 준비하면서 고민에 빠졌다. 연주, 현영, 유지 세 학생의 각기 다른 학습동기를 어떻게 고려하여 수업을 운영할 수 있을지에 대한 고민이었다. 연주는 수학에 흥미를 못 느끼고 있었고, 현영이는 좋은 성적과 부모의 칭찬과 같은 외재적 동기에만 의존해서 공부하는 학생이었다. 유지는 수학에 대한 관심 자체가 매우 낮아 수업 참여를 거의 하지 않고 있었다.

김교사는 수업 시작에 앞서 모든 학생들의 주의와 관심을 끌 수 있는 흥미롭고 도전적인 문제를 제시하였다. "만약 여러분이 직접 설계한 롤러코스터가 있다고 상상해 보세요. 롤러코스터의 최고점과 최저점 사이의 높이 차이를 어떻게 계산할 수 있을까요?" 이 문제를 통해서 김교사는 호기심을 유발하고 실생활과의 연결점을 찾는 과정을 통해서 학생들의 학습동기를 자극하고 싶었다.

이어 연주에게는 문제를 스스로 해결하면서 수학의 재미를 발견할 수 있는 기회를 제공하였다. 김교사는 연주가 도전을 즐기고 문제 해결 과정에서 성취감을 느낄 수 있도록 조심스럽게 문제 해결에 대한 힌트를 주었다. 연주는 자신도 모르게 점차 문제 해결에 몰입하기 시작하였다.

현영이를 위해서는 친구들과의 협업을 통해서 자신의 노력이 어떻게 성과로 이어질 수 있는지 보여줄 수 있는 활동을 준비하였다. 현영이는 외적 보상이 아닌 학업에 대한 성장 과정을 직접 느껴봄으로써 얻을 수 있는 만족감을 경험할 수 있었다.

수학에 대한 관심이 전혀 없었던 유지를 위해서 김교사는 유지에게 학습활동에 대한 선택권을 주었다. 다양한 주제 중에서 자신이 관심있는 것을 선택할 수 있게 함으로써 유지가 스스로 학습목표를 설정하도록 하였다. 유지는 관심을 가지고 있었던 스포츠 통계 관련 문제를 선택했고 점차 수학에 대한 흥미를 갖기 시작했다.

수업 중반부에 이르러 김교사는 학생들로 하여금 각자 수행한 과제를 발표하게 하고 서로에게 피드백을 주고 받을 수 있는 기회를 마련하였다. 학생들은 서로의 생각과 의견을 교환하였고 이를 통해서 수학 문제에 대한 관심과 더불어 새로운 해결 방안을 모색하게 되었다.

교실 안 생각

가) 내재적 동기와 외재적 동기의 차이점은 무엇일까? 두 가지 동기가 학습 활동과 학업 성취에 어떠한 영향을 미치는지 개인적 경험을 바탕으로 설명해보자.

나) 도전적인 과제는 학습동기 유발에 도움이 된다고 생각하는가? 도전적인 과제가 학습자의 내재적 동기를 어떻게 유발할 수 있는지 구체적인 사례를 통해서 설명해보자. 반대로 너무 쉬운 경우, 학습자의 동기에 어떠한 영향을 미칠 수 있을까?

나. 동기에 대한 인본주의적 관점

1) 욕구위계이론

인본주의적 관점은 인간의 행동이 성적 욕구에 의해 추동된다고 설명하는 정신분석학 또는 인간의 행동이 외부 환경에 의해서 전적으로 결정된다고 인식하는 행동주의에 대한 비판으로부터 시작된 심리학의 한 사조이다. 인본주의적 관점에 의하면, 인간은 자신의 성장과 자아실현을 추구하는 긍정적인 욕구를 가지고 있으며 이는 인간의 행동과 동기를 설명하는 기본 바탕이 된다.

대표적인 인본주의 심리학자 중 한 명인 매슬로우(A. Maslow)는 인간은 궁극적으로 자아실현의 욕구를 추구하며 이를 달성하기 위해서 이전 단계의 욕구들을 충족해야 한다고 주장하였다(Maslow, 1954). 매슬로우에 의해서 제안된 욕구위계이론은 인간의 욕구를 생존에 필요한 기본적인 생리적 욕구에서부터 최상위에 위치한 자아실현 욕구에 이르기까지 위계적으로 설명하면서 이전 하위 단계의 욕구 충족이 이루어져야 상위 단계의 욕구 충족이 가능하다고 가정한다.

매슬로우는 인간의 욕구를 생리적 욕구, 안전의 욕구, 소속의 욕구, 자기 존중감에 대한 욕구, 지적 성취에 대한 욕구, 심미적 욕구, 자아실현의 욕구 순으로 위계화시키면서 이들 중 앞의 네 가지(생리, 안전, 소속, 자기존중감)를 결핍욕구로 지칭하고 나머지 상위 수준의 지적, 심미, 자아실현의 욕구를 성장욕구로 불렀다(Maslow, 1943, 1954). 결핍욕구가 반드시 충족되어야 하는 욕구인 데 반해, 성장욕구는 설령 충족되지 않더라도 지속적으로 노력하여 추구하는 욕구이다. 매슬로우에 의하면, 네 가지 결핍욕구가 충족된 후에 비로소 성장욕구를 추구할 수 있다. 뿐만 아니라 결핍욕구와 성장욕구 모두 위계에 따라 이전 하위 단계의 욕구들이 충족되어야 다음 단계의 욕구 추구가 가능하다.

[그림 1-14] 매슬로우의 욕구위계(신명희 외, 2014)

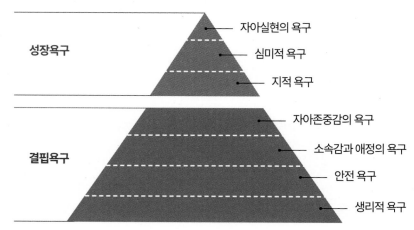

욕구위계이론은 사람들의 관심을 많이 받아왔지만 이론을 뒷받침할만한 실증적인 연구가 부족하다는 이유로 많은 비판을 받기도 하였다. 가령, 이론에서처럼 하위 단계의 욕구들이 충족된 후에야 상위 단계의 욕구들을 추구하고 충족하는 것만은 아니라는 비판이 있다. 이전 단계의 욕구를 충족하지 못하더라도 다음 단계의 욕구를 추구하는 경우가 종종 있는 것도 비판의 대상이다.

교실 속으로

욕구위계이론에서는 인간이 성장하기 위해서는 반드시 충족되어야 하는 기본적인 욕구를 가정한다. 기본적인 욕구에 결핍이 있을 때, 이를 충족하기 위해 교사가 학교에서 고려할 수 있는 방안은 무엇일까? 아래의 예를 통해서 생각해보자.

가) 생리적 욕구

집에서 아침을 거르고 학교에 온 지현이는 수업 중 배가 고프다는 생각밖에 할 수 없었다. 교실 안 공기도 추워서 집에서뿐만 아니라 학교에서도 종일 추위에 떨었던 지현이에게 선생님의 수업 중 설명은 그저 소음처럼 느껴졌다. 지현이는 수학 문제에 집중하지 못한 채 배고픔과 추위에 떨고 있었다.

나) 안전의 욕구

최근 학교에서 일어났던 괴롭힘 사건 이후로 민수는 학교가 더 이상 안전한 곳이 아니라고 믿고 있다. 교실에서도 항상 불안하다고 느끼고 공부에 집중하기보다 언제 다시 괴롭힘을 당할지 모른다고 걱정하며 시간을 보내고 있다.

다) 소속의 욕구

전학 온 첫날, 유나에게 새로운 학교에서 낯선 친구들과 말을 한다는 것은 너무나 어려운 일이었다. 모임 활동에도 제외되는 느낌이었고 이후로 수업을 비롯한 교실에서의 활동에 대한 흥미도 잃어버렸다. 유나에게 학교는 공동체의 일원이 되는 곳이 아니라 외톨이가 되는 장소였다.

라) 자기 존중감 욕구

성적이 떨어진 뒤 현우는 자신이 공부를 잘할 수 없다고 생각했다. 선생님과 부모님의 기대에 부응하지 못하게 되자 자신감이 크게 떨어졌다. 현우는 자신이 무가치하다고 느끼게 되었고 더 이상 노력해도 소용없다고 생각하며 공부에 대한 관심과 흥미를 잃었다.

위에서 제시한 학생들의 기본적인 욕구의 결핍을 이해하고 이를 충족시키기 위해서 교사는 다음의 사항들을 고려해볼 수 있다. 첫째, 학생들이 충분한 수면을 취하고 영양가 있는 아침 식사를 했는지 확인하여 기본적인 생리적 욕구가 충족되도록 한다. 둘째, 교실 안과 밖의 환경을 안전하게 조성하여 학생들로 하여금 정서적으로 안전감을 느낄 수 있게 한다. 가령, 교사와 학생 모두 긍정적인 언어를 사용하는 규칙을 만들고 학교에서의 괴롭힘이나 폭력을 예방하기 위한 프로그램을 운영한다. 셋째, 소속감과 공동체 의식을 형성할 수 있도록 교실 내 소그룹 활동을 통해서 학생들이 서로 협력하고 공동의 목표를 달성할 수 있는 활동을 진행한다. 팀 기반 프로젝트 학습을 통해서 학생들끼리 성공을 기원하고 협업하는 경험을 갖게 함으로써 소속감을 느낄 수 있도록 한다. 넷째, 학생의 자기 존중감을 증진시키는 방안 중 하나로 학생이 주도적으로 작성한 에세이나 프로젝트 활동을 교실 내·외에서 전시하거나 발표하는 기회를 제공한다. 학생의 노력과 성취를 공개적으로 인정해 자신감과 자기 존중감을 높이는 것도 중요하다.

귀인(attribution): 어떤 행동에 대해서 다수의 가능한 행위 원인들 중 어느 원인을 그 행동에 귀속시켜야 할지를 추론하고 결정하는 과정이다.
☑ 출처: **교육학용어사전**

다. 귀인이론

1) 학습과 귀인

귀인[*]이론은 학습자가 학습 결과의 원인을 어떻게 이해하는가를 바탕으로 동기를 설명한다. 학습자는 학업 상황에서 성공이나 실패를 경험하게 되는데 이때 학습자 스스로 성공이나 실패라는 학습 결과의 원인을 나름대로 인식하게 된다. 가령, 시험에서 높은 점수를 받았을 때 어떤 학생은 그것의 이유를 자신이 똑똑하기 때문이라고 생각하는 반면 또 다른 학생은 운이 좋았기 때문이라고 생각할 수 있다. 시험에서 낮은 점수를 받았을 때도 마찬가지다. 낮은 점수가 시험공부를 충분히 하지 않은 결과라고 생각할 수도 있지만 시험 문제가 너무 어려웠기 때문이라고도 말할 수 있다. 귀인이론에 의하면, 인간은 어떤 사건이나 결과에 대한 원인을 찾으려는 경향이 있고 결과에 대한 원인은 객관적이기보다 주관적인 인식이라고 가정한다. 예시에서처럼 성적이라는 결과에 대해서 학습자가 인식하는 원인은 다를 수 있다. 학습의 결과에 대하여 학습자가 그것의 원인을 어떻게 인식하는지에 따라 경험하는 정서적 반응과 후속 행동에 미치는 영향을 설명하는 동기 이론이 귀인이론이다.

가) 귀인 유형

학습 결과의 원인으로 많이 귀인하는 것으로 능력, 노력, 과제 난이도, 운 등이 있다. 우수한 성적의 원인을 자신이 똑똑하기 때문이라고 생각하는 학습자는 성공의 원인을 능력으로 귀인하는 경우이며 운이 좋았기 때문이라고 생각하는 학습자는 성공의 원인을 운으로 귀인하는 경우에 해당한다. 이처럼 특정 결과에 대한 원인을 원인의 소재, 안정성, 통제 가능성의 세 가지 차원으로 구분하여 설명할 수 있다(Weiner, 1992).

첫째, 원인의 소재란 원인을 개인 내부 또는 외부에서 찾는지에 관한 것이다. 가령, 능력과 노력으로 성공을 설명한다면 원인의 소재가 개인 내부에 있는 내적 귀인이며 과제 난이도나 운의 탓으로 돌린다면 개인 외부, 즉 외적 귀인으로 성공을 설명하는 것이다. 둘째, 안정성은 귀인의 속성이 시간과 상황에 따라 변할 수 있는지에 관한 것이다. 결과에 대한 원인이 시간이나 상황과 무관하게 변할 수 없는 것이라면 안정적인 속성의 것이다. 반면 결과의 원인이 시간과 상황에 따라 변할 수 있는 것이라면 불안정적인 것이다. 따라서 개인의 능력이나 주어진 과제의 난이도는 안정적인 것이며 노력이나 운 등은 불안정적인 것으로 간주된다. 셋째, 통제 가능성은 개인이 원인을 통제할 수 있는지에 관한 것이다. 성공이나 실패의 원인을 자신의 의지로 변화시킬 수 있다고 믿는다면 이는 통제 가능한 것이 되지만 그렇지 못하는 경우라면 통제 불가능한 것이다. 학습 결과를 노력으로 귀인한다면 이는 학습자에게 통제 가능한 것이지만 능력, 과제 난이도, 운으로 귀인한다면 통제 불가능한 차원이 된다.

[표 1-9] 귀인 차원과 유형

귀인 유형 / 귀인 차원	원인의 소재	안정성	통제 가능성
능력	내부	안정	통제 불가능
노력	내부	불안정	통제 가능
과제 난이도	외부	안정	통제 불가능
운	외부	불안정	통제 불가능

나) 귀인 효과

학습자가 성공이나 실패를 어떻게 귀인하는지에 따라 경험하게 되는 정서는 다르다. 가령, 성공의 원인을 자신의 능력이나 노력처럼 개인 내부에서 찾는 경우, 학습자는 자부심을 느끼며 자존감이 높아질 것이다. 이에 반해, 실패의 원인을 자신의 능력과 같은 안정적인 요인으로 인식한다면 이후에도 동일한 실패를 예측할 수 있기에 불안과 좌절감을 경험하게 한다. 그러나 실패의 원인을 자신의 노력과 같이 불안정적인 요인으로 인식한다면 향후 결과가 달라질 수 있을 것이라는 긍정적인 기대감을 가질 수 있다. 귀인 차원 중통제 가능성은 실패 상황에서 경험하게 되는 정서 수준에 영향을 미친다. 가령, 학습자가 실패한 결과의 원인을 개인 내적이며 통제 가능한 것(예: 노력)에서 찾는다면 결과에 대한 자책감을 느낄 수 있지만 개인 내적이며 통제 불가능한 것(예: 능력)으로 탓을 돌리게 되면 수치심마저 들게 할 수 있다.

귀인은 성공이나 실패 결과에 수반되는 정서뿐만 아니라 학습자의 동기와 후속 행동에

도 영향을 미친다. 학습 결과에 대해서 학습자가 개인 내적이고 불안정적이며 통제 가능한 차원(예: 노력)으로 귀인하는 경우, 학습자의 학습동기와 수행은 높아질 수 있다. 이처럼 성공의 원인을 노력으로 귀인하게 되면 학습자는 성공이라는 결과를 자신의 노력 여하에 따라서 통제할 수 있는 것으로 인식하기에 또 다른 성공의 경험을 기대할 수 있다. 실패의 상황에서도 그것의 이유를 노력 부족으로 인식하는 학습자는 향후 성공적인 결과 획득을 위해서 많은 노력을 기울이려는 의지와 동기를 갖게 된다. 따라서 학습에서 성공이나 실패의 원인을 노력으로 귀인하도록 하는 것이 학습자의 학습동기와 수행을 높일 수 있다.

그러나 학습 결과의 원인을 노력으로 귀인하는 것이 언제나 바람직한 결과를 가져오는 것은 아니다. 만약 반복되는 실패 경험의 이유가 노력 부족으로 귀인되는 경우, 학습자는 자신은 아무리 노력해도 실패할 수밖에 없다는 좌절감과 무력감에 빠질 수 있으며 궁극적으로 학습동기가 저하된다. 따라서 실패의 원인을 학습자의 노력 부족이 아닌 적절한 학습전략의 부재 등과 같은 요인에서 찾는 것이 학습에 도움이 될 수 있다. 전략 귀인은 학습 결과의 원인을 학습자가 활용한 전략에서 찾는 것으로 학습자가 실패를 경험할 때 노력 귀인보다 학습에 긍정적인 영향을 미치는 것으로 나타났다. 따라서 바람직한 귀인이란 정해져 있는 것이 아니며 학습자의 특성 및 상황에 따라 달라진다.

다) 귀인에 영향을 미치는 요인

학습자의 귀인 방식은 개인적 및 상황적 요인에 따라 변한다. 개인적 요인의 대표적인 예인 경험은 학습자의 성공이나 실패 경험과 이에 수반되는 정서 및 수행과 같은 직접 경험뿐만 아니라 타인의 성공이나 실패에 대한 관찰과 후속 결과에 대한 간접 경험을 포함한다. 성공이나 실패 상황 당시 주변 환경 요인도 귀인 방식에 영향을 미친다. 시험에서 가장 높은 점수를 받은 학습자가 자신보다 점수가 낮은 친구들을 만나게 되면 시험에서의 성공적인 경험을 자신의 뛰어난 능력으로 귀인할 수 있다. 그러나 자신은 높은 점수를 받았지만 같은 반 친구들 중 자신보다 높은 점수를 받은 친구도 있고, 특히 낮은 점수를 받은 친구들의 대부분이 공부를 게을리 했던 친구라는 생각을 한다면 학습자는 높은 점수에 대한 귀인을 자신의 노력으로 귀인할 것이다(Graham, 2020). 교실이나 학교에서 학생들의 귀인 방식에 영향을 미치는 대표적인 상황적 요인은 피드백을 포함한 교사의 반응이다. 학생들의 수행 결과에 대해서 교사가 보여주는 언어적 및 비언어적 반응은 학생들이 자신의 수행 결과의 원인을 어떻게 인식하는지에 영향을 미친다.

2) 학습에 효과적인 귀인 전략

학습자의 성공이나 실패 경험에 따라 학습에 효과적인 귀인방식은 다르다. 학생의 학습동기를 높이기 위해서 교사가 고려할 수 있는 귀인 전략에는 어떤 것들이 있을까? 첫째, 사실에 근거한 신뢰로운 피드백을 제공한다. 학생이 노력을 했음에도 노력이 부족하다고 피드백을 주거나 노력하지 않았음에도 충분히 노력했다고 반응하는 경우, 교사의 피드백은 학생으로 하여금 학습 결과의 원인을 그릇되게 인식하게 한다. 둘째, 학습의 결과를 변할 수 있는 노력으로 귀인할 수 있도록 유도한다. 특히 실패 상황에서 학생이 실패의 원인을 능력이 아닌 노력으로 귀인하게 함으로써 학생 스스로 결과에 대한 책임감을 느끼고 더 많이 노력해서 결과를 바꿀 수 있도록 독려한다. 셋째, 지속적인 노력에도 불구하고 학생이 실패를 계속 경험한다면 실패의 원인을 노력으로 귀인하는 것은 바람직하지 않다. 이 경우, 전략 귀인처럼 실패의 원인을 학습 방법이나 전략의 문제로 인식하게 하는 것이 필요하다. 넷째, 노력 귀인과 전략 귀인 이후에도 계속 실패를 경험하는 경우, 학생은 학습에 대한 통제력을 잃고 무력함에 빠질 수 있다. 이 경우에는 교사가 학습목표와 학생의 기대 수준을 수정하는 등 대안을 모색하는 것이 필요하다.

연주는 오늘도 시험지를 뚫어져라 바라보며 한숨을 쉬었다. 성적표 속 점수들이 마치 자신을 비웃는 것만 같았다. '이번 시험은 너무 어려웠어. 선생님도 우리 반을 별로 안 좋아하시는 것 같고, 애초에 공부할 시간도 충분하지 않았어.' 그녀의 머릿속은 이러한 생각들로 가득 찼다. 학교에서의 불공정, 부족한 시험 준비 시간, 심지어 친구들과의 사소한 다툼까지 연주는 자신의 노력 부족보다는 이러한 외적 요인들이 자신의 실패에 더 큰 영향을 미쳤다고 믿었다.

⊙ 연주의 이야기는 많은 학생들이 공감하고 경험할 수 있는 학습 상황을 반영하고 있다. 연주의 태도와 행동은 학업 성취를 내적 요인보다 외적 요인으로 귀인함으로써 자기 보호적 기능을 하지만, 학습에 대한 내재적 동기와 수행은 궁극적으로 약화시킬 가능성이 높다. 연주에게 필요한 귀인 전략에는 무엇이 있을까?

첫째, 학습 활동과 결과 간 관계를 정확하게 인식하게 한다. 예를 들어, 연주가 자신의 학습 준비 행동과 그에 따른 결과를 명확히 인지할 수 있도록 메모나 일기 형태로 학습 활동과 결과를 매일 기록하게 한다. 이처럼 학습활동에 대한 자기모니터링은 학습자로 하여금 자신의 노력과 수행(결과) 간의 관계를 인식하게 하고 이를 바탕으로 행동 수정 및 효과적인 학습전략 개발을 가능하게 한다. 둘째, 학습 과정에서 발생하는 어려움을 긍정적으로 해석하고 극복할 수 있도록 지지해준다. 연주가 실패를 개인적 결함이 아니라 발달과 성장의 기회로 보게 하고, 또 다른 성공 경험을 통해 자신감을 회복하도록 돕는 것이 필요하다. 가령, 연주가 작은 목표를 달성할 때마다 칭찬하고 인정해줌으로써 자신의 능력을 긍정적으로 평가하고 점차 자신감을 회복해나갈 수 있도록 도와준다.

이번 시험은 너무 어려웠어. 선생님도 우리 반을 별로 안 좋아하시는 것 같고 애초에 공부할 시간도 충분하지 않았어.

가) 귀인 경험

최근 자신이 경험한 학습에서의 성공과 실패 사례를 하나씩 떠올려보자. 이 결과에 대해 어떻게 귀인했는가? 이러한 귀인 방식이 자신의 학습 동기와 후속 학습 활동에 어떤 영향을 미쳤다고 생각하는가?

나) 귀인과 정서

앞서 살펴본 자신의 성공과 실패 경험 이후 느꼈던 기분(예: 자부심, 의욕, 희망, 좌절, 불안, 죄책감, 수치심)을 떠올려보자. 왜 이런 기분을 느꼈는지, 결과에 대한 귀인 차원(원인의 소재, 안정성, 통제 가능성)과 연결해 설명해보자.

다) 귀인 전략

학습 실패 후 학생이 느낄 수 있는 좌절감과 무력감을 방지하기 위한 귀인 전략을 생각해보자. 실패를 경험한 학생에게 긍정적 귀인을 유도할 방안에 대해 논의해보자.

라. 자기결정성 이론

1) 개념과 특성

자기결정성[*]이론은 인간의 동기를 설명하는 가장 포괄적인 이론 중 하나로 모든 인간이 본인의 성장과 자기실현을 이루고자 하는 선천적인 욕구를 가진다는 인본주의적 관점에 기반을 두고 있다. 자기결정성 이론에서는 인간을 환경과의 적극적 상호작용을 통해서 변화하고 성장하는 존재라고 인식하고 능동적인 주체로서 욕구를 충족하며 높은 수준의 성취와 심리적 안녕을 이루는 데 필요한 개인 내적 및 사회문화적 조건을 설명한다. 특히 학습 상황에서 학습자의 내재적 및 외재

자기결정(성)
(self-determination): 자신의 환경에 어떻게 반응할 것인가를 결정하는 과정이다.
☞ 출처: Eggen & Kauchak, 2006

적 동기의 형성과 역할 및 수준을 이해하는 데 자기결정성 이론은 중요한 역할을 한다(Ryan & Deci, 2000, 2017).

가) 기본심리욕구

자기결정성 이론에 의하면, 인간은 세 가지 **기본심리욕구**[*](basic psychological needs)를 가지고 있으며 이들 욕구가 모두 충족될 때 자기결정성이 발휘될 수 있다. 기본심리욕구는 개인이 태어날 때부터 가지고 있는 보편적인 욕구로 자기결정성에 영향을 미치고 궁극적으로 정서적인 안녕과 심리적 발달을 가능하게 하기에 자기결정성 이론에서 중요한 개념이다. 첫째, 유능성 욕구는 개인이 관여하는 사회적 환경과 성공적으로 상호 작용하기를 원하는 것으로 과제를 성공적으로 수행하고 스스로 유능한 사람이 되기를 소망하는 욕구이다. 개인은 타인, 과제, 환경 등과 상호작용하면서 자신의 능력을 발휘하고 성장하는 경험을 통해서 유능성 욕구를 충족시킬 수 있다.

둘째, 자율성 욕구는 외부의 간섭 없이 환경을 통제하고 스스로 행동을 결정하려는 욕구를 가리킨다. 이는 행동을 자신의 의지에 따라 조절하고 주도하는 것으로 자기결정성 이론의 핵심적인 개념이다. 자율성은 독립성을 의미하지 않으며, 의존성 또는 상호 의존성의 반대 개념이기보다 타율성과 대립된다. 타율성은 개인이 통제받는다고 인식하는 내적 또는 외적 압력의 영향으로 행동이 결정되는 상태를 가리킨다. 따라서 타인에게 의존적인 행동을 하거나 타인의 의견을 바탕으로 행동에 대한 판단을 했을지라도 스스로의 의지에 따라 내려진 결정이라면 이는 자율성 욕구가 충족된 것이다. 이처럼 자율성 욕구는 개인의 의지에 따른 행동의 선택과 결정에 관한 욕구와 관련이 있다.

셋째, 관계성 욕구는 의미 있는 타자와의 관계 형성을 통해서 집단

자율성 욕구: 스스로 결정하고 행동하려는 욕구이다.
☑ 출처: **교육심리학, 신명희 외, 2018**

유능감 욕구: 자신이 능력 있는 사람이라는 믿음을 갖고 싶은 욕구이다.
☑ 출처: **교육심리학, 신명희 외, 2018**

관계성 욕구: 다른 사람과 좋은 관계를 맺고 싶은 욕구이다.
☑ 출처: **교육심리학, 신명희 외, 2018**

에서의 소속감을 느끼고자 하는 욕구이다. 학습자에게 교사, 부모, 또래 등은 유의미한 타자의 대표적인 예로 이들과의 안정적인 관계 형성은 학습자의 내재적 학습동기 유발과 지속에 영향을 미친다.

나) 동기

자기결정성 이론은 동기를 내재적 동기와 외재적 동기로 구분하지 않고 자기결정성 수준에 따라 외재적 동기를 세분화한다. 가령, 학습자가 수학에 흥미와 관심이 없어도 수학 공부의 필요성과 의미를 받아들여 자율적으로 학습한다면, 학습자는 수학을 공부하는 것에 대해서 내재적으로 동기화되지는 않았지만 자기결정적인 동기를 가지고 있다고 할 수 있다. 이처럼 자기결정성 이론은 외재적 동기를 개인이 지각하는 자기결정성 수준에 따라 구분하며, 자기결정성 수준이 높은 외재적 동기의 경우 그렇지 않은 외재적 동기에 비해 바람직한 것으로 인식한다.

자기결정성 이론에 의하면, 동기는 무동기, 외적 조절 동기, 내사된 조절 동기, 확인된 조절 동기, 통합된 조절 동기, 내재적 동기로 구분되며 이들은 자기결정성 수준에 따라 차이가 있다. 모든 동기 유형 중 자기결정성 수준이 가장 낮은 것은 무동기이다. 무동기 상태의 학습자는 스스로 학습하고자 하는 의지가 없으며 학습에 대한 의미나 가치를 부여하지 않는다. 이와는 반대로 자기결정성 수준이 가장 높은 동기인 내재적 동기를 가지고 있는 학습자는 학습에 대한 흥미와 관심이 높을 뿐만 아니라 학습 과정에서 학습의 의미와 목표를 추구한다. 무동기와 내재적 동기 사이에 위치한 외적 조절 동기, 내사된 조절 동기, 확인된 조절 동기, 통합된 조절 동기는 모두 외재적 동기로 간주된다. 이들은 자기결정성 수준에 따라서 학습에 미치는 개인 외적 요인들이 학습자에게 내재화되는 정도에 차이가 있다. 이처럼 외재동기와 내재동기를 이분법적으로 구분하지 않고 외재동기를 자기결정성의 수준에 따라 세분화하는 것이 자기결정성 이론의 특징이다.

외재적 동기는 자기결정성의 수준에 따라 외적 조절 동기, 내사된 조절 동기, 확인된 조절 동기, 통합된 조절 동기로 분류된다. 외재적 동기 중 자기결정성이 가장 낮은 동기는 외적 조절 동기이다. 외적 조절 동기를 가진 학습자는 학습의 이유를 외적 보상 획득이나 처벌 회피처럼 외부 요인에서 찾는다. 부모님께 칭찬을 받기 위해 혹은 교사의 꾸중을 피하기 위해서 공부를 하는 경우라면 외적 조절 동기를 가진 학습자로 볼 수 있다.

내사된 조절 동기는 행동의 이유가 개인 내부로 이동한 상태로 내적 압박감에 의해서 행동을 선택하고 결정한다. 공부를 해야 한다는 의무감 때문에, 타인의 인정을 받고 자존감을 높이기 위해, 공부를 하지 않았을 때 생기는 죄책감 때문에, 실패 이후에 경험하는 수치심을 피하기 위해 등의 이유로 공부를 한다면 내사된 조절 동기를 가진 경우에 해당한다. 내사된 조절 동기는 외적 조절 동기에 비해서는 자기결정성이 높은 동기 유형이지만 학습동기가 학습자의 자발적인 선택이 아닌 심리적 압박에 기인한다는 점에서 여전히 자기결정성이 낮은 동기에 해당한다.

확인된 조절 동기를 가진 학습자는 학습의 가치를 인정하고 이를 수용한다. 가령, 자신이 원하는 직업을 갖는 데 도움이 된다고 생각하기 때문에 과제를 수행하지만 과제 수행 자체에 대한 즐거움을 느끼지 않을 수 있다. 이처럼 확인된 조절 동기는 학습 내용에 대한 관심과 흥미가 없더라도 그것의 필요성과 유용성에 대한 인식을 바탕으로 학습자에게 내재화되었다는 점에서 자기결정성이 높은 동기로 간주된다. 그러나 학습 자체가 목표가 아닌 수단이라는 점에서 내재적 동기와는 구분된다.

통합된 조절 동기는 학습의 이유가 자신의 정체성이나 가치 체계와 통합된 상태를 의미한다. 통합된 조절 동기를 가진 학습자는 학습의 의미와 중요성을 충분히 내면화하며, 보상이나 쓸모 때문이 아니라 학습 자체가 본인에게 중요하기 때문에 학습을 한다. 가령 수학 공부에 대해 통합된 조절 동기를 가진 학생을 예로 들어 보면, 이 학생은 단순히 수학 시험에서 좋은 점수를 받기 위해서 혹은 수학 공부가 대학 입학에 도움이 되기 때문에 공부를 하는 것이 아니다. 이 학생은 수학이 오늘날의 사회에 어떠한 영향을 미치는지 그리고 수학적 사고를 통해 세상을 바라보는 것이 자신의 삶과 목표에 얼마나 중요한지를 깊게 인식하고 있다. 이 학생은 수학을 공부하는 것이 자신의 사고 방식을 넓히고 궁극적으로는 본인이 가치롭게 생각하는 바를 이루고 자신이 지향하는 인간상에 이르는 데 도움이 된다고 생각하기 때문에 수학을 공부한다. 이처럼 통합된 조절 동기는 학습의 이유가 개인의 가치관 또는 정체성 수준에서 중요한 가치를 지니기 때문이라는 점에서 자기결정성의 수준이 가장 높은 외재동기라고 할 수 있다. 그러나 통합된 조절 동기 또한 학습 자체의 즐거움이 학습을 하는 이유는 아니라는 점에서 내재동기와는 구분된다.

[표 1-10] 자기결정성 이론의 동기 유형

동기 유형		핵심 내용
무동기		스스로 학습하고자 하는 의지가 없으며 학습에 대한 의미나 가치를 전혀 부여하지 않는 상태
외재적 동기	외재적 조절 동기	외적 보상의 획득이나 처벌의 회피에서 학습의 이유를 찾는 상태
	내사된 조절 동기	의무감, 타인의 인정, 죄책감, 수치심 등 내적 압박감에서 학습의 이유를 찾는 상태
	확인된 조절 동기	학습의 유용성과 가치를 충분히 수용한 상태
	통합된 조절 동기	학습의 유용성과 가치를 수용한 것을 넘어 학습의 가치가 본인의 가치관, 정체성, 삶의 목표와 통합된 상태
내재적 동기		학습의 의미와 가치를 수용할 뿐만 아니라 학습 자체에서 즐거움을 느끼는 상태

자기결정성 이론에 근거한 외재적 동기들은 수준별로 차이는 있지만 학습자에게 내재화된다는 점에서 자기결정성 동기로 기능할 수 있다. 많은 경우, 학습의 이유가 외적 요인에 기인하고 있음을 고려했을 때 학습자로 하여금 외재적 동기를 내재화할 수 있도록 하는 것이 필요하다. 가령, 단지 의무감으로 공부하던 학습자(내사된 조절 동기)가 자신의 노력으로 성공을 경험하고 만족감을 느끼면서 학습의 유용성과 가치를 알게 된다면(확인된 조절 동기), 학습의 이유를 정체성 형성 및 자아 성장과 연계하고(통합된 조절 동기) 학습에 보다 더 집중할 수 있을 것이다.

기본심리욕구 충족과 좌절

초기 자기결정성 이론에서는 기본심리욕구를 하나의 차원으로 설명하였다. 최근 들어 연구자들은 기본심리욕구가 충족되지 않는 것과 기본심리욕구가 좌절된 것을 구분해야 한다고 주장한다(Chen et al., 2015; Vansteenkiste & Ryan, 2013). 이들은 기본심리욕구의 좌절을 단순히 욕구가 충족되지 않는 상태가 아니라 기본심리욕구의 추구가 위협받는 상태로 설명한다. 따라서 기본심리욕구의 미충족과 기본심리욕구의 좌절은 자기결정성 수준에 다른 영향을 미친다(Jang et al., 2016).

동기와 가치 개념

자기결정성 이론에서 세분화한 동기 유형이 다른 동기 이론의 개념들과 어떠한 관계가 있을까? 기대-가치 이론을 제안한 이클스(J. Eccles)는 기대-가치 이론 중 가치의 하위 구인들인 중요성, 흥미/내재적 가치, 유용성, 비용을 자기결정성 이론의 통합된 조절 동기, 내재적 동기, 확인된 조절 동기, 외적 조절 동기와 각각 연관지어 설명한다(Eccles, 2009). 기대-가치 이론에 의하면, 중요성 가치, 흥미(내재적 가치), 유용성 가치의 합이 가치 신념을 결정한다(Eccles & Wigfield, 2020; Wigfield & Eccles, 2000). 이클스와 위그필드(A. Wigfield)는 학습자가 높은 수준의 가치 신념을 가지고 있을 때 학습에 대한 동기도 높아진다고 설명한다(Wigfield & Eccles, 2000).

자기결정성 이론의 동기 유형으로 포함된 확인된 조절 동기와 통합된 조절 동기는 모두 외재적 동기이다. 최근 연구들은 학습자의 내재적 동기를 유발하는 것과 내재적 및 외재적 동기(예: 유용성 가치를 개입)를 동시에 유발하는 것 중 어느 것이 학습동기와 학업 성취에 도움이 되는지 살펴보았다. 연구 결과, 내재적 동기를 유발하는 것이 내재적 및 외재적 동기를 동시에 유발하는 것보다 학습동기 및 학업성취에 긍정적인 영향을 미치는 것으로 나타났다(Vansteenkiste et al., 2004).

2) 기본심리욕구 충족을 위한 학습 환경

자기결정성 동기를 유발하고 지속하기 위해서 무엇을 해야 할까? 먼저 고려해볼 수 있는 것은 기본심리욕구를 충족시키는 것이다. 유능성 욕구, 자율성 욕구, 관계성 욕구를 충족시킬 수 있는 학습 활동과 환경은 무엇인지 살펴보자.

가) 유능성 욕구

과제 성공 경험이나 학업 수행에 대한 긍정적인 피드백은 학습자의 유능감을 높이고 유능성 욕구를 충족시킨다. 학습자는 연령이 높아질수록 유능감이 낮아지는 경향을 보이는데 그 이유는 연령이 증가함에 따라 자신의 능력을 보다 객관적으로 인식할 뿐만 아니라 타인과의 비교를 통해서 자신의 유능성을 판단하기 때문이다. 따라서 학습자의 능력에 적합한 도전적인 과제를 제시하고 과제 수행의 성공을 지속적으로 경험할 수 있도록 하는 것이 중요하다.

나) 자율성 욕구

교사에 의해서 일방적인 수업이 이루어지는 교실이나 통제적인 양육방식을 가진 부모와 함께 하는 가정에서 아동의 자율성 욕구는 충족되기 어렵다. 이처럼 통제적인 학습 환경은 학생의 학습동기와 학업 수행에 부정적인 영향을 미친다. 가정과 학교에서 학생 스스로 자신의 생각과 의견을 자유롭게 표현하고 행동을 자율적으로 선택하고 결정할 수 있을 때 자율성 욕구가 충족될 수 있다.

다) 관계성 욕구

학습자가 자신이 속한 집단에 소속감을 느끼고 교사, 부모, 또래 등 타인과 안정적인 유대 관계를 형성할 수 있다면 학습에 대한 흥미와 즐거움을 보다 쉽게 느낄 수 있다. 특히 외재적 동기를 가지고 있는 학습자가 자신에게 의미 있는 타인으로부터 학습에 대한 지지를 받는다면, 학습자의 외재적 동기는 점차 내재화되어 궁극적으로 학습에 대한 내재적 동기를 형성할 수 있다.

(1) 외적 조절 동기

지훈이는 수학 공부를 오로지 좋은 대학에 들어가기 위한 수단으로 여긴다. "부모님이 원하는 대로만 하면 돼. 수학 성적이 좋아야 좋은 대학에 갈 수 있으니까." 지훈이의 마음 속에는 수학 자체에 대한 흥미나 열정은 없다. 수학 수업 시간이나 과제를 할 때에도 그는 자신이 받을 보상이나 인정만 생각한다. 친구들이 수학에 흥미를 느끼고 즐기는 모습을 보면서도 지훈이는 그저 자신의 목표를 달성하기 위한 최소한의 노력을 계산하며 공부를 지속한다.

◐ **내재 동기 강화 전략:** 지훈이의 경우, 외적 보상에만 의존하는 태도에서 벗어나 수학 공부의 가치를 인식할 수 있도록 동기를 부여하는 것이 중요하다. 가령, 실생활에서 문제를 해결할 때 수학이 어떻게 적용될 수 있는지 보여줌으로써 수학에 대한 흥미와 필요성을 깨달을 수 있게 한다.

(2) 내사된 조절 동기

현우는 수학 공부를 자신의 의무라고 생각한다. "난 수학을 잘해야 돼. 그래야 스스로를 존중할 수 있으니까." 그는 수학을 잘하는 것이 때때로 외부 시선과 기대를 충족시키기 위해서도 필요하다고 믿는다. 수학 문제를 풀 때마다 현우는 자신에게 말한다. "이걸 해내면 나 스스로를 대견하게 생각하고 더 자랑스러워할 거야." 현우에게 수학 공부는 자신을 긍정적으로 인식하는 수단이자 자신을 증명해보일 수 있는 과정인 것이다.

⊙ **자기인식 촉진**: 현우가 왜 수학 공부를 중요하게 생각하고 자신의 정체성과 어떻게 연관 짓고 있는지 스스로 인식하게 한다. 자기반성을 유도하는 활동이나 토론, 긍정적인 자기대화법은 학습에 대한 압박과 불안감에서 벗어나 학습의 가치와 즐거움을 깨닫게 할 수 있다.

(3) 확인된 조절 동기

민지는 수학이 자신의 미래에 얼마나 중요한지 잘 알고 있다. '수학을 잘해야 내가 꿈꾸는 직업에 한 발짝 더 다가갈 수 있어!' 민지는 자신의 꿈을 이루기 위해 수학 공부의 필요성에 공감하며 더 많은 의미를 부여하고 있다. 수학은 자신의 목표 달성을 위한 중요한 수단이었던 것이다. "이 모든 노력이 나중에 내가 원하는 것을 이루는 데 도움이 될 거야." 민지는 스스로 다독이며 수학 공부에 매진한다.

⊙ **자율성 지원**: 학습 과정과 목표를 설정할 때 민지에게 보다 많은 자율성을 가질 수 있도록 지원한다. 민지 스스로 과제를 선택하고 자신만의 학습 계획을 세울 수 있도록 격려한다.

(4) 통합된 조절 동기와 내재적 동기

태현이에게 수학은 단순히 교과목이 아니라 삶의 한 부분이자 열정의 대상이다.

"수학은 정말 아름다워. 새로운 문제를 풀 때마다 느끼는 즐거움이란..." 태현은 수학을 사랑하고 수학 공부를 자아실현과 개인적 성장의 도구로 여긴다. 그에게 수학 문제를 해결하는 과정은 자신의 능력을 시험하고 확장하는 기회다. "수학을 통해서 매번 새로운 것을 배우고 나 자신을 더 발전시킬 수 있어." 태현이는 수학 공부에 임하는 모든 순간을 자신의 정체성을 구성하는 중요한 부분으로 생각한다.

◉ **정체성 연계 강화**: 수학 공부가 자기 정체성과 관련되어 있음을 인식하게 하고 이를 지지하고 강화한다. 태현이의 수학에 대한 사랑과 열정이 실생활 프로젝트나 학교 밖 활동으로 확장될 수 있도록 다양한 기회를 제공한다.

◉ **창의성 계발**: 태현이로 하여금 수학을 통해서 새로운 문제를 발견하고 자신만의 아이디어를 탐구하며 문제 해결을 도모할 수 있도록 한다. 자기주도 연구나 프로젝트 활동을 통해서 창의성을 발휘할 수 있게 한다.

학교 속으로 **자율성 지지에 대한 오해**

A교수는 학생들의 자율성을 존중하고 지지하는 것이 학습에서 중요하다고 믿고 있다. 이에 따라 학생들에게 과제 수행 방법, 마감 기한, 수업 참여 정도 등에 대한 제한을 전혀 두지 않고 어떠한 학습 지침도 제공하지 않는다. 그는 "학생들이 스스로 배우는 과정을 경험해야 한다"고 주장한다. 그러나 A교수의 바람과는 달리 수업 분위기는 혼란스러워지고 학생들은 목표 없는 수업에 당황해하며 학습에 어려움을 겪고 있다. A교수는 이러한 상황을 자율성 지지의 실천으로 인한 일시적인 결과로 여기지만 실제로 학생들은 학습에 대한 방향성을 찾지 못한 채 방황하고 있다. 학생들의 학습 동기는 저하되고 학업 수행 수준도 낮아지는 결과를 초래하였다.

◉ **A교수의 자율성 지지 행동에 대한 분석**

자율성 지지는 학습자 스스로 학습에 대한 의미를 찾고 학습 과정을 주도할 수 있도록 돕는 것이다. 이는 학습자의 의견을 존중하고 학습자에게 선택의 기회를 제공하며 학습에 적극적으로 참여할 수 있도록 독려할 때 가능하다. 그렇다면 A교수의 수업 방식은 자율성 지지 행동이라고 할 수 있을까?

A교수의 행동은 자율성 지지 행동과는 거리가 있다. 자율성 지지는 학습자에게 학습에 대한 목표와 기대를 제시하고 학습자 스스로 선택과 참여 경험을 통해서 결과에 대한 책임감을 배울 수 있을 때 이루어진다. 교수자는 학습 과정에서 학습자가 직면하는 어려움과 도전을 극복할 수 있

도록 적절한 피드백과 지원 체계를 가지고 있어야 한다. A교수의 수업 방식은 학생들의 무책임한 학습 행동을 방관하고 학습에 대한 목표를 상실한 채 학습자 스스로 성장하고 발전할 수 있는 기회를 저하시키는 결과를 초래할 수 있다.

교실 안 생각

가) 외재적 동기에 의해서 시작했지만 점차 내재적 동기에 의해서 학습하게 된 경험을 떠올려보고 이를 자기결정성 이론으로 설명해보자.

나) 세 가지 기본심리욕구가 충족되거나 충족되지 않을 경우, 학업성취도가 떨어질까? 비슷한 경험이 있는지 떠올려보자.

다) 자율성 지지가 학습 성공에 어떠한 도움을 줄 수 있는가? 학습자로서 나의 자율성을 지지해 준 선생님은 어떤 특성이 있었는가?

마. 기대-가치 이론

기대-가치 이론에서 기대와 가치는 학습동기를 유발하는 중요한 요인이다. 기대란 학습자가 가지고 있는 자신의 능력에 대한 믿음으로, 주어진 과제를 성공적으로 수행할 수 있을 것이라는 신념과 관련이 있다. 가치는 학습자가 과제를 수행하는 이유에 영향을 미친다. 학습이 자신에게 중요하거나 학습 과정이 즐거우며 학습 결과가 목표 달성에 도움이 되고 학습에 투입해야 하는 노력에 대한 고려 등의 이유로 과제를 수행하거나 수행하지 않는 것은 모두 가치에 대한 신념과 연관되어 있다.

기대-가치 이론은 학습자의 동기화를 기대와 가치 간의 곱(기대×가치=동기화)으로 설명한다. 따라서 학습자가 과제 수행에 성공할 것이라는 기대를 갖고 있더라도 이에 대한 가치를 인식하지 못하면 학습동기가 유발되지 않는다. 마찬가지로 과제 수행의 가치를 충분히 인지하더라도 성공할 것이라는 기대를 갖고 있지 않다면 학습동기는 유발되지 않는다.

1) 주요 개념

가) 기대

기대*는 '내가 이 과제를 성공적으로 수행할 수 있을까?'라는 질문에 대한 신념과 관련이 있다. 학습자가 자신의 능력과 성공에 대한 기대를 높게 인식한다면 학습 상황에서 도전적인 과제를 선택하고 학습 활동을 지속할 뿐만 아니라 높은 수준의 과제 수행을 보인다. 기대는 과제를 수행할 수 있는 자신의 능력에 대한 판단인 자기도식과 과제 난이도에 영향을 받는다(Wigfield & Eccles, 2000). 자기도식은 자기자신에 대한 이해를 조직화한 인지적 구조를 뜻한다. 학습자들은 학습 상황에서의 다양한 성취 경험과 피드백을 통해 자신의 능력에 대한 판단을 축적하며 이러한 경험들을 통해 학습자들은 과제수행능력에 대한 자기도식을 구성한다. 학습자가 가지고 있는 자기도식은 주어진 과제에 대해 지각한 난이도와 함께 기대 신념에 영향을 미치게 된다.

기대 신념은 학습자가 자신의 유능감을 어떻게 인식하는지와 관련이 있다. 과제 수행을 성공적으로 할 수 있다는 능력에 대한 믿음은 과제 수행 성공에 대한 기대를 높인다. 유능감은 다른 동기이론에서도 중요한 개념으로 다루어지고 있다. 자기결정성 이론의 유능성 욕구, 사회인지학습이론의 자기효능감 또는 자아개념 등이 대표적인 예이다(Eccles & Wigfield, 2020).

(1) 자기효능감

자기효능감*은 사회인지학습이론의 핵심 개념으로 과제수행능력에 대한 믿음과 신념을 지칭하며 학습 상황에서 학습자의 행동과 성취 수준에 영향을 미친다. 과제 성공에 대한 이전 경험, 타인의 과제 성공에 대한 관찰, 타인으로부터의 격려나 피드백과 같은 언어적 설득, 과제를

기대: "내가 이 과제를 할 수 있을까?"와 같은 질문에 대한 답과 관련이 있는 개념이다.
☑ 출처: Schunk, Pintrich, & Meece, 2013

자기효능감 (self-efficacy): 개인이 과제수행에 필요한 행위를 조직하고 실행해 나가는 자신의 능력에 관한 판단을 가리킨다.
☑ 출처: 학습동기, 김아영 외, 2022

수행하기 전이나 수행 중 경험하는 긴장이나 각성 등의 생리적 반응은 자기효능감에 영향을 미친다(Bandura, 1977b, 1986).

나) 가치

가치: "내가 왜 이 과제를 해야만 하나?"라는 질문에 대한 답과 관련이 있는 개념이다.
☑ 출처: Schunk, Pintrich, & Meece, 2013

가치*는 과제 수행의 이유와 중요성에 대한 신념으로 과제에 대해서 학습자가 가지고 있는 주관적 인식과 믿음을 가리킨다. 학습자가 과제 수행을 중요하게 여기거나 흥미를 느낄 때 또는 과제 수행 후 획득할 수 있는 결과의 유용성을 지각할 때 학습동기가 강화된다. 기대-가치 이론에서 가치는 중요성, 흥미(내재적 가치), 유용성, 비용의 네 가지의 하위 요인으로 구성된다.

첫째, 중요성 가치는 과제 수행이 학습자의 정체성이나 가치관과 관련이 있다고 믿는 것으로 획득가치 또는 달성가치로 불린다. 따라서 과제와 학습자의 정체성 간 관련성이 높을 때 중요성 가치가 높다. 예를 들어, 공부를 잘하는 것이 자신의 정체성 형성과 발달에 중요하다고 믿는 학습자는 학업에 매진하는 것에 대한 중요성 가치가 높을 것이다. 반면, 친구들과의 관계가 정체성을 정의할 때 중요한 학습자는 또래관계 형성이 중요한 가치를 갖는다.

둘째, 흥미 또는 내재적 가치는 학습자가 과제를 수행하면서 느끼는 재미와 즐거움을 가리킨다. 학습에 대한 내재적 가치 신념이 높은 학습자는 내재적 학습 동기가 높다.

셋째, 유용성 가치는 과제 수행이 상위 목표를 달성하는 데 도움이 된다고 인식하는 것과 관련이 있다. 가령, 원하는 진로를 선택하기 위해서 공부를 하는 학습자는 공부에 대한 높은 유용가치를 느끼고 있다.

넷째, 비용 가치는 과제를 수행하는 과정에서 투입하는 시간과 노력을 부정적으로 인식하는 것이다. 과제 수행에 지나치게 많은 시간과 노력이 소요되고 특정 과제 수행으로 인해 또 다른 과제를 수행할 수 없다고 생각하는 학습자는 과제 수행에 대한 기회비용을 높게 인식하는 것이다. 비용 가치를 높게 지각하는 경우, 해당 과제에 대한 동기화 수준은 낮아진다.

🔽 비용 가치

기대-가치이론에 관한 연구들은 주로 성공에 대한 기대 신념과 가치 신념의 하위 구인 중 중요성, 흥미, 유용성 가치의 영향력을 다루어 왔다. 최근 들어 가치 신념의 하나인 비용 가치에 대한 관심이 증대되고 이를 보다 세분화하여 그것의 효과성을 연구한 결과들이 보고되었다. 가령, 플레이크(J. Flake)와 동료들은 비용 가치를 노력에 대한 비용, 다른 과제와 비교했을 때 투입되는 노력 비용, 유망한 대안 손실에 대한 비용(예: 기회비용), 정서적으로 감내해야 하는 비용으로 비용 가치를 개념적으로 구분하였으며, 대학생을 대상으로 한 설문연구를 통해 이러한 개념적 구분이 경험적으로 타당함을 확인하였다(Flake et al., 2015).

🔽 유용 가치 개입

유용 가치 개입은 학습자가 가지고 있는 학습 내용과 과제의 유용성에 대한 믿음을 강화함으로써 학습에 대한 흥미를 높이고 과제 참여도를 높이는 것을 목적으로 한다(Harackiewicz & Priniski, 2018). 훌레만(C. Hulleman)과 동료들의 연구 결과, 학습자에게 과제의 유용성을 설명하는 텍스트를 제시하거나 학습자 스스로 과제의 유용성을 생각하고 이를 글로 써보게 하는 등의 처치를 통해서 학습자의 유용성 가치 신념과 과제에 대한 흥미를 높일 수 있었다(Hulleman et al., 2010).

2) 기대가치 이론에 근거한 학습전략

바람직한 기대 및 가치 신념을 형성하고 강화하여 학습자의 학습동기를 높이기 위한 방안으로 고려해볼 수 있는 것은 어떤 것들이 있을까?

가) 기대 신념 강화

(1) 자신의 능력에 대한 정확한 이해와 이에 기반한 기대감 형성을 위해서 교사는 학생의 수행 수준에 적합한 명확한 피드백을 제공하고 학습자로 하여금 자신의 문제점을 개선할 수 있는 방법을 구체적으로 제시한다.

(2) 지나치게 쉬운 과제에서의 성공은 기대 신념을 형성하는 데 오히려 방해가 될 수 있다. 반대로 너무 어려운 과제가 주어지는 경우, 학습자는 불안과 좌절을 경험하고 낮은 기대 신념을 가지게 된다. 따라서 학습자 수준에 적합한 도전적인 과제를 제시하여 과제 성공에 대한 경험을 가질 수 있도록 한다.

(3) 능력은 후천적인 노력과 경험에 의해 변화 가능하다는 믿음을 갖도록 한다.

나) 가치 신념 강화

(1) 수업에서 다루는 교과나 주제가 어떤 점에서 중요하고 가치가 있는지 학생들에게 명확하게 설명한다.

(2) 과제나 학습 활동을 스스로 선택하고 결정할 수 있는 기회를 제공하여 학습에 대한 흥미를 높이고 내재적 가치를 인식하게 한다.

(3) 교과나 수업에 대해 교사가 관심과 열정을 보이는 것은 학생들로 하여금 학습의 가치를 높게 인식하게 한다.

[표 1-11] 기대 신념과 가치 신념의 강화 방안

기대 신념 강화 방안	가치 신념 강화 방안
☑ 학생이 자신의 수행 수준을 이해할 수 있도록 정확하고 명확한 피드백 제공 ☑ 구체적인 문제 개선 방안 제시 ☑ 학생의 수준에 적절한 도전적인 과제를 제공 ☑ 능력이 변화할 수 있다는 믿음을 갖도록 독려	☑ 수업 내용의 중요성과 가치를 학생들에게 명확하게 설명 ☑ 학생이 과제나 학습 활동을 스스로 선택하고 결정할 수 있는 기회 제공 ☑ 교사 스스로 수업에 열정적으로 임하여 학생들이 학습의 가치를 인식하도록 독려

진우는 학부 신입생으로 평소 관심과 흥미가 있었던 교육심리학 과목에서 첫 번째 과제를 수행하게 되었다. 과제의 핵심은 자신의 교육 철학을 반영한 혁신적인 교육 프로그램을 설계하는 것이다. 문제는 진우가 과제의 가치를 잘 느끼지 못하고 있을 뿐만 아니라 이를 성공적으로 수행할 자신이 없다는 것이다. 성공적인 과제 수행을 위해서 많은 시간과 노력을 투자해야 함에도 이로 인해 다른 과목 공부에 할애해야 하는 시간이 줄어들 수 있다는 것도 진우에게 걱정스러운 일이다. 이 과제를 통해 얻을 수 있는 실질적인 학습 효과나 미래 진로에 대한 기여도가 불분명하다.

- 내가 진우라면 과제 수행 능력에 대한 확신을 갖기 위해 어떻게 할 것인가?

- 과제의 가치를 인식하고, 이를 통해 얻을 학습 및 진로 효과를 높이기 위해 어떤 전략을 사용할 것인가?

- 과제 수행으로 발생 가능한 비용(예: 시간, 노력, 기회비용)을 최소화하고, 과제 수행의 효과를 극대화하기 위해 어떤 방법을 고려할 것인가?

교실 안 생각

가) 기대 신념 조정 전략

주어진 과제를 성공적으로 수행할 수 없다고 느낀다면, 부정적인 기대 신념을 긍정적으로 바꾸기 위해 어떤 노력을 할 수 있을까?

나) 흥미 찾기 과정

과제에 전혀 흥미를 느끼지 못한다면, 과제의 내재적 가치를 찾기 위해 어떻게 해야 할까?

바. 목표지향이론

1) 주요 개념

목표지향이론은 학습 상황에서 학습자가 가지고 있는 학습의 목적이나 이유를 바탕으로 학습동기를 설명한다. 이는 학습자의 행동에는 각기 다른 이유와 의도가 있으며 이에 따라 후속 행동이 달라지기 때문이다.

가) 숙달목표

숙달목표(mastery goal):
과제의 숙달 및 향상, 이해 증진 등 학습과정 자체를 중시하는 목표이다.
☑ 출처: 교육심리학, 신명희 외, 2018

학습과 관련해서 학습자가 지향하는 목표는 **숙달목표**[*]와 수행목표로 구분된다. 숙달목표는 학습의 이유가 학습 내용에 대한 이해와 숙달 및 학습자 자신의 능력을 향상시키는 데 있다. 숙달목표를 가진 학습자는 자신의 성장과 과제 숙달을 학습 목표로 삼고 있기에 도전적인 과제를 선호하고 이를 통해서 학습 내용을 습득하는 것을 좋아한다. 이들은 학습 과정 중 어려움과 장애를 극복하기 위해 적극적으로 도움을 추구하고 설령 실패를 경험할지라도 이를 배움의 기회로 여기고 과제수행을 지속한다.

나) 수행목표

수행목표*를 가진 학습자는 자신의 능력의 탁월함을 드러내거나 남보다 뛰어난 성취를 얻는 것을 학습의 이유로 삼는다. 이들은 수행 결과를 통해서 드러나는 능력의 탁월성을 입증하는 데 관심을 두고 있기에 도전적인 과제보다 문제 해결이 쉬운 과제를 선호하고 도움이 필요한 상황에서도 도움을 적극적으로 추구하지 않는다. 학습 상황에서 가급적 노력을 적게 들이는 모습을 보이는 것도 자신의 유능감을 보여주려는 의도로 해석할 수 있다. 수행목표를 추구하는 학습자는 실패를 자신의 능력 부족으로 인식하기에 실패에 대한 두려움과 시험 불안이 높다.

숙달목표는 수행목표에 비해 학습 상황에서 보다 긍정적인 영향을 미치는 것으로 알려졌다. 그러나 수행목표가 언제나 부정적인 결과를 초래하는 것은 아니며 목표에 대한 접근 및 회피 성향에 따라 수행접근목표와 수행회피목표로 구분할 수 있다(Elliot & Harackiewicz, 1996).

수행접근목표를 추구하는 학습자는 자신의 능력을 입증하거나 남보다 뛰어난 성취를 얻기 위해서 학습한다. 경험연구 결과들에 따르면 수행접근목표가 높은 학생들이 높은 학교 성적을 받는 등 수행접근목표의 긍정적인 면이 발견되기도 하는 한편(Senko & Miles, 2008), 수행접근목표가 높은 경우 도움이 필요한 상황에서도 도움 추구 행동을 보이지 않으며 높은 성적을 얻기 위해 부정행위를 하는 등의 부정적인 기능도 보고되고 있다(Midgley et al., 2001). 또한 학년이 올라감에 따라 시험 등 다양한 평가 상황에 노출되고 동료와의 비교가 빈번해지면서 점차 수행접근목표를 추구하는 경향이 커지며(Ames, 1992; Bong, 2009) 지각된 유능감이 높을 때는 수행접근목표가 긍정적일 수 있는

수행목표(performance goal): 다른 사람에게 보이기 위한 점수 중심의 목표이다.

☞ 출처: **교육심리학**, 신명희 외, 2018

반면 지각된 유능감이 낮은 경우 수행접근목표가 부정적일 수 있다(Midgley et al., 2001). 따라서 수행접근목표는 학습 상황에서 학습자에게 적응적 또는 부적응적인 행동을 모두 유발하며 연령이나 학업 성취수준과 같은 학습자의 특성에 따라 수행접근목표가 기능하는 양상이 다를 수 있다. 이에 반해, 수행회피목표 학습자의 학습 이유는 자신의 무능력을 감추거나 남보다 낮은 성취를 피하는 데 있다. 이들은 자신의 무능을 감추기 위해 방어적인 전략을 사용하고 성공에 대한 기대 및 학업수행 수준이 낮다.

다) 마인드셋과 목표지향이론

목표지향이론의 이론적 토대가 된 선행 연구들 중 대표적인 것이 드웩(C. Dweck)의 마인드셋(mindset) 연구이다(Dweck, 2006; Dweck & Yeager, 2019). 드웩은 개인이 자신의 지적 능력을 고정된 것으로 믿는 경우와 후천적인 경험이나 환경에 의해 변화 가능한 것으로 믿는 경우를 구분하고 이를 학습 상황에 적용하였다. 학습자가 지능과 같은 지적 능력에 대해서 가지고 있는 고정적 또는 가변적인 인식이 학습동기와 수행에 영향을 미친다는 것이다. 드웩과 동료들의 연구 결과, 지능을 변화 가능한 것으로 인식하는 학습자는 숙달목표를 지향하고 고정적인 것으로 지각하는 학습자는 수행목표를 추구하는 것으로 나타났다(Dweck, 1986; Dweck & Leggett, 1988)

최근 연구 소개

🔽 규준 중심 수행접근목표와 능력 중심 수행접근목표

학습 상황에서 수행접근목표의 적응적 또는 부적응적인 기능은 다양하게 설명되고 있다. 가령, 수행접근목표에 대한 학습자의 인식이 이론에서 가정하는 것과는 다를 수 있다는 주장이다(Urdan & Mestas, 2006). 수행접근목표 추구가 남들보다 우수하다는 것을 보여주고 뛰어난 성취를 얻는 것을 목표로 하는 것과 관련이 있지만, 남들보다 뛰어남을 드러내는 것과 실제로 뛰어난 성취를 획득하는 것은 별개의 것이라는 점이다. 이에 따라 수행접근목표를 규준 중심 수행접근목표와 능력 중심 수행접근목표로 구분하고 두 목표의 차별성을 확인하고자 하는 연구가 진행되고 있다(Chung et al., 2020; Urdan & Mestas, 2006). 연구자들에 따르면 규준 중심 수행접근목표는 남보다 뛰어난 성취를 얻고자 하는 목표를 의미하는 반면, 능력 중심 수행접근목표는 자신의 능력을 증명하고자 하는 목표를 의미한다는 점에서 두 목표는 구분된다(Grant & Dweck, 2003; Hulleman et al., 2010). 연구 결과에 따르면 규준 중심 수행접근목표는 학업 성취를 정적으로 예측한 반면 능력 중심 수행접근목표는 학업 성취를 부적으로 예측하였으며(봉미미 외, 2016), 도전적인 과제를 수행하는 상황에서 능력 중심 수행목표를 가지는 경우 규준 중심 수행목표에 비해 더 높은 불안과 낮은 흥미를 보이는 것으로 나타났다(Chung et al., 2020).

⌄ 다중목표

목표지향이론에서 목표는 숙달목표, 수행접근목표, 수행회피목표로 구분된다. 그러나 학습자는 둘 이상의 목표를 동시에 가질 수 있다(Pintrich, 2000). 가령, 수행접근목표를 가지고 있는 학습자가 높은 수준의 숙달목표를 가질 수 있으며 이는 학업에 적응적이다. 이처럼 학습자가 추구하는 둘 이상의 목표를 다중목표라 부른다.

학습자는 학습 상황에서 다중목표를 지향할 수 있다. 그러나 수행접근목표의 경우, 타인과의 비교를 통해서 자신의 능력을 입증하고 탁월한 성취라는 결과에 집중하는 속성을 가지고 있기에 숙달목표를 가지고 있는 학습자일지라도 수행접근목표를 추구하는 것에 주의가 필요하다.

2) 목표지향이론에 근거한 학습전략

학습에서 숙달목표를 추구하는 것은 학습자의 동기 유발과 학업 수행에 긍정적인 영향을 미친다. 학습자로 하여금 학습에 대한 숙달목표를 가질 수 있도록 하기 위해서 어떤 것들을 고려해야 할까? 첫째, 학습 내용이 학습자의 실생활과 연계될 수 있다면 학습자는 학습의 의미와 가치를 깨닫고 학습을 성장 경험으로 받아들일 수 있다. 둘째, 학습자 수준에 적합한 도전적인 과제를 제공하여 학습자로 하여금 노력을 통해서 성공할 수 있는 경험을 가질 수 있도록 한다. 셋째, 교사는 수업 시간에 수업 내용을 이해하고 숙달하는 학습 과정을 강조함으로써 학생들이 학습 결과보다 과정을 통한 개인적 성장의 중요성과 가치를 체득할 수 있도록 한다. 넷째, 학습 과정 중에 타인과의 비교나 경쟁을 부추기지 않고 학습자의 개별적 발달과 향상에 주안점을 둔다. 다섯째, 교사는 학생의 과제 숙달 정도와 발전 사항을 중심으로 피드백을 제공한다.

교실 속으로

햇살이 따스하게 내리쬐는 5월의 어느 날, 교실에서는 역사 수업이 진행되고 있었다. 정 교사는 학생들에게 20세기 초 세계사를 주제로 한 프로젝트를 안내하며 말했다.

"이번 프로젝트에서는 단순히 역사적 사실을 나열하는 것이 아니라, 그 시대의 사건이 오늘날 우리 삶에 어떤 영향을 끼쳤는지를 탐구할 것입니다."

학생들은 호기심 어린 눈빛으로 정교사의 설명에 집중했다. 정 교사는 이 프로젝트를 통해 학생들이 스스로 연구자가 되어 역사적 사건을 깊이 탐구하고, 이를 현재 자신의 삶과 연결 지을 수 있기를 기대했다. 이를 위해 학생들이 선택한 주제에 대해 깊이 이해하고, 학습 과정에서 의미를 찾으며, 실생활에서 그것의 가치를 발견할 수 있는 활동을 설계했다. 정교사는 학생들이 역사 학습을 통해 단순한 지식 습득을 넘어, 배운 내용을 자신의 삶에 적용하며 숙달의 단계에 도달하도록 돕고자 했다.

교실 안 생각

위에서 기술한 정교사의 역사 수업에서 학생들이 관심 있는 주제를 선택하도록 돕기 위해 교사가 어떤 전략을 사용할 수 있을까? 학생들의 목표 달성을 위해 어떤 계획과 지원이 필요할지 생각해보자.

7 개인차와 재능

가. 학습자

학습자[*]란 지식을 습득하고 발전시키는 과정에서 주체적으로 참여하는 개인이나 집단을 가리킨다. 이들은 학습에 대한 의지가 있고 지식과 기술을 확장하고 발전시키는 데 관심이 있으며 개인적인 성장과 발전을 위해서 학습 활동에 참여한다(성태제 외, 2012).

학습자는 학습에서 중요한 역할을 담당한다. 학습자는 학습 목표를 설정하고 학습 활동을 위한 전략을 선택하여 이를 활용할 수 있다. 이들은 문제 해결에 필요한 지식과 기술을 습득하고 이를 활용하여 성공적인 학습을 위해서 노력을 기울인다.

학습자를 구분하는 방식은 다양하다. 일반적으로 학령기 아동의 경우, 연령이나 학교급에 따라 학습자를 나누지만 학습자의 학습 방식, 선호하는 학습 방법이나 환경 등에 따라 구분하기도 한다.

> **학습자:** 배워서 익히는 사람을 포괄적으로 이르는 말이다.
> ☑ 출처: 네이버 국어사전

1) 인지양식에 따른 구분

인지양식[*]이란 개인이 사물을 지각하고 인식하는 방식으로 특정한 과제를 수행할 때 선호하는 전략이나 방법을 가리킨다. 학습자를 구분하는 방식 중 한 가지인 인지양식을 바탕으로 장독립형과 장의존형, 충동형과 숙고형, 확산자, 융합자, 수렴자, 적응자 등으로 유형화할 수 있다.

> **인지양식:** 개인이 사물을 지각하고 인식하는 방식으로 특정한 과제를 수행할 때 선호하는 전략이나 방법을 뜻한다.
> ☑ 출처: 교육심리학, 조규판 외, 2019

가) 장독립형과 장의존형

위트킨(H. A. Witkin)은 구름 속에서 비행기가 거꾸로 비행하고 있음에도 불구하고 이와 같은 사실을 알아차리지 못한 조종사가 있다는 사실에 흥미를 느꼈다. 그는 전체 장(환경, 배경 field)에서 구성 요소를 분리하는 과정을 밝히기 위한 연구를 통해서 개인은 정보를 처리할 때 자극에 대한 심리적 분화(psychological differentiation)에 차이가 있음을 발견했다(Witkin, 1969). 위트킨(1977)은 정보처리 과정 중 나타나는 심리적 분화에 따라 개인의 인지양식을 장독립형(field independent)과 장의존형(field dependent)으로 구분하였다(Witkin et al., 1979).

장독립형 또는 장의존형 인지양식을 보이는 사람들은 다음과 같은 점에서 차이가 있다. 장독립형 인지양식은 장(배경)의 영향을 많이 받지 않는다. 장독립형 사람들은 주변 상황이나 환경에 민감하지 않으며 자신을 상황 및 환경과 분리시키고 정보를 독립적으로 지각한다. 추상적인 자극을 선호하고 개인적인 성취에 관심이 있으며 타인과의 상호작용이나 대인관계 능력을 많이 요구하지 않는 이공계열 과목이나 직업을 선호한다. 이와는 달리 장의존형은 장의 영향을 많이 받는다. 장의존형 사람들은 사물을 지각할 때 장을 고려하고 전체적인 특징을 파악한다. 이들은 세부적인 사항에 집중하고 변별하는 데 어려움을 겪는다. 그러나 타인을 이해하고 타인과 상호작용하는 것을 좋아하며 사회과학 분야나 대인관계 능력을 필요로 하는 과목이나 직업에서 강점을 보인다.

[인물 사전] **허먼 위트킨**(Herman A. Witkin, 1916~1979)

미국의 심리학자. 학습과 관련된 인지 이론의 선구자이다. 위트킨은 30여 년에 걸쳐 지각적 양식의 차이에 대해 연구했다.

출처: Wikipedia: The free encyclopedia

장독립형과 장의존형 인지양식을 진단하기 위해서 가장 널리 사용되는 것은 잠입도형검사 (Embedded Figures Test: EFT)이다. 검사는 여러 개의 선으로 이루어진 도형 속에서 특정 도형 을 찾는 방식으로 이루어진다. 장독립형 인지양식을 선호하는 학습자는 배경의 영향을 별로 받 지 않기 때문에 전체적인 장(배경)과 그 속에 포함된 자극을 지각하는 데 있어서 어려움을 겪지 않는다. 따라서 오른쪽에 있는 그림 속에 왼쪽에 있는 그림이 있는지 확인하고, 숨겨진 도형을 빨리 찾을 수 있다. 그러나 장의존형 학습자는 전체적인 장(배경) 안에 포함된 자극을 지각하는 데 있어서 배경의 영향을 많이 받기 때문에 숨겨진 도형을 찾는 데 시간이 오래 걸리거나 아예 찾지 못하는 경향을 보인다.

[그림 1-15] 잠입도형검사(Witkin, 1969)

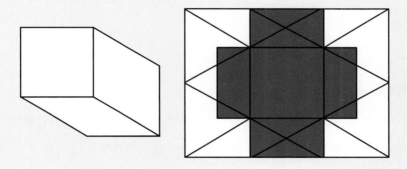

[그림 1-16] 잠입도형검사(Witkin et al., 1971)

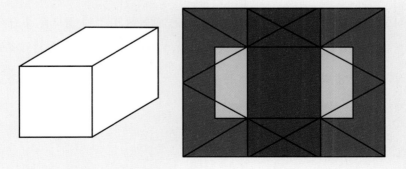

[표 1-12] 장독립형과 장의존형

구분	장독립형	장의존형
정보처리방식	분석적으로 처리	통합적으로 처리
학습방식	☑ 개념을 구체적으로 세분화시킴 ☑ 수학, 과학 등의 개념 학습 ☑ 스스로 설정한 목표와 강화를 요구 ☑ 자신이 구조화할 수 있음 ☑ 타인의 비판에 영향을 적게 받음 ☑ 개념 획득을 위한 가설검증 접근 ☑ 개별학습 선호 ☑ 경쟁을 좋아하고 개인적 인정과 보상 추구	☑ 개념의 전체적인 관계를 인식 ☑ 개인적 경험 연계 ☑ 외적으로 부과된 목표와 강화를 요구 ☑ 타인에 의한 구조화가 필요 ☑ 타인의 비판에 영향을 많이 받음 ☑ 개념 획득을 위한 관망자적 접근 ☑ 협동학습 선호 ☑ 경쟁을 싫어하고 대인관계 중시
대인관계	☑ 교사와 형식적 관계 유지 ☑ 타인의 생각과 감정에 민감하지 않음	☑ 교사와 친밀한 관계 유지 ☑ 타인의 생각과 감정에 민감함
동기화	경쟁, 점수, 서열	칭찬, 과제 가치, 유용성

출처: 교육심리학, 조규판 외, 2019; Garger & Guild, 1984

나) 충동형과 숙고형

케이건과 동료들(Kagan et al., 1964)은 과제 수행 과정에서 나타나는 반응의 정확성과 속도를 바탕으로 학습자 유형을 충동형과 숙고형으로 구분하였다. 충동형 학습자는 반응은 빠르지만 그릇된 반응이 많다. 이들은 정보를 신속하게 처리하지만 실수를 많이 하며 대안에 대한 탐색을 많이 하지 않는다. 이에 반해 숙고형은 충동형에 비해 반응할 때까지 걸리는 시간은 길지만 정확하게 반응한다. 이들은 행동하기 전에 정보를 수집하고 분석하는 것을 좋아하며 대안을 다각적으로 모색하기에 정보를 처리하는 데 시간이 걸리지만 실수가 적다. 충동형 학습자는 단순한 문제를 해결하는 데 강점이 있는 반면 숙고형 학습자는 다차원적이고 복잡한 문제를 잘 해결한다.

다) 콜브의 학습자 유형

콜브(D. A. Kolb)에 의하면, 학습 유형은 학습자의 정보지각 및 처리방식에 따라서 결정된다. 정보 지각 방식은 구체적 경험을 통해 지각하는 유형과 추상적으로 개념화하는 유형으로 구분된다(Kolb, 1985). 구체적인 경험을 통해서 지각하는 학습자는 실제적인 경험과 느낌을 바탕으로 학습하며 타인과 관계를 형성하고 상호작용하는 것을 좋아하고 중요하게 생각한다. 이에 반해, 추상적으로 개념화하는 것을 좋아하는 학습자는 추상적으로 생각하고 체계적으로 계획하며 정확한 개념과 논리를 바탕으로 문제 해결을 도모한다.

정보 처리 방식은 숙고적으로 관찰하는 유형과 활동적으로 실험하는 유형으로 구분된다. 숙고적으로 관찰하는 학습자는 판단과 실행 이전에 주의 깊게 관찰하고 정보를 수집하고 범주화하며 아이디어를 생성한다. 반면, 활동적으로 실험하는 학습자는 실증적인 과제를 선택하고 실험을 통해서 문제를 직접 해결하여 결론짓기를 좋아한다.

콜브(1985)는 정보를 지각하고 처리하는 방식에 따라 학습자를 네 가지로 유형화하였다. 첫째, 확산적 학습자는 구체적인 경험을 통해서 학습하고 숙고적으로 관찰한다. 이들은 관심사가 다양하고 정보를 다방면으로 수집하며 아이디어가 많고 상상력이 풍부하다. 뿐만 아니라 대인관계가 원만하고 공감 능력이 뛰어나다. 둘째, 융합적 학습자는 정보를 추상적으로 개념화하고 숙고적으로 관찰하는 능력이 있다. 이들은 아이디어를 종합하고 귀납적으로 추론하는 것을 좋아한다. 과학적, 체계적, 분석적, 추상적 및 논리적 사고 능력은 융합적 학습자의 강점이다. 셋째, 수렴적 학습자는 추상적으로 개념화하고 활동적으로 실험하며 학습한다. 이들은 가설을 세우고 연역적으로 추론하며 체계적이고 과학적으로 문제를 해결하는 것을 좋아한다. 응용력, 의사결정능력 및 문제 해결력이 뛰어나고 기술적인 과제에 능한 것도 이들의 특징이다. 넷째, 적응적인 학습자는 구체적인 경험과 활동적인 실험을 통해서 학습한다. 이들은 모험적이고 감각적이며 새로운 경험을 추구하고 환경에 대한 적응력이 뛰어나다. 뿐만 아니라 문제를 해결할 때 논리적인 분석보다 감각적인 느낌에 따라 행동하고 타인에 대한 의존도가 높다는 특징도 보인다.

미국의 교육 이론가. 경험학습, 개인 및 사회 변화, 경력개발, 최고경영자과정과 전문 교육 연구에 집중하였다. 또한 학습유형검사를 개발하였다.

출처: Wikipedia: The free encyclopedia

[그림 1-17] 콜브의 네 가지 학습자 유형(교육심리학, 신명희 외, 2023)

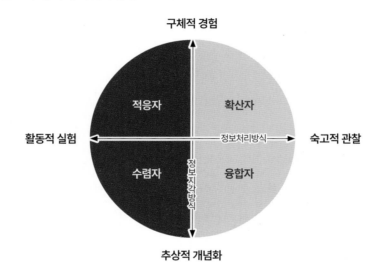

2) 환경 선호 양식에 따른 구분

던과 동료들(Dunn, Dunn, & Price, 1979)은 정보를 선택하고 습득하는 것에 영향을 미치는 학습 태도나 선호하는 환경 요인으로 학습유형을 설명하였다. 학습유형을 정의하는 학습자의 정서적, 사회적, 심리적, 생리적 특성과 선호하는 환경은 다음과 같다. 첫째, 정서적 요인으로는 학습자의 동기, 지속력, 책임감 및 구조화에 대한 선호가 있다. 동기는 외재적 또는 내재적 동기 유발, 지속력은 과제를 끝까지 수행하고자 하는 능력, 책임감은 과제 수행에 대한 책임감 수준을 나타낸다. 구조화는 구조화된 것(예: 명확하고 구체적인 질문)과 비구조화된 것(예: 개방형 질문)에 대한 선호도에 관한 것이다. 둘째, 사회적 요인은 학습 상황에서 혼자서 공부하는 것, 둘 이상 또는 집단으로 공부하는 것, 성인과 함께 공부하는 것 등에 대한 선호도이다. 셋째, 심리적 요인은 통합적 또는 분석적인 성향, 좌우뇌 사용, 충동적 또는 숙고적인 경향성을 포함한다. 넷째, 생리적 요인은 지각 유형(예: 듣기, 읽기, 쓰기 등을 통한 정보 인식), 간식(예: 공부 중에 간식 섭취 여부), 학습 시간(예: 아침형, 올빼미형), 이동(예: 학습 중 움직임) 수준 등을 다룬다. 마지막으로 학습자가 선호하는 학습 환경 요인은 소리(예: 조용하게 공부, 음악을 들으면서 공부), 빛(예: 밝은 곳, 어두운 곳), 온도(예: 따뜻한 곳, 서늘한 곳), 가구(예: 푹신한 의자, 딱딱한 의자) 등이 있다.

[그림 1-18] 던과 던의 학습유형(Dunn & Griggs, 2007)

가) 인지양식에 기반한 학습전략

인지양식에 기반한 학습유형은 학습 상황에서 개인이 선호하거나 의존하는 경향성을 나타내기에 어떤 것이 보다 바람직하다고 단정 지을 수 없다. 뿐만 아니라 과제의 특성에 따라 도움이 되거나 도움이 되지 않는 학습양식이 있기에 교사는 학생이 선호하는 학습 및 사고방식 외에 다양한 수업 방법과 전략을 경험할 수 있게 해야 한다. 예를 들어, 강의식 학습뿐만 아니라 문제중심학습, 소집단 토론 및 협동학습 등을 통해서 학생들의 다양한 욕구를 충족시킬 수 있다.

최근 연구 소개

학습자를 유형화하는 것은 많은 사람들의 흥미와 관심에도 불구하고 비판을 받아온 것이 사실이다. 가장 커다란 문제로 지적되고 있는 것은 경험적 증거나 연구가 부족하다는 것이다(Pashler et al., 2008). 가령, 내과 전공 의대생 123명을 대상으로 한 연구에서 콜브의 학습자 유형 구분은 지지되지 않았다(Cook et al., 2009). 그러나 교육 및 과학 기술의 발달로 온라인 학습과 가상 현실 도구가 실제 교육 활동에 적극적으로 활용되면서 학습자 유형 분석은 학습의 효율성을 높이기 위한 방안으로 고려되고 있다(Hauptman & Cohen, 2011).

학습자를 유형화하는 또 다른 방식으로 학습자가 정보를 받아들일 때 선호하는 감각 양식에 의한 구분이 있다. VARK(Visual, Auditory, Reading, Kinesthetic) 학습양식은 시각, 청각, 읽기와 쓰기, 운동감각으로 구분하여 학습자를 유형화하였다(Fleming & Mills, 1992). 가령, 시각형 학습자는 정보를 그림, 다이어그램, 순서도로 표현하고 수용하며 청각형 학습자는 정보를 들으면서 학습하는 것을 좋아한다. 강의 듣기, 필기 내용이나 지문을 큰소리로 읽고 녹음하면서 공부하기 등은 청각형 학습자에게 효과적이다. 읽기 또는 쓰기형 학습자는 자신의 언어로 학습 내용을 쓰거나 목록을 만들고 표로 만들어 학습한다. 운동형 학습자의 경우, 손을 사용하고 실습이나 응용, 지식의 실생활 연계 사례 활용 등을 통해서 학습하는 것을 좋아한다.

VARK 구분에서 특정한 한 개의 학습양식을 선호하여 사용하는 학습자는 단일양식의 학습유형을 가지는 것으로 분류되고 두 가지 유형을 동일하게 선호하는 경우는 이중양식, 세 가지 유형을 선호하는 경우 삼중양식, 네 가지 모두 선호하는 경우 사중양식으로 분류되고 있다. 학습자의 대부분은 두 개 이상의 유형을 비슷하게 선호하는 다중양식 유형에 속한다(Husmann & O'Loughlin, 2019). VARK학습양식 진단검사(7판)(Fleming & Mills, 1992)는 총 16문항으로 현재 국문으로 번안되어 사용되고 있으며 VARK 웹사이트(https://vark-learn.com/wp-content/uploads/2014/08/The-VARK-Questionnaire-Korean.pdf)에서 무료로 이용 가능하다.

최근 들어, 알고리즘 및 온라인 사용 이력을 바탕으로 학습자를 구분하는 것이 가능해졌다. 예를 들어서, 적응적 하이퍼 시스템에서는 학습자 유형 정보를 수집하기 위해서 우선적으로 학습자에게 학습양식 설문지를 온라인으로 작성하게 한다. 이어 학습자가 방문한 페이지나 접속한 링크 등 웹 기반 학습 시스템과 상호작용한 결과를 토대로 학습자 유형을 유추한다. 학습자의 웹 활동 기록을 통해 학습자의 습관, 선호 경향, 특성, 수행 수준 등을 가늠해 볼 수 있다(Kelly & Tangney, 2004). 또 다른 방식인 튜터링 시스템의 경우, 수합된 학습양식 정보를 바탕으로 학습자에게 적합한 순서, 형태 및 방식으로 학습 자료를 제시하거나 변경하면서 학습 진행 상황과 수준 및 향상 등을 수시로 점검할 수 있는 강점이 있다(Klašnja—Milićević et al., 2011; Parvez & Blank, 2008).

희준이와 규빈이는 학습에 열의가 넘치는 학생들이다. 각자의 방식으로 공부에 임하지만 배움을 사랑하고 그 과정에서 얻는 성취감에 만족감을 느낀다.

희준이는 자신만의 공간에서 깊이 학습하는 것을 좋아하는 장독립형 학습자다. "오늘도 새로운 지식의 바다를 항해할 시간이다!" 그는 자신의 일정표를 확인하며 하루를 계획한다. 그러나 그가 자기만의 방식으로만 공부하는 것은 아니다. 친구들과 공부 내용을 공유하면서 그들의 의견을 듣기를 원한다. "네 생각은 어때?" 희준이가 친구들에게 이렇게 묻는 순간 희준이의 학습활동은 더욱 풍성해진다.

한편, 규빈이는 다른 사람들과 함께 있을 때 최고의 학습 효과를 이루어내는 장의존형 학습자다. 그는 협력과 대화에 기반을 두고 공부한다. "이번 프로젝트, 우리 함께 해보자고!" 규빈이가 제안하면 친구들은 그의 열정에 동화되어 함께 몰입한다. 규빈은 친구들과의 상호작용을 통해서 새로운 아이디어와 해결책을 모색하는 것을 좋아한다.

희준이와 규빈이는 서로 다른 학습양식을 선호한다. 학습 상황에서 나는 희준이와 비슷할까, 규빈이와 비슷할까? 나는 어떠한 유형의 학습자인지 생각해보고 내가 공부하는 방식의 강점과 단점을 이야기해 보자.

교실 안 생각

학습양식 및 학습자 유형을 비판하는 연구자들은 학습양식을 토대로 학습자를 구분할 수 있는지 그리고 이와 같은 유형화가 학습에 효과적인지 지속적으로 문제점을 제기하고 있다. 예를 들어, 학습자가 시각 또는 청각 자료를 선호한다고 하여 이와 같은 자료로 학습했을 때 학업 수행이나 성취 수준이 향상된다는 증거가 불충분하다는 것이다. 오히려 학습자 개인의 특성이나 선호보다 학습 내용과 목적에 부합하는 방식으로 학습하게 하는 것이 학습에 도움이 된다는 주장이다.

(1) 학습자가 선호하는 학습양식을 바탕으로 학습했을 때 효과가 있을까? 자신의 경험을 바탕으로 이야기해 보자. 이와 함께 학습자 유형에 대한 이해가 학업 수행을 극대화하기 위해서 어떠한 것들을 고려해야 하는지 생각해 보자.

(2) 다양한 학습 전략과 방법을 교실에서 활용하는 것이 효과적일까? 학습의 효과성을 극대화하기 위해서 학습자의 선호도보다 우선적으로 고려해야 하는 것이 있는지 생각해보자.

나. 재능

재능은 다양하게 정의될 수 있으나 일반적으로 어떤 일을 수행하는 데 필요한 재주와 능력으로 선천적으로 타고난 능력과 연습과 훈련으로 습득하여 계발된 능력 모두를 포괄하여 지칭한다(이선영, 2021). 재능은 인간 발달과 학습에서처럼 유전적인 요인과 환경적인 요인의 영향을 받아 형성되고 계발되며 발현된다. 재능에 대한 이해는 학생들의 강점과 약점을 이해하고 학습 능력을 진단하며 개별 학습자의 특성에 적합한 교수학습 활동과 교육 방법을 설계하는 데 기초가 된다. 대표적인 재능인 지능, 영재성, 창의성에 대해서 각각 살펴보도록 하자.

1) 지능

가) 지능의 정의와 구조

지능(intelligence)이란 개인이 문제를 합리적으로 사고하고 해결하는 인지적 및 학습 능력을 포함하는 총체적인 능력을 가리킨다(심리학 용어사전, n.d.). 지능에 대한 초창기 과학적 연구는 영국의 인류학자 프란시스 갈톤(F. Galton)과 프랑스 심리학자이자 의사인 알프레드 비네(A. Binet)에 의해 시작되었다. 갈톤은 인간의 개인차에 관심을 둔 최초의 학자로 지능을 유전적인 것으로 인식하고 감각 식별 능력 등을 바탕으로 지적 능력의 개인차를 연구하였다. 비네는 프랑스 정부의 요청으로 학교 교육에 어려움을 겪는 아동을 선별하기 위한 목적으로 최초의 지능검사를 개발하였다. 그가 개발한 지능검사는 지능을 과학적으로 연구하는 데 기반이 되었다.

일반적으로 지능은 지식을 습득하고, 추상적으로 생각하고 추론하며 새로운 상황에서 문제를 해결할 수 있는 능력을 포함하는 것으로 정의되고 있다(Snyderman & Rothman, 1987). 지능은 단일한 요인에 기반한 능력으로 인식되기도 하고, 복수의 요인들로 구성된 능력으로 여겨지기도 한다.

(1) 일반요인 이론

일반요인 이론은 지능을 단일한 특성으로 설명하며, 이를 지지한 대표적인 학자로 스피어만(C. Spearman)이 있다. 스피어만(1904)은 개인의 지적 능력에 공통적으로 영향을 미치는 일반적인 요인이 있다고 주장하면서 이를 'g 요인'으로 명명하였다. 그는 'g 요인' 외에 복수의 특수 요인(s 요인)들이 인간의 지능을 구성한다고 설명하였다.

[그림 1-19] 스피어만의 일반요인 이론과 써스톤의 다요인 이론(신종호 외, 2015)

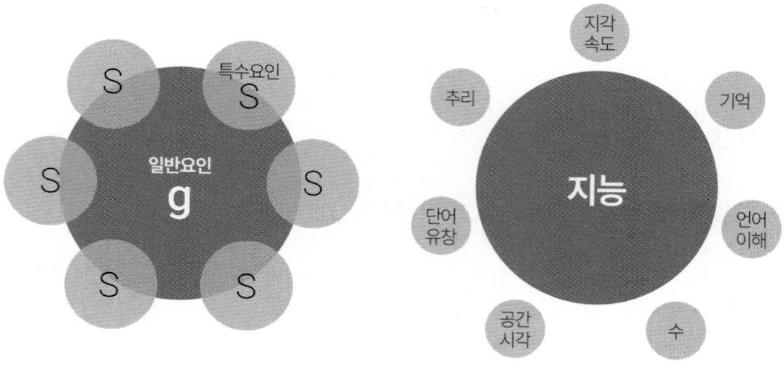

스피어만의 일반지능이론

써스톤의 기본정신능력

기본정신능력(primary mental abilities): 일반 능력 또는 지능을 구성하고 있다고 생각되는 가설적인 능력의 단위. 써스톤은 다 요인분석법을 발전시켜 당 시 미국에서 사용되는 60 여 종의 지능검사를 종합 분석하여 7개의 능력 요인 인 언어능력(V요인)·수능력 (N 요인)·기억력(M 요인)·지 각속도(P 요인)·공간관계 (S 요인)·언어유창성(W 요 인)·추리력(R 요인 또는 I 요 인; 연역추리·귀납추리)을 추 출하였다. 이들은 지능이나 일반능력의 대부분을 설명 할 수 있다.
☑ 출처: **교육학용어사전**

지능구조: 인간의 지능을 구성하고 있다고 생각되는 가설적인 구조나 영역을 가 리킨다. 인간의 지능을 이해 하기 위해서 길포드는 지능 구조의 가설적 모형을 제시 했는데 이를 SI(structure of intellect) 모형이라 부른다.
☑ 출처: **교육학용어사전**

(2) 다요인 이론

다요인 이론에 의하면, 지능은 하나가 아닌 복수의 요인들로 구성되어 있다. 다요인 이론을 제시한 대표적인 학자로 써스톤(L. L. Thurstone)과 길포드(J. P. Guilford), 카텔(R. Cattell)을 들 수 있다. 써스톤(1938)은 지능이 여러 개의 **기본정신능력** 으로 구성되어 있다고 주장하면서 기본정신능력으로 언어 이해, 기억, 추리, 공간 시각화, 수, 단어 유창성, 지각 속도 등 일곱 가지를 제안하였다.

길포드(1988)는 **지능구조** 모형을 통해서 지능이 180개의 정신능력으로 이루어져 있다고 설명하였다. 지능구조모형은 내용, 조작, 산출의 세 가지 차원으로 구성되며 내용 차원은 시각, 청각, 상징, 단어 의미, 행동의 다섯 가지 요인, 조작 차원은 인지, 기억 파지, 기억 부호화, 확산적 사고, 수렴적 사고, 평가의 여섯 가지 요인, 산출 차원은 단위, 유목, 관계, 체계, 변환, 함축의 여섯 가지 요인을 포함한다. 지능은 각각의 차원을 구성하는 요인들의 조합에 따라 180가지(5×6×5=180) 요인으로 지능구조모형을 형성한다.

카텔(1963)에 의하면, 지능을 구성하는 일반 요인은 유동적 지능과 결정적 지능의 두 가지로 구분된다. 유동적 지능은 유전적, 생리적 영향을 받으며 추리 능력, 기계적 암기, 지각 속도 등이 이에 해당한다. 결정적 지능은 경험과 환경 및 문화적 영향을 받는 지능으로 언어 능력, 문제 해결력, 논리적 추리력 등과 관련되어 있다.

카텔의 두 요인 이론은 이후 혼(J. Horn)과 캐롤(J. Carroll)에 의해서 관련 학자들의 이름 첫 자를 조합한 C-H-C(Cattell-Horn-Carroll) 모형으로 발전하였다(Carroll, 1993). C-H-C 모형은 스피어만의 일반 요인 이론과 카텔의 두 요인 이론을 종합하여 지능을 세 개의 층으로 이루어진 위계적 구조로 설명한다.

[그림 1-20] 길포드의 지능구조모형(신종호 외, 2015)

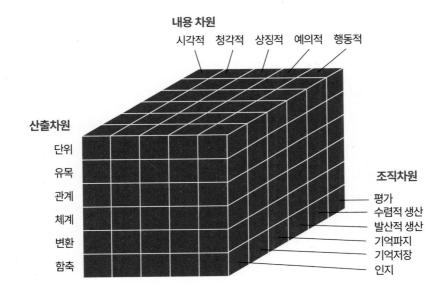

[그림 1-21] 카텔의 유동적 지능과 결정적 지능(신종호 외, 2015)

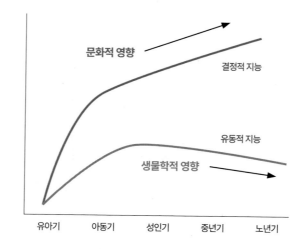

나) 대안적 지능이론

전통적으로 지능 연구자들은 지능이 단일 또는 복수 요인으로 구성되었는지를 중심으로 지능의 요인 구조를 밝히는 데 관심을 두었다. 이에 반해 미국의 심리학자 가드너(H. Garner)와 스턴버그(R. Sternberg)는 각각 다중지능이론과 삼원지능이론을 통해서 지능의 다차원적인 속성을 강조하였다. 이들은 지능검사만으로 인간의 지능을 설명할 수 없으며 지능검사로 측정할 수 없는 지능의 다른 속성에 주목해야 한다고 주장하였다.

가드너(1983, 1999)는 지능이란 상호 구분되는 여러 가지 유형의 능력이며 각각의 지능은 개별적이고 독립적이라는 다중지능이론을 제안하였다. 다중지능이론에 의하면, 지능은 논리-수학, 언어, 음악, 신체운동, 공간, 인간 친화적, 자기성찰, 자연 등의 여덟 가지로 구분되며 개인에 따라 강점과 약점을 보이는 지능 유형(영역)이 있다.

[표 1-13] 지능의 하위요소와 정의(문용린, 유경재, 2009)

지능	하위요소	정의
신체운동	· 몸 움직임 조절 · 대상 다루는 기술	신체운동지능은 자신의 신체를 세련되게 통제할 수 있는 능력과 대상을 조작하는 능력이다.
논리-수학	· 명제 간 관계 파악 · 문제의 추상화 · 개념 형태화 · 연속 추리	논리수학지능은 명제 간의 관계를 파악하고 개념을 형태화하고 연속추리를 하는 능력으로, 논리적·수리적 유형의 문제를 효과적으로 해결하고 추론하는 능력을 말한다.
인간 친화	· 개인차 인식 및 변별 · 타인 배려 · 집단문제 원만 해결	인간친화지능은 개인차를 인식하고 변별하며 타인을 배려하고 집단의 문제를 원만히 해결하는 능력을 뜻한다. 타인의 기분, 동기, 의도 등을 지각하고 구분할 수 있고 상대방의 얼굴이나 목소리, 몸짓 등을 보고 그의 감정이나 동기를 읽을 수 있는 민감성뿐 아니라 그에 효과적으로 대응할 수 있는 능력과 집단의 문제를 원만하게 해결하는 능력도 포함된다.
자연 친화	· 환경의 인식 · 환경의 분류	자연친화지능은 환경을 인식하고 분류하는 능력으로, 다양한 생물체와 주위 대상들의 특징을 파악하고 구별하는 능력과 동식물을 돌보고 기르는 능력, 유기체와 민감하게 상호작용할 수 있는 능력 등을 포함한다.
자기성찰	· 내면의 쾌·불쾌 구별 · 복잡한 감정의 상징화 · 자기조절	자기성찰지능은 자기 내면의 쾌·불쾌를 구별하고 복잡한 감정을 상징화할 수 있으며 자기를 조절하는 능력으로, 자신에 대한 정확한 이해와 조절, 그리고 이를 바탕으로 한 자기관리 능력을 포함한다.
음악	· 가락 능력 · 리듬 능력 · 소리맵시 능력 · 음악의 감정적 요소	음악지능은 가락과 리듬과 소리맵시 및 음악의 감정적 요소에 대한 지각, 변별, 표현, 창조하는 능력을 말한다.
언어	· 음운 능력 · 어문 능력 · 의미 능력 · 기능적 능력	언어지능은 음운론, 어문론, 의미론, 기능론(실제적 사용)적 지식으로 언어를 효과적으로 사용하고 그 자체에 대한 메타언어적 능력을 말한다.
공간	· 시각세계 지각 · 지각 내용의 변형·수정 · 시각경험 재창조	공간지능은 시각세계를 정확히 지각하고 지각 내용의 변형 및 수정과 시각적 경험의 재창조를 할 수 있는 능력을 말한다.

스턴버그(1985)는 삼원지능이론을 통해서 지능을 분석적, 종합적, 실제적 지능의 세 가지 유형으로 구분하였다. 분석적 지능은 문제 해결, 논리적 추론, 정보 분석 등과 관련되며 일반 지능검사에서 주로 측정해왔던 학습과 관련된 능력을 포함한다. 종합적 지능은 독창적으로 생각하고 아이디어를 생성하며 문제를 창의적으로 해결하는 것과 관련된 지능이다. 실제적 지능은 실생활에서 문제를 해결하고 환경에 적응하는 능력으로 상황에 맞게 적절한 해결책을 모색하고 이를 실행하고 응용하는 것과 관련되어 있다. 스턴버그는 개인이 분석적, 종합적, 실제적 지능 모두를 가지고 있을 때 사회적으로 성공할 수 있다고 주장하였다(Sternberg, 1998).

지식 플러스　**지능 검사의 역사와 진화**

20세기 초반부터 심리학 및 교육학 분야에서 많은 관심을 받아온 지능검사는 초기에는 학습 장애를 보이거나 부족한 학생들을 식별하기 위한 목적으로 개발되었다. 최초의 지능 검사는 1905년 프랑스의 심리학자 알프레드 비네(A. Binet)와 의사 테오도르 시몽(T. Simon)이 개발한 비네-시몽(Binet-Simon) 검사로 프랑스 정부의 요청으로 학습 부진 아동을 식별하기 위해서 만들어졌다. 비네와 시몽은 지능을 고정된 단일 개념이 아닌 다양한 인지 능력의 집합으로 인식하였고 검사를 통해서 주로 언어 능력, 기억력, 문제해결능력 등을 측정하였다. 비네-시몽 검사는 각 연령대의 평균적인 인지 능력을 기준으로 개인의 지능을 측정하고 정신 연령을 산출하였다. 정신 연령이라는 개념을 최초로 도입한 이 검사를 통해서 지능이 정량화되었고 후속 지능검사 개발에 많은 영향을 미쳤다.

20세기 중반 이후 다양한 이론적 모형과 연구를 통해서 검사 도구들이 보다 정교해지면서 다양한 유형과 속성의 지적 능력을 측정하게 되었다. 대표적인 예인 웩슬러 지능 검사는 1939년 미국의 심리학자 데이비드 웩슬러(D. Wechsler)에 의해서 개발되었고 연령에 따라 성인용(WAIS, Wechsler Adult Intelligence Scale), 아동용(WISC, Wechsler Intelligence Scale for Children), 유아용(WPPSI, Wechsler Primary and Preschool Scale Intelligence)으로 나뉘어져 있다. 웩슬러는 지능을 언어 지능과 비언어 지능의 두 가지로 구분하여 언어 이해력, 수리 추론, 공간 지각, 작업 기억 등의 인지능력을 측정하는 문항으로 지능을 진단하였다. 웩슬러 지능 검사의 또 다른 특징은 전체 지능지수(IQ) 외에 언어 이해, 작업 기억, 지각 추론, 처리 속도 등 하위 지표 점수들을 각각 제공한다는 것이다. 이는 지능 검사에서 다루는 하위 능력에 대한 피검사자의 강점과 약점을 파악할 수 있게 하는 장점이 있다.

최근 들어 디지털 및 컴퓨터 기반 지능 검사가 등장하면서 지능을 측정 및 진단하는 방식이 혁신적으로 변화하고 있다. 컴퓨터 기반 검사는 시간과 장소에 구애받지 않고 실시할 수 있는 편의성뿐만 아니라 응답자의 반응 패턴을 실시간으로 분석하고 결과를 바로 제공할 수 있는 장점이 있다. 인공지능과 머신러닝 기술을 활용한 지능 검사 역시 응답 분석 결과를 바탕으로 개인에게 맞춤형 피드백을 제공할 수 있다. 이와 함께 게임 기반 평가나 가상 현실(VR) 기술을 활용한 지능 검사는 피검사자로 하여금 보다 자연스러운 환경에서 자신의 인지 능력을 마음껏 발휘할 수 있는 기회를 제공한다. 그러나 접근성 문제나 기술적 결함으로 인해 모든 개인이 공평하게 평가받을 수 없거나 결과 해석에 여전히 전문가의 판단이 필요한 점은 개선해야 할 사안이다.

최근 연구 소개

● 유전적 및 환경적 요인 그리고 플린 효과(Flynn Effect)

연구자들은 지능에 영향을 미치는 유전적 및 환경적 요인들에 대해서 꾸준히 연구를 지속해왔다. 지능이 환경보다 유전의 영향을 많이 받는다고 주장하는 학자들은 쌍생아 또는 가족(가계) 연구를 통해서 가족 구성원이 동일한 또는 상이한 환경에서 성장할 때 이들의 지능 수준이 얼마나 비슷한지 비교해봄으로써 유전의 지속적인 영향력을 증명하고자 하였다. 이에 반해 환경적 요인을 탐색하는 연구들은 가정, 사회경제적 지위, 교육, 문화 등의 영향으로 지능이 후천적으로 길러진다고 주장한다. 시간이 지날수록 지능 지수의 평균이 높아지는 현상을 가리키는 플린 효과(Flynn, 1984)에 의하면, 교육수준의 향상과 영양상태의 호전, 양질의 양육이 가능한 환경으로의 변화가 지능지수의 평균을 향상시켰다. 이는 지능이 선천적으로 고정된 것이 아니라 후천적으로 변화되고 계발될 수 있음을 보여주는 것이다. 여러 논쟁에도 불구하고 지능은 여전히 유전적 요인과 환경적 요인 중 한 가지에 의해서 결정되기보다 두 요인들 간 지속적인 상호작용에 의해서 형성 및 계발되는 것으로 이해되고 있다(Deary, 2012).

● 지능과 인공지능

인간의 지능과 인공지능(AI)은 어떻게 상호작용할 수 있을까? 최근 연구들은 AI 기술을 활용하여 인간의 인지 패턴을 분석하고 이를 통해서 지능을 계발하고 학습을 최적화하는 방법을 찾는 데 관심을 갖고 있다. 가령, 학습자의 지적 활동을 저장 및 기록한 데이터를 머신 러닝이나 딥러 닝 등의 알고리즘을 통해서 분석하고 이를 문제해결능력이나 기억과 같은 인지능력과 그것의 작동 기제를 이해하는 데 활용한다. 이는 학습자의 학습 패턴을 분석하고 이를 기반으로 개별화 된 적응형 학습 시스템(예: 지능형 튜터링 시스템, intelligent tutoring system)의 개발을 가능하게 한 다(Latham et al., 2012). 지능 연구자들은 지능과 인공지능의 강점을 각각 살리면서 이들 간 효과 적인 상호작용 방안을 고안하는 데 주의를 기울인다. 가령, 직관적 및 창의적 사고가 지능의 주 된 요인이라면 대량의 정보를 신속하게 처리하고 패턴을 파악하여 정확하게 분석하는 능력은 인공지능의 강점이다. 이와 같은 강점들을 상호 보완적으로 활용함으로써 효과적인 문제 해결 책을 도출하는 것이 지능과 인공지능을 적절하게 활용하는 방안이 될 수 있다. 가령, 의학 분야 에서는 질병 진단에 대한 정확성을 높이기 위해서 인공지능을 활용하여 데이터를 분석하고 분 석된 결과를 의사가 최종적으로 진단하여 치료 방식을 결정할 수 있다(Esteva et al., 2017).

다) 지능이론에 기반한 학습전략

지능이론에 기반한 효과적인 학습전략에는 어떤 것들이 있을까? 첫째, 일반 지능론에 의하면, 지능에 공통적으로 영향을 미치는 g요인이 존재한다. 따라서 국어, 수학, 영어 등 다양한 교과목에 대한 학습이나 각각의 영역에서 수행하는 지적 활동은 학습자의 총체적 인 지적 능력 향상에 기여할 수 있다.

둘째, 다요인론은 서로 구별되는 구체적인 정신 능력들이 지능을 구성한다. 효과적인 학습이란 이처럼 다양한 유형의 구체적인 정신 능력을 신장시키는 것과 관련이 있다. 가령, 지능을 구성하는 일곱 가지 기본정신능력인 언어 이해, 기억, 추리, 공간 시각화, 수, 단어 유창성, 지각 속도 등을 높이기 위한 활동을 계획하고 수행하게 하거나 학습 내용을 다양한 방식으로 조작하여(예: 인지, 기억, 발산적 사고, 수렴적 사고, 평가) 지적 경험을 풍부 하게 할 수 있다.

셋째, 다중지능이론은 학습자의 특성을 고려한 개별화 학습과 교수 활동을 강조한다. 기존의 학교 수업이 논리-수학 지능이나 언어 지능을 강조하고 계발하는 데 주안점을 두었다면 다중지능이론은 학습자의 강점과 약점이 드러나는 지능의 유형을 이해하고 이를 기반으로 강점을 극대화하고 약점을 보완하는 방식의 학습 활동을 계획하여 활용할 수 있다.

마지막으로 지능의 세 가지 유형을 제안한 삼원지능이론은 주어진 문제에 대한 분석과 판단에 집중하는 분석적 지능을 넘어 새로운 방식으로 생각하고 행동하며 실생활 속 문제를 지혜롭게 해결하는 능력을 갖추기 위한 통합적 지능 계발을 강조한다. 따라서 창의적 문제 해결과 응용 능력을 기를 수 있는 통합적인 학습 내용과 활동을 통해서 세 가지 지능을 균형 있게 계발하는 것이 필요하다.

교실 속으로

◉ 지능 검사와 우열반 편성

서울 소재 OO고등학교에서 전교생을 대상으로 지능 검사를 실시하여 검사 결과를 바탕으로 학급을 편성하는 일이 벌어졌다. 지능 검사에서 높은 점수를 받은 학생들은 상위반, 낮은 점수를 받은 학생들은 하위반으로 편성되었다. 상위반 학생들에게는 도전적인 과제와 이에 따른 자원 제공 및 우수한 교사진이 배정되었고, 하위반 학생들에게는 기초 학습 능력을 갖추기 위한 기본적인 교육 활동만 제공되었다. 학교는 이러한 방식의 교육 지원이 학생들의 능력에 맞는 학습 활동을 통해서 학습의 효과성을 높일 것으로 기대하였다.

상위반 학생들은 양질의 자원과 우수한 교육을 통해서 높은 학업 성취를 보이는 듯 하였다. 이에 반해 하위반 학생들은 시간이 지남에 따라 낮은 자존감과 함께 학습에 대한 동기를 상실해가고 있었다. "머리가 나쁘면 공부를 해서 뭘해?" "공부는 머리로 하는 것이지 노력으로 되는 것이 아니야." 하위반 학생들의 다수는 자신의 지능을 탓하며 공부에 대한 의욕과 자신감을 잃고 있었다.

◉ 지능 검사와 개별화 교육

부산 소재 OO중학교에서 모든 신입생을 대상으로 지능 검사를 실시하였다. 학교는 지능 검사 결과를 바탕으로 학생의 특성에 부합하는 맞춤형 교육 프로그램을 제공하는 것을 목표로 하였다. 특별히 학교에서 주안점을 두었던 것은 학습 장애가 있는 것으로 의심되는 학생들과 탁월한 영재성이 있는 학생들을 식별하고 필요한 지원을 제공하는 것이었다.

검사 결과, 학습 장애가 있는 것으로 확인된 학생들에게는 개별화 교육 프로그램을 도입하였다. 예를 들어, 수리적 추론 능력에서 현저하게 낮은 점수를 받은 A에게 특별한 수학교육 프로그램을 마련하여 학생의 학습 속도와 선호 양식 등에 맞는 개별 지도와 추가적인 학습 자료를 제공하였다. 결과적으로 A는 수학에 대한 자신감을 되찾게 되었고 조금씩 수학 공부에 흥미를 갖게 되었다.

지능 검사 결과를 바탕으로 학교는 학생들에게 적합한 적성 검사와 진로 상담을 제공하였다. 언어 이해력이 또래 대비 상위 1% 내에 속하고 창의적 문제해결능력이 월등히 높은 것으로 진단된 B에게 진로 상담 선생님은 글쓰기와 관련된 다양한 직업들을 소개하고 관련 경험을 쌓을 수 있는 프로그램을 추천하였다. 진로 상담 이후 B는 문예 동아리에 가입하여 자신의 글쓰기 능력을 더욱 발전시켰고 고등학교 진학 후에는 문예대회에서 수상을 하며 향후 진학 및 진로를 스스로 계획하기 시작하였다.

....

교실 안 생각

....

앞서 기술한 지능검사를 활용한 예들을 통해서 다음의 문제들을 생각해보고 토론해보자.

⊙ 지능검사 결과에 영향을 미치는 개인적, 상황적, 환경적 요인들은 무엇인가?

⊙ 지능검사 결과에 따라 학생들을 우반과 열반으로 편성하는 것의 문제점은 무엇인가?

⊙ 지능검사는 학생의 특성에 적합한 개별화 교육을 설계하는데 효과적인 검사 도구인가?

⊙ 학습동기 유발과 학업 성취에 도움이 되기 위한 지능검사 활용 방안에는 어떤 것들이 있을까?

⊙ 학생의 특성과 능력을 이해하고 향후 진학 및 진로 지도에 유용한 자료로 지능검사를 활용하기 위해서 필요한 것은 무엇인가?

2) 영재성

가) 영재에 대한 정의와 영재교육진흥법

영재성을 정의하기란 쉽지 않다. 그러나 영재에 대한 정의나 영재교육진흥법을 살펴보면 영재성을 어떻게 인식하고 있는지 살펴볼 수 있다. 영재에 대한 최초의 공문화된 정의는 미국 국무부에서 작성한 보고서(말란드 보고서, the Marland Report, 1972)에서 찾을 수 있다. 말란드 보고서에서 영재란 전문가의 판단에 의거하여 능력이 뛰어나고 탁월한 수행을 할 수 있는 아동을 가리킨다. 영재로 판별된 아동은 정규 학교 교육과정이 아닌 학교밖 교육을 필요로 하며 다음의 영역이나 능력에서 우수한 잠재성이나 수행능력을 보인다.

❶ 일반 지적능력

❷ 특수한 학업적성능력

❸ 창의적 및 비판적 사고능력

❹ 리더십

❺ 시각 및 행위예술

❻ 운동감각능력

미국의 영재에 대한 정의는 이후로 몇 차례 개정되었고 이에 따라 영재의 잠재성과 뛰어난 수행능력이 보이는 영역이나 능력에도 변화가 있었다. 대표적인 것으로 운동감각능력이 제외된 것이다.

우리나라의 영재교육은 2000년에 제정되고 2017년에 일부 개정된 영재교육진흥법에 의해 시작되었다. 영재교육진흥법은 우리나라에서 영재교육을 체계적이고 효율적으로 시행하기 위해 제정된 법률로, 창의적이고 능력 있는 인재를 발굴하고 육성하기 위한 목적을 가진다. 영재교육진흥법 제2조 1항에 의하면, 영재는 "재능이 뛰어난 사람으로서 타고난 잠재력을 계발하기 위하여 특별한 교육이 필요한 사람"이다. 영재교육진흥법은 영재에 대한 정의 외에도 영재교육대상자를 구분하여 설명하고 있다. 영재교육진흥법 제5

조에서 영재교육대상자란 "❶ 일반지능, ❷ 특수학문적성, ❸ 창의적 사고능력, ❹ 예술적 재능, ❺ 신체적 재능, ❻ 그 밖의 특별한 재능 중 어느 하나의 사항에서 뛰어나거나 잠재력이 우수하여 해당 영재교육기관의 교육 영역 및 목적 등에 적합하다고 인정받은 사람"으로 정의하고 선발할 것을 제시하고 있다. 이처럼 우리나라의 영재교육진흥법은 다양한 분야에서의 재능을 가진 창의적 인재를 발굴하고 육성하며, 체계적인 영재교육이 시행될 수 있도록 제도적인 기반을 마련했다는 점에서 의의가 있다.

나) 이론적 모형

영재성을 설명하는 또다른 방식으로 영재성에 대한 이론적 모형이 있다. 대표적인 영재성 모형인 세고리 모형과 별모형을 살펴보자(이선영, 2021 재인용).

(1) 세고리 모형

렌쥴리(J. Renzulli)는 영재성을 설명하는 세고리 모형을 제시하면서 영재성을 다음의 세 가지 구성 요인의 합으로 설명하였다. 첫째, 보통 수준 이상의 인지능력이다. 둘째, 창의성이다. 셋째, 과제집착력이다(Renzulli, 1978).

[그림 1-22] 렌쥴리의 세 고리 모형(Renzulli, 1978)

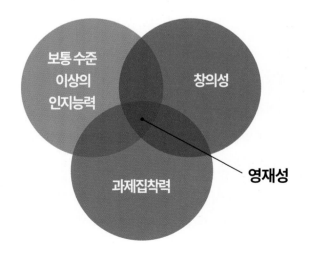

세고리 모형에서 영재성이란 인지능력, 창의성, 과제집착력 모두를 포함한다. 인지능력의 경우, 보통 수준 이상으로 명시함으로써 영재성이 탁월한 수준의 인지능력을 필요로 하고 있지 않음을 알 수 있다. 이외에도 창의성과 **과제집착력**[*]이 영재성을 구성하는 또 다른 요인들로 포함되어 있는 것도 세고리 모형의 특징이다. 세고리 모형에 의하면, 영재성이 세 가지 요인들의 합이며 이들간 상호작용으로 영재성이 계발되고 발현된다.

과제집착력: 과제를 끝까지 해내겠다는 의지와 이에 수반되는 행동까지 포함하는 것으로 과제수행능력(task commitment)으로 불리기도 한다.
☑ 출처: 우리 아이도 영재로 키울 수 있다, 이선영, 2021; Renzulli, 1978

(2) 별모형

세고리 모형이 영재성을 세 가지 요인의 합으로 인식한 것처럼 타넨바움(A. Tannenbaum)의 별모형은 영재성을 다섯 가지 요인의 복합체로 가정한다. 별모형을 구성하는 다섯 가지 요인들은 인지능력(예: 지능), 특수학문적성능력(예: 수학, 과학, 언어 등 특정 교과목과 관련된 능력), 비인지적 특성(예: 성격, 창의성, 동기), 환경적 지원(예: 가정, 학교, 지역사회 공동체, 국가, 사회), 운 또는 기회이다. 영재성은 이들 다섯 요인들 간 상호작용의 결과로 계발되고 발현된다(Tannenbaum, 1986, 2003).

[그림 1-23] 타넨바움의 별 모형(이선영, 2021년 재인용)

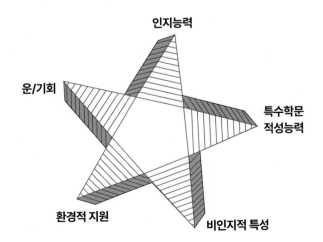

타넨바움(2003)에 의하면 영재는 뛰어난 학습능력과 창의적 특성을 가지고 있으며 성인이 되어서 비로소 창의적인 생산성을 보여줄 수 있다. 그는 영재의 유형을 여덟 가지로 구분하고 유형별 영재의 예를 아래 [표 1-14]와 같이 제시하였다.

[표 1-14] 타넨바움의 여덟 가지 유형의 영재(Davis, Rimm, & Siegle, 2013)

유형	예
창의적 사고자	소설가, 예술가, 작곡가
능숙한 사고자	수학자, 과학자, 컴퓨터 프로그래머, 편집자
창의적 생산자	발명가, 건축가, 디자이너
능숙한 생산자	공예, 보석, 기계 등의 제작자
창의적 예술가	음악가, 지휘자, 무용수, 배우
능숙한 예술가	음악가, 지휘자, 무용수, 작품 해설자, 재생산자
창의적 직무 수행자	정치가, 연구자, 혁신적 관리인
능숙한 직무 수행자	교사, 의사, 행정가

다) 영재의 특성

(1) 인지적, 학문적 특징과 정서적, 사회적 특징

영재가 보이는 특성은 영재성을 이해하는 데 도움이 된다. 영재의 특성은 인지적, 학문적 특징들과 정서적, 사회적 특징들로 구분할 수 있다. 영재의 인지적 학문적 특징으로 대표적인 것으로 높은 지적 능력, 개념에 대한 빠른 이해 및 습득, 풍부한 어휘력과 뛰어난 독해력이 있다. 이외에도 영재는 지적 호기심이 많고 뛰어난 기억력을 가지고 있으며 관심 있는 분야에 대해서 끊임없이 탐구하고 문제를 해결하는 능력이 뛰어나다. 영재의 정서 및 사회적인 특징에는 높은 수준의 성취동기와 목표 달성에 대한 강한 의지, 완벽주의 성향, 끈기, 지속성, 몰입 등이 있다(이선영, 2021).

이처럼 영재가 보이는 특성은 영재의 학업 수행과 성취에 긍정적인 영향을 미친다. 그러나 영재라고 해서 언제나 긍정적인 특성만을 가지고 있는 것이 아니다. 가령, 자신이 흥미와 관심이 없는 분야에 대해서는 지루해하고 미성취를 보이거나 집착에 가까운 완벽주의 성향을 보이는 경우, 극도로 자기 비판적이고 감정 기복이 심한 것 등도 영재에게서 종종 나타나는 특징이다([표 1-15] 참조).

[표 1-15] 영재의 긍정적 vs. 부정적 특성

긍정적 특성	부정적 특성
빠른 학습 능력	
언휘력, 독해력	
학습에 대한 흥미와 즐거움	
뛰어난 분석력	
좋은 기억력	또래 및 대인관계 어려움
뛰어난 문제해결능력	미성취
높은 메타인지	부적응적 완벽주의
다재 다능	과도한 자기비판
높은 학습 및 성취 동기	감정 기복
집중력	
끈기	
창의성	

출처: 우리 아이도 영재로 키울 수 있다, 이선영, 2021; Davis, Rimm, & Siegle, 2013

(2) 영역별 특징: 수학, 언어, 예술

영재성이 두드러지게 나타나는 영역으로는 대표적으로 수학, 과학, 언어, 예술이 있다. 특히 수학과 과학 영역에서 영재가 보이는 특성은 다른 영역에 비해서 두드러지게 나타나기에 영재성 판별과 영재 선발에 많은 영향을 미친다.

영재는 탁월한 수리적 능력과 문제해결능력을 보인다. 이들은 수학적 개념과 원리를 빠르게 이해하고 적용할 수 있으며 복잡한 수리적 문제를 해결하는 데 탁월한 능력을 보인다. 영재가 탁월성을 보이는 수학적 특징들을 정리하면 다음과 같다(Zedan & Bitar, 2017).

(1) 수학적인 사물, 체계, 원리 및 관계에 대한 기억력

(2) 형식적인 구조에 대한 이해력

(3) 공간, 숫자 및 상징적 관계에 대한 논리적인 사고

(4) 역방향 또는 삼차원적인 사고력

(5) 일반화 능력

(6) 논리적인 사고력

언어 영역은 수학이나 과학 영역에 비해서 영재성이 이른 시기에 나타난다. 영재는 뛰어난 듣기, 읽기, 쓰기, 말하기 능력을 보이며 이는 동일한 연령대 아동에 비해서 **빠르게** 나타난다(강승희, 조석희, 2004). 따라서 영재의 조기 언어능력은 언어 영재성의 주요 특성이다.

영재의 수학적 특징과 언어적 특징은 자칫 독립적인 별개의 것으로 생각할 수 있으나 수학 영재성과 언어 영재성은 공통적인 특징이 있다. 대표적인 예로 수학 영재와 언어 영재에게서 두드러지게 나타나는 뛰어난 추상화 능력을 들 수 있다. 수학 영재와 언어 영재들은 복잡한 개념을 단순화하고 일반화하는 데 능숙하며 논리적으로 사고하고 분석하여 문제를 해결하는 데 뛰어나다.

예술 영재성은 기술, 감각, 이해력, 표현력, 창의성, 끈기, 동기 등 개인 내적 특성과 교육과 환경의 지원 등의 외적 요인들을 이루어져 있다(이미경, 2007). 예술 영역은 음악, 미술, 무용 등 다양한 하위 영역들을 포함하고 있기에 영역에 따라 필요로 하는 기술과 능력뿐만 아니라 시각적, 청각적, 공감각적 능력과 창의성을 요구한다(Kozbelt & Kantrowitz, 2019). 뿐만 아니라 다른 영역에 비해 어린 시기에 나타나고 연습과 훈련을 통한 지속적인 계발이 필요하다.

음악 영재성은 뛰어난 음악적 감각, 청음, 정확한 음정과 음감, 집중력, 감정 표현력, 음악에 대한 열정과 몰입 등을 포함한다(이미경, 2009; 이현주 외, 2010; Piirto, 2008). 음악 영

재들은 자신의 창의성을 음악을 통해서 표현하고 만들어낸다. 유사하게 미술에서의 영재성은 그림이나 조각 등 미술의 하위 영역에서 필요로 하는 기술, 관찰력, 시각 및 촉각 능력, 정서적 민감성 등과 관련되어 있다. 미술 영재들은 어릴 때부터 그림 그리기를 좋아하고 그림을 쉽게 그리며 그림으로 자신의 생각과 감정을 전달한다(이현주 외, 2010).

무용 영재성의 두드러진 특징은 무용에 적합한 신체적 조건을 가지고 있어야 한다는 점이다. 신체를 통해서 예술적 감성을 표현하기에 복잡한 동작을 구현해내고 몸을 자유자재로 움직이며 세밀하게 감정을 표현해내는 뛰어난 신체운동능력은 무용 영재성의 근간이 된다. 무용에 대한 열정과 의지, 동기와 자신감 등도 영재성 계발과 발현에 영향을 미친다. 무용 영재들은 자신의 생각과 감정을 동작과 기술에 조합할 수 있는 능력뿐만 아니라 높은 수준의 심미적 해석력, 시공간 지각력, 동작에 대한 통찰력과 기억력 등을 가지고 있다(Piirto, 2008).

라) 영재성 계발을 위한 학습전략

영재들의 강점을 극대화할 수 있는 학습전략에는 어떤 것들이 있을까? 첫째, 영재들로 하여금 자기주도적 학습을 하도록 장려하는 것이 중요하다. 영재들은 자율성과 독립심이 강하기에 주어진 학습 계획과 방법을 따라할 것을 강요하기보다 지적 호기심을 자극하고 학습동기를 높일 수 있도록 자율적이고 자기주도적인 학습 분위기를 조성하고 이를 독려하는 것이 필요하다. 둘째, 창의적인 문제 해결을 도모할 수 있는 활동이나 과제 수행을 통해서 학습동기를 높이고 또래와의 협업과 상호작용에 기반한 문제 해결 경험을 갖게 한다. 셋째, 적성 및 인지 능력이 비슷한 또래들과의 동질 그룹핑(동질 집단 편성)을 통해서 관심있는 분야에 대한 학습활동을 독려하고 정서 및 사회적인 안정감을 가질 수 있도록 한다. 넷째, 또래보다 학습을 빠르게 진행하는 속진학습과 학습 내용에 대한 깊이 있는 이해를 도모하는 심화학습을 활용한다. 통상적인 학년 수준보다 상위의 교육과정을 다루는 속진학습은 영재들의 지적 호기심과 욕구를 충족시키며 학습동기와 성취 수준에 긍정적인 영향을 미친다. 학습 내용의 범위와 깊이를 확장하는 다양한 교육 경험을 제공하는 심화 학습 역시 영재들의 학습동기뿐만 아니라 비판적, 창의적 사고능력과 수행에 도움이 된다.

최근 연구 소개 **우리나라 학생들은 영재인 친구들을 어떻게 생각하고 있을까?**

영재성에 대해서 또래 친구들은 어떻게 생각하고 있을까? 김명섭, 백근찬, 이선영(2019)의 연구는 우리나라 중학생을 대상으로 영재인 친구, 창의적인 친구, 공부 잘하는 친구에 대한 인식을 조사하였다. 연구 결과 중학생들은 세 가지 친구 유형에 대해서 다른 생각을 가지고 있었다. 영재인 친구의 특성에는 창의성, 특정 영역에서의 탁월함, 뛰어난 학습능력, 낮지 않은 사회성, 사교성, 타고난 지적 능력, 성취동기가 포함되었다. 창의적인 친구는 미술에서의 재능, 사회성, 유머감각, 개방성, 뛰어난 인지 및 학습 능력을 가지고 있는 것으로 응답하였다. 공부 잘하는 친구의 경우, 승부욕, 선생님과 친함, 수업에 대한 집중력, 기억력, 학업성취 욕구, 효과적인 학습전략, 리더십, 창의성, 낮지 않은 사회성, 친화성 등의 특징을 가지고 있는 것으로 나타났다.

재미있는 사실은 다수의 중학생들이 영재의 특징으로 창의성을 꼽았고 공부 잘하는 학생들의 특징으로 수업과 관련된 학업능력, 동기 및 선생님과의 친밀성을 생각하고 있었다는 점이다. 이와 함께 영재인 친구, 창의적인 친구, 공부 잘하는 친구, 모두 또래 친구들에게는 사회성이 떨어지는 친구가 아니었음을 본 연구는 보여주고 있다.

3) 창의성

가) 정의와 개념적 이해

창의성이란 기존의 방식과는 다르게 새롭고 유용한 방식으로 생각하고 문제를 해결하는 성향이나 능력을 가리킨다(이선영, 2022). 창의성은 다양한 방식으로 정의될 수 있으나 일반적으로 독창성과 유용성을 핵심 요인으로 포함하고 있다(Hennessey & Amabile, 2010). 독창성이란 타인과 다른 독특하고 새로운 아이디어를 생각하고 산출하는 능력이다. 유용성은 사회적으로 쓸모 있고 가치로운 것으로 인정받는 것으로 적절성이나 실용성 등으로도 불린다. 이외에도 창의성을 개념적으로 설명할 때 유창성, 유연성, 정교성을 포함한다. 유창성은 아이디어를 많이 내는 것, 유연성은 생각의 고착없이 유연하게 변할 수 있는 것, 정교성은 아이디어를 구체적으로 변모 및 발전시키는 것을 가리킨다.

창의성은 개인적 성향이나 특성으로 이해될 수 있지만 오늘날 기업이나 공학에서 중요시하는 문제해결능력도 창의성을 요구한다. 따라서 재능의 한 가지 유형인 창의성은 창의적 성향이나 특성, 사고력, 문제해결능력 등 다양한 관점으로 인식할 수 있다.

나) 창의적인 학습자의 특성

창의성의 다양한 속성을 이해하기 위해서 창의적인 학습자의 특성을 파악하는 것이 필요하다. 창의적인 학습자는 호기심이 많고 도전적인 과제를 좋아하며 모험심이 강하고 독창적으로 생각하고 문제를 해결하는 것을 좋아한다. 이들은 상상력이 뛰어나고 다양한 관점으로 생각하며 실패를 두려워하지 않고 실패로부터 배우면서 새로운 것을 추구하고 시도한다. 이외에도 모호성에 대한 참을성, 자신이 좋아하는 일에 대한 극도의 몰입, 높은 수준의 에너지와 열정 등도 창의적인 학습자의 특성이다. 그러나 자신이 관심이 없는 주제에 대해서 주의를 기울이지 못하거나 거부하고 주변 환경에 의한 통제나 강압을 싫어하며 조직 및 사회적 관습이나 규칙에 순응하지 않고 비협조적인 태도를 보이기 때문에 창의적인 학습자는 학습과 학교생활 전반에 걸쳐 적응을 잘하지 못하는 학생으로 인식되곤 한다([표 1-16] 참고).

[표 1-16] 창의적인 학습자의 긍정적인 특성과 부정적인 특성

긍정적인 특성	부정적인 특성
혼자서 활동하는 것을 좋아함	신체적 및 정신적으로 과잉행동을 보임
"만일 ~라면 어떨까?"의 질문을 좋아함	신경질적이거나 감정적임
아이디어가 많음	법, 규칙, 권위에 대해 순응하지 않음
생각이 유연함	고집이 세고 개성이 강함
개방적인 사고와 태도	간섭받기를 싫어함
한 가지 정답을 추구하지 않음	자기중심적임
정해진 절차와는 다른 자신만의 방식을 선호함	반항적이고 비협조적임
새로운 시도를 두려워하지 않음	변덕스럽고 부주의함
모험심이 강함	무질서하고 조직적이지 못함
확산적으로 사고함	

[표 1-16]에서처럼 창의적인 학생은 긍정적인 특성과 부정적인 특성을 동시에 가지고 있다. 창의적인 학생에게서 보이는 이와 같은 특성들을 교사는 어떻게 인식하고 있을까? 교사는 창의성과 창의성 교육의 요구와 중요성에 동의하면서도 창의적인 학생을 떠올릴 때면 말을 잘 듣지 않는 다루기 어렵고 반항적인 학생을 생각한다(Karwowski, 2010). 카르보스키(Karwowski, 2010)는 폴란드 교사 630명을 대상으로 교사들이 인식하는 좋은 학생과 창의적인 학생의 특성을 비교하였다. 연구 결과, 교사는 좋은 학생에 비해 창의적인 학생을 재미있고 역동적이며 지적인 학생으로 인식하고 있었다. 그러나 성실성과 타인에게 우호적인 특성은 창의적인 학생에게서 많이 드러나지 않는 것으로 생각하였다. 이는 교사도 창의적인 학생의 긍정적이면서 부정적인 특성들을 동시에 인식하고 있음을 보여주는 것이다.

다) 창의성 계발을 위한 학습전략

창의성 계발에 효과적인 학습전략에는 어떤 것들이 있을까? 첫째, 유의미학습이다. 창의적인 학습자는 단순히 반복되는 암기나 시연을 지루해할 수 있기에 실제 학교생활이나 일상생활과 관련을 지어 학습이 발생하는 경우 학습동기 유발에 도움이 될 수 있다. 둘째, 자기주도적인 학습을 조장한다. 학생 스스로 학습 내용을 구성하고 방법을 찾아가면서 학습할 수 있도록 환경을 조성한다. 한 가지 방식으로 빠르게 학습하기보다 학생이 자신의 관심과 호기심에 따라 자율적으로 주제나 목표를 설정하게 한다. 다양한 방식으로 정보를 찾고 조합하여 학습하면 학습 내용을 오랫동안 기억할 수 있을 뿐만 아니라 창의적으로 생각하고 문제 해결하는 데 도움이 된다. 셋째, 개념지도를 활용해 확산적 사고를 촉진하면서 문제 해결에 필요한 지식과 정보 수집에 집중할 수 있도록 한다. 개념지도란 선이나 단어, 문구 등을 통해서 서로 다른 개념과 아이디어들이 어떻게 연결되어 있는지 표현하는 방법이다. 개념지도는 창의적인 학습자가 확산적 사고와 수렴적 사고를 균형있게 활용할 수 있도록 하는 데 효과적이다. 넷째, 탐구 학습이나 체험을 통한 실제 경험과 학습은 창의적인 학습자의 동기 유발을 조장한다. 창의적인 학습자가 지루해할 수 있는 일상적인 교실 학습 환경에서 벗어나 다양한 감각 자극을 제공하고 직접 관찰 및 경험하게 하는 체험학습은 창의적 사고에 긍정적인 영향을 미친다. 마지막으로 또래와 함께 과제를 수행하는 협동학습도 창의적인 학습자의 동기 유발에 도움이 된다. **협동학습**[*]은 다양한 관점을 가진 학생들이 함께 아이디어를 교환하는 기회를 제공하기에 창의적인 학습자의 개인주의적인 성향을 완화시키고 또래와의 협업을 통한 문제 해결 경험을 제공하는 데 효과적이다.

협동학습: 한 학급 전체 또는 5~6명으로 구성된 분단이 공동의 목적을 성취하기 위하여 협력적으로 하는 학습으로 공동학습(共同學習)이라고도 한다.
☑ 출처: 교육학 용어사전

우리나라 학생들은 창의성을 어떻게 인식하고 있을까?

김진우, 박혜성, 이선영(2020)의 연구는 우리나라 초등학생과 중학생들이 자신의 창의성을 어떻게 인식하고 있으며 이와 같은 인식에 부모, 교사, 또래가 어떻게 영향을 미쳤는지 살펴보았다. 연구 결과, 학생들은 학년이 올라갈수록 자신의 창의성이 저하되는 것으로 생각하고 있었다. 특히 초등학생 때보다 중학교 시기에 감소 폭이 더 큰 것으로 나타났다. 학생들은 부모, 교사, 또래와의 관계가 좋을수록 창의성 수준이 보다 적게 떨어지는 것으로 인식하였다.

본 연구는 학생들이 초등학교에서 중학교로 진학한 이후 본격적으로 학업에 집중하고 학습 환경이 바뀌면서 학업에 대한 스트레스를 체감하고 학생 스스로 자신의 창의성이 저하된다고 느끼고 있음을 보여주고 있다. 미래 사회 생존과 안녕을 위해서 반드시 길러야 하는 재능으로 간주되는 창의성 계발을 위해서 부모, 교사, 또래와의 원만한 관계 형성과 지속적이고 지지하는 상호작용을 유지하는 것이 필요하다.

교실 속으로 **공부 잘하는 친구와 창의적인 친구**

우재와 효주는 학교에서 서로 다른 매력을 발산하는 학생이다. 우재는 성적이 우수한 학생으로 학습 목표를 설정하고 이에 따라 체계적으로 계획을 세우고 이를 달성하는 데 능숙하다. 그는 어려운 문제에 직면했을 때도 쉽게 포기하지 않고 꾸준히 노력하면서 문제를 해결해 나간다. 특히 우재는 자신만의 학습전략을 가지고 있으며 필요할 때는 친구들과 협력하여 더 큰 성과를 내기도 한다.

한편, 효주는 창의적인 학습자로서 학교에서 독특한 존재감을 드러내고 있다. 효주는 상상력이 풍부하고 모험심이 강해서 다른 친구들이 생각해내지 못하는 독창적인 아이디어로 문제를 해결하는 데 능하다. 그녀는 자신이 관심 있는 분야에 대해서는 무한한 에너지와 강한 내적 동기를 가지고 몰입하지만 관심이 없는 경우, 쉽게 주의를 기울이지 않는 경향이 있다. 효주는 규칙과 통제를 싫어하고 자신의 생각과 방식대로 행동하는 것을 좋아한다.

내가 담임인 교실에 우재와 효주가 같이 있다고 해보자. 우재와 효주의 강점을 극대화하고 약점을 보완할 수 있는 학습방법에는 어떤 것이 있을까?

교실 안 생각 **학생들의 창의성을 계발하기 위해서 교사는 무엇을 할 수 있을까?**
아래 상황들을 읽고 창의적인 문제 해결을 위한 방안들을 생각해보자

● 현우의 미술 시간

현우는 미술 시간을 가장 좋아하고 고대하고 있었다. 그러나 최근 현우의 아이디어가 지나치게 파격적이라는 이유로 교사에게 지속적으로 지적을 받았다. "네 그림은 너무 혼란스러워, 현우야. 조금 더 일반적인 방향으로 가자." 교사의 말에 현우는 자신의 미술 작품을 통해 표현하고 싶었던 창의적 아이디어를 접기로 결심했다. 집으로 돌아와 그는 그림 도구를 한쪽 구석에 방치하고 대신 교과서에서 본 대로 그리기 시작했다.

● 은비의 문제 해결방식

은비는 학교에서 친구들과 다른 생각을 하고 새로운 방식으로 문제를 해결하는 것을 좋아했다. 그런데 교사와 동급생들로부터 "네가 하는 건 너무 이상해."라는 반응을 자주 듣게 되었다. 이러한 반응들로 인해 은비는 자신의 생각이 부끄럽고 잘못된 것이 아닌지 생각하기 시작했다. 방과 후, 은비는 혼자 방에서 자신의 일기장에 "나는 왜 다른 사람들과 같을 수 없을까?"라고 적기 시작했다. 그녀의 자신감은 뚝뚝 떨어지고 있었다.

지민이의 수학문제풀이

지민이는 수학 문제를 풀 때 늘 독특한 방식을 시도했다. 지민의 방식은 종종 효과적이었지만 교사는 지민이가 정해진 공식에 따라 문제를 풀지 않는다며 그의 접근법을 인정하지 않았다. "지민, 넌 왜 항상 교과서를 따르지 않는 거야? 이런 식으로는 시험에서 좋은 점수를 받기 어려워." 교사의 지속적인 비판에 지민이는 더 이상 수학에 대한 관심을 갖지 않기로 했다. 한때는 가장 좋아했던 과목이었지만 이제는 수업 시간이 지루하기만 했다.

교육심리학

II

Educational Psychology

교수

II 교수

1 교수의 정의

교수: 교사에 의한 수업 또
는 교사가 교육적 의도를
가지고 하는 일체의 활동을
의미한다.
☑ 출처: 특수교육학 용어사전

교육에서 **교수***는 학습 또는 교육 목표를 달성하기 위해 교수자가 학습자를 가르치는 모든 활동을 뜻한다. 이는 교수자가 학습자에게 지식, 기술, 개념을 가르치는 것뿐만 아니라 학습자의 이해 수준을 높이고 학습 활동을 촉진하기 위해 다양한 전략과 방법을 사용하는 것을 가리킨다. 따라서 교수는 다양한 형태로 이루어지며, 수업은 교수의 대표적인 예이자 교수와 거의 동일한 개념으로 지칭되고 있다. 수업은 교사가 학생들의 학습을 촉진하기 위한 목적으로 하는 활동으로 교사가 제공하는 다양한 교육적 경험을 포함한다.

교수의 주체는 교수자 또는 교사다. 교수자의 역할 중 핵심이 되는 과제는 단연 학습자를 잘 가르치는 것이다. 잘 가르치는 것은 교수자의 주요 책무이자 좋은 교수자가 되기 위한 필수 요건이다. 교사는 학교에서 수업을 통해서 학생들을 주로 만난다. 교사의 주된 임무는 학생들을 잘 가르치고 이들의 학습 활동을 촉진하여 지적 발달과 성장을 이끌어내는 것이다.

가. 교수 요인

효과적인 교수에 필요한 것은 무엇일까? 무엇보다 중요한 것은 학습자의 특성을 고려하고 교수 내용에 적합한 교수 방법을 고안해 내는 것이다. 라이거루스(C. Reigeluth)와 메릴(M. Mierrill)은 체계적인 교수 설계를 위해서 고려해야 하는 세 가지 요인을 제시하였다. 각각의 요인은 교수 조건, 교수 방법 및 성과에 관한 내용을 포함한다.

[그림 2-1] 교수의 세 가지 요인(성태제 외, 2012)

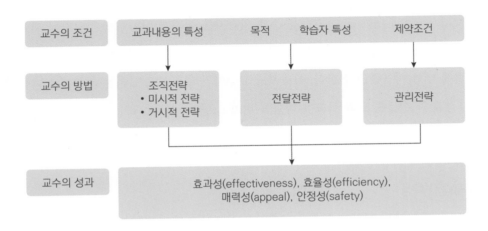

1) 교수 조건

교수를 구성하는 세 가지 요인 중 하나인 교수 조건은 교수자가 필수적으로 갖추어야 할 요소들에 관한 것이다. 따라서 교수의 조건에 관한 요소들은 교수자 또는 교사가 필요로 하는 것을 포함한다. 가령 교과 내용의 특성, 교과의 목표, 학습자 특성 및 제약 등이 이에 해당한다.

가) 교과 내용의 특성

교과 내용의 특성이란 교과 내용의 정보, 지식, 구조, 유형 등을 총칭하는 것으로 교수자는 특히 교과 내용이 어떤 지식을 다루는지 명확하게 알고 있어야 한다. 교과 내용에 포함되는 지식은 개념, 원리, 절차, 기법 등으로 다양하다. 따라서 해당 지식을 효과적으로 전달하기 위한 교수 전략도 지식을 구성하는 요인들을 고려하여 다각적으로 계획하고 활용할 수 있어야 한다.

나) 교과의 목표

교수자는 교과에 대한 교수 활동을 통해 학습자를 어떻게 변화시킬 것인지에 대한 목적 의식을 가지고 있어야 한다. 교과 목표는 교과 지식 내용 중 인지적 영역과 정의적 영역 각각에 대한 목표를 포함한다. 이외에도 교수자가 가르치고자 하는 지식이나 기술 및 기능의 범위와 수준은 교과 목표에 영향을 미치고 향후 선택할 교수 방법과 전략을 결정하는 데 중요한 기준이 된다.

다) 학습자 특성

교수자가 가르치는 대상인 학습자의 특성을 이해하고 확인하는 것은 교수 활동의 범위와 수준을 결정하는 데 필요하다. 학습자의 특성은 학문 적성 능력, 학습 동기, 흥미와 태도, 성격 등을 포함하며 학습의 준비도를 점검 및 진단해 보는 데 유용한 정보를 제공한다. 교수자는 학습자의 사전 학습 수준을 확인하고 이를 바탕으로 효과적인 교수 활동을 설계할 수 있다.

라) 제약

교수자는 교수 활동에 영향을 미치는 제약 상황이나 환경 요인 등을 파악하고 이를 교수 및 학습 상황에 적절하게 반영하여 효과적인 교수가 이루어질 수 있도록 해야 한다. 교실의 크기, 장비, 교재 등의 교육 자원, 교실 분위기, 학생들 간의 관계, 학교 문화와 같은 교육 환경, 수업 시간표, 교육기관의 운영 일정을 비롯한 물리적 시간, 학습자의 학습 능력, 학업성취 수준, 가정환경(배경), 학습 동기 등의 학습자 변인은 교수 활동을 촉진하기도 하지만 제약하는 상황적 요인이다.

2) 교수 방법

교수 방법은 교사에 따라 달라진다. 교수 조건이 교수에 영향을 미치는 교수자의 외적 요인이라면, 교수 방법은 교사 자신의 노력과 창의성에 따라 달라질 수 있는 교수자 관련 변인이다. 교수 방법에 영향을 미치는 요인들을 교수 상황에 따라 구분해 보면 다음과 같다.

가) 조직 전략

조직 전략이란 교수자가 가르치고자 하는 내용을 분석하여 교과목 특성, 학습자 수준, 시간 및 일정 등을 고려하여 교수 활동을 계획하는 것이다. 예를 들어, 교수 내용을 시간 순으로 계획하거나 학습자의 내용에 대한 친숙함이나 사전 학습 정도에 따라 조직할 수 있다. 조직 전략을 거시적 조직 전략과 미시적 조직 전략으로 구분할 수 있다(Reigeluth, 1983). 거시적 조직 전략은 복잡한 여러 아이디어를 가르칠 때 활용하는 것으로 복잡한 내용을 복수의 하위 내용으로 구분한 후 핵심 내용을 선택하고 종합하여 요약하는 전략을 가리킨다. 이에 반해 미시적 조직 전략이란 하나의 아이디어를 가르칠 때 활용하는 전략으로 효과적인 교수를 위해서 개념이나 사례, 연습 문제 등을 조직하여 제시하는 방법을 가리킨다.

나) 전달 전략

전달 전략은 교수 활동 중 교수자의 교과 내용 전달 방식을 평가하는 것과 관련이 있다. 교사의 수업을 직접 관찰하여 전달 방식을 점검하고 학생들에게 피드백을 제공하여 내용 전달을 원활하게 할 수 있다. 교수자의 강의나 설명뿐만 아니라 다양한 매체 활용 및 소집단 활동을 통해서 수업 내용의 전달력을 높이는 것도 고려해 볼 수 있다. 컴퓨터를 활용한 개별화 수업이나 최신 정보통신기술(Information & Communication Technology, ICT)을 적극적으로 도입하는 것도 교과 내용을 효과적으로 전달하는 방법이다. 따라서 교수자는 교과 지식과 내용에 대한 이해뿐만 아니라 학습자의 특성과 수준을 파악하여 교수 매체를 적절하게 활용할 수 있어야 한다.

다) 관리 전략

교수자는 교수 활동을 기획, 설계, 실행 및 평가하는 모든 행위에 대해서 체계적인 절차와 원리에 따라 관리할 수 있어야 한다. 앞서 기술한 조직 전략과 전달 전략을 언제, 어떻게 활용할 것인지 결정하는 데 필요한 정보를 체계적으로 제공하는 것도 관리 전략의 한 부분이다. 어떤 매체를 어떤 내용의 과제를 설명할 때 활용할 것인지, 어떠한 조직 전략이 누구에게 효과적이었는지 등에 관한 정보를 수합하고 기록하며 저장하는 것은 관리 전략의 예이다. 성공적인 관리 전략은 효과적인 수업 운영에 도움이 된다.

3) 교수 성과

교수 성과란 교수 활동의 결과로 얻어지는 것을 가리킨다. 교수자는 교수 성과에 영향을 미치는 요인들을 고려하여 교수 활동을 수행한다. 교수 성과는 효과성, 효율성, 매력과 안정성을 바탕으로 설명할 수 있다.

가) 효과성

효과성이란 학습자가 교수-학습 과정을 통해서 획득하게 되는 지식과 기능의 정도로 측정하며 교수자가 의도한 교육 목표를 달성했는지와 관련이 있다. 따라서 효과성은 교수자의 교수 활동이 적합했는지를 판단하는 기준이며 이는 학습자가 교육 목표를 얼마나 달성했는지와 밀접한 연관이 있다. 교수는 목표 지향적인 활동이며 그것의 성과로 효과성을 확보하는 것은 중요하다.

나) 효율성

효율성은 교육 목표를 달성하기 위해 소요되는 시간과 노력 및 비용에 관한 것으로 목표 달성에 이르기 위해 가능한 적은 비용과 시간 및 노력이 투입될수록 효율적이라고 할 수 있다. 교수자는 다양한 교수 매체와 방법을 활용하여 보다 빠른 시간에 적은 비용과 노력의 결과물로 교수 성과를 보여주려는 노력을 기울인다.

다) 매력

교수 성과는 학습자로 하여금 학습에 흥미와 관심을 일으키고 학습 과정에 적극적으로 참여하게 함으로써 지식과 기능을 습득하고 이를 유용하게 활용할 수 있도록 하는 데 있다. 이러한 성과는 교수 활동이 매력적일 때 가능하다. 교수자는 교수 자료 및 매체, 교수 방법을 설계하고 활용할 때 학습자가 매력을 느낄 수 있도록 해야 한다. 이는 학습자의 학습 동기 유발과 학습 능력 향상에 도움이 된다.

라) 안정성

학습자가 교수자로부터 획득한 지식이나 기능이 학습자의 물리적 또는 정서적인 안녕을 저해해서는 안 된다. 교수 내용이 비윤리적이거나 반사회적 또는 특정 사람, 사건, 지역, 문화, 종교 등을 비하하거나 폄하하는 것은 부적절한 교수 활동일 뿐만 아니라 교수 성과 중 안정성을 충족시키지 못하는 것이다. 교수 행위는 학습자에게 매력적이면서 동시에 물리적 및 정서적으로 안정적이어야 한다. 따라서 교수자는 학생의 안정성을 추구하는 것을 목적으로 교수 활동을 수행해야 한다.

2 교수 모형

교수 모형은 교육 목표를 효과적으로 달성하기 위해 설계된 체계적인 틀이나 구조를 말한다. 일반적으로 전통적인 교수 모형은 연구를 통해서 검증된 학습 및 교수 이론에 바탕을 두고 학습자가 학습 목표를 달성할 수 있도록 일련의 단계를 포함한다. 수 세기 동안 교수 모형은 교수자 중심 관점으로 다양한 교육 체계 내에서 사용되어 왔지만 학습자의 학습 목표 달성을 가능하게 하는 절대적인 교수 모형이란 존재하지 않는다. 최근에는 점차 학습자 중심 문제 해결기반 학습이나 협력 학습 등으로 교수 모형이 보완 및 대체되고 있으나 여전히 교수자 중심의 교수 모형이 교육의 기본 틀을 제공하고 있으며 교육 목표를 달성하는 데 효과적이라는 강점이 있다. 전통적인 교수 모형의 대표적인 예를 살펴보면 다음과 같다.

가. 글레이저의 수업 과정 모형

글레이저(R. Glaser, 1962)는 수업이 진행되는 교수 과정을 하나의 체계(system)로 이해하고 체계적이고 조직적인 교수 모형을 개발하였다. 글레이저의 모형은 수업의 과정을 교수 목표, 투입 행동, 교수 절차, 학습 성과 평가의 네 가지 단계로 설명한다. 각각의 단계는 뒤따르는 후속 단계의 활동을 수정하고 결정하여 지속시킨다. 예를 들어, 특정 학습 단원의 수업 목표가 결정되면 수업 목표를 달성하기 위한 학생들의 출발점 행동이 계획되고 이어서 학생들에게 부과되는 학습 지도안이 정해진다. 수업을 통해서 학습 지도가 이루어지면 최종적으로 이에 대한 성과를 평가한다.

1) 1단계: 교수 목표(도착점 행동)

첫 번째는 교수 목표를 설정하는 단계로 교사는 학생들이 이루어야 하는 최종 성과로 수업 과정 중 도달해야 하는 도착점 행동을 제시한다. 교수 목표는 관찰 가능하고 측정

가능한 구체적인 행동으로 명시하고 학생들이 최소한 성취해야 할 기준과 이상적으로 도달해야 할 최대치의 성취 기준을 사전에 설정한다. 교사는 대다수의 학생들이 최소 성취 기준을 충족할 수 있도록 한다.

2) 2단계: 투입 행동(출발점 행동)

투입 행동 또는 출발점 행동이란 학생들의 인지적 특성(예: 지능, 적성, 사전학습, 학습전략, 학습양식)과 정의적 특성(예: 흥미, 동기), 운동감각능력 등을 포함한 기초 학습능력과 동기를 가리킨다. 수업이 시작되기 전에 학생들에게서 보여지는 이와 같은 특성들은 수업의 시작점이자 목표 달성에 기반이 되는 투입 행동이 된다. 투입 행동은 학생들의 학습능력에 영향을 미치는 사회문화적 요인들(예: 부모의 교육수준, 문화적 배경, 학교 문화 등)도 포함하고 있다.

3) 3단계: 교수 절차

수업은 학생들의 출발점 행동에서 시작하여 설정된 교수 목표를 달성하는 것으로 마무리된다. 교사는 이러한 과정에서 학생들의 기초학습행동을 고려하고 수업 목표 달성을 위한 효과적인 학습 환경과 조건을 제공할 수 있어야 한다. 각 단계별로 지속적인 피드백 제공과 형성 평가를 통해서 목표에 이르는 과정을 점검하는 것도 필요하다.

4) 4단계: 학습 성과 평가

마지막은 모든 교수 활동이 종료된 후 수업 초기에 설정한 교수 목표의 달성 여부와 정도를 평가하는 단계이다. 교사는 총괄 평가를 통해서 학생들의 학업 성적을 결정하고 미래 학업 성적을 예측하며 학습 및 생활 지도 계획안을 수립할 수 있다. 총괄 평가는 수업의 질에 대한 중요한 정보를 제공하여 이후 수업 보완 및 개선에 필요한 자료로 활용된다. 학습 성과는 절대 평가(준거지향 평가)와 상대 평가(규준지향 평가)의 두 가지 방식으로 이루어진다.

나. 브루너의 발견학습

브루너(J. Bruner, 1960)는 학습자 스스로 학습하고 있는 주제에 대한 구조를 이해한다면 내용을 잘 기억하고 학습을 보다 의미 있고 유용하게 만들 수 있다고 보았다. 그는 학습자가 능동적인 태도로 학습에 임하고 핵심 원리를 스스로 파악하는 것이 중요하다고 주장하면서 발견학습(discovery learning)의 개념을 설명하였다. 발견학습은 학습에서 다루는 주제의 본질을 깊이 있게 이해하고 학습자가 주도적으로 학습활동에 참여하며 구체적인 사례를 통해서 일반적인 원리를 추출하는 귀납적 사고를 강조한다.

발견학습은 학습자로 하여금 독립적으로 학습 주제의 기본 원칙을 발견하도록 유도하는 학습 방법으로 학습 결과보다 사고 과정을 우선시하며 학습자가 교과 내용을 스스로 조직하는 방식으로 이루어진다. 교수자는 학습자의 인지 구조를 이해하고 질문에 대한 정답을 제시하기보다 학습자에게 적절한 자료와 지원을 제공함으로써 탐구 활동을 유도하는 안내자 역할을 담당한다.

1) 발견학습의 주요 개념

가) 학습 경향성

학습 경향성(predisposition toward learning)이란 학습 준비도와 출발점 행동과 관련된 것으로 학습에 대한 욕구, 동기 및 경향을 가리킨다. 브루너(1960)는 학습 경향성을 유도하기 위해 학습자의 호기심과 탐구 의욕을 자극하는 교수법과 학습법, 흥미로운 교육 자료, 교수자와 학습자 간 상호작용의 필요성을 강조하였다. 교수자는 다양하고 구체적인 경험 제공을 통해서 학습자의 학습 경향성을 유발해야 한다.

나) 지식의 구조

지식의 구조(structure of knowledge)는 학문의 기반이 되는 보편적인 아이디어, 기본 개념 및 주요 원칙들로 구성된다. 브루너(1960)에 의하면, 모든 지식에는 구조가 있으며 학교 교육은 학습자에게 지식의 구조를 단순히 전달하는 것이 아니라 이를 발견할 수 있도록 가르쳐야 한다. 뿐만 아니라 나선형 교육과정을 도입하여 아동의 발달 단계에 따라 학습 과제를 적절히 제시하면 모든 아동이 효과적으로 학습할 수 있다고 주장하였다. 나선형 교육과정이란 초기 학습에서 학습 내용을 간단히 다룬 후 학년이 올라감에 따라 내용의 범위를 확장하고 깊이를 심화시켜 학습자로 하여금 복잡한 내용을 완전하게 이해할 수 있게 하는 교육과정이다.

[그림 2-2] 브루너의 나선형 교육과정

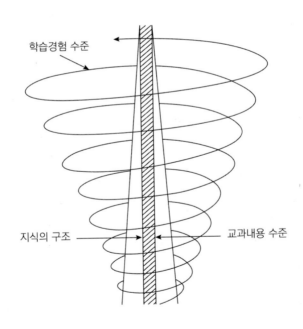

다) 학습의 계열

학습의 효과성은 학습을 어떻게 계열(sequence)화시키는지에 따라 달라진다. 가령, 교수자는 학습자가 내용을 이해하고 적용하며 전달할 수 있도록 자료를 체계적으로 배열하여 제공할 수 있다. 모든 학습자에게 효과적인 단일 계열이란 존재하지 않으며 선행 학습, 발달 단계, 학습 과제의 성격 및 학습자의 개별적 특성 등 다양한 요인에 의해 학습의 계열화가 결정된다.

라) 강화

강화(reinforcement)란 학습자에게 제공되는 피드백이다. 외적인 보상이나 인정보다 내적인 강화를 제공하는 것이 발견학습에서 중요하다. 학습 과정에서 학습자가 경험하는 즐거움이나 성취감 등의 내적 강화는 학습 동기를 유발하고 증진하는 요인이다.

2) 학교 현장에의 적용

브루너(1960)의 발견학습을 학교 현장에서 잘 활용하면 어떠한 강점이 있을까? 첫째, 학습 과정에 학생들이 적극적으로 참여하게 되어 학습 내용에 대한 깊이 있는 이해를 가능하게 한다. 이를 통해서 지식 습득에 대한 가치를 깨닫게 되고 수업을 비롯한 학교 교육과 탐구 활동을 긍정적으로 인식할 수 있다. 둘째, 학습 결과에 대한 내적인 즐거움과 만족감을 경험하게 함으로써 학습자로 하여금 학습을 지속하고 유지하며 보다 성장할 수 있는 동력을 제공한다.

3) 발견학습을 활용한 수업 전략

발견학습은 학습자 스스로 지식을 이해하고 발견할 수 있도록 유도한다. 발견학습을 활용한 효과적인 교수 전략의 예는 다음과 같다.

- 실생활 속 문제나 상황을 제공하여 학생들 스스로 문제를 탐구하고 해결책을 찾도록 유도한다.
- 학생들로 하여금 자료를 직접 조사하고 실험을 진행하게 함으로써 학습 과정에 주도적으로 참여하게 한다.
- 단순한 사실 암기가 아닌 핵심 개념의 원리를 깨닫게 함으로써 학생들로 하여금 지식을 심도 깊게 이해하고 다른 상황에 적용할 수 있게 한다.
- 수업 중 개방형 질문을 통해서 학생들의 사고를 확장하고 이해의 폭을 넓힐 수 있도록 있다.
- 학생들이 제시한 아이디어나 해결책에 대한 적극적인 피드백을 제공함으로써 학생들로 하여금 자신의 생각과 행동을 다시 평가하고 개선할 수 있도록 한다.

다. 오수벨의 유의미학습

오수벨(D. Ausubel, 1963)은 브루너와는 달리 인간은 지식을 습득할 때 발견하는 것이 아니라 수용을 한다고 주장하면서 이를 유의미학습 이론으로 설명하였다. 유의미학습이란 학습자가 이미 가지고 있는 인지 구조에 새로운 학습 과제를 연결시킬 때 발생하며 이 과정에서 선행 조직자와 유의미 언어학습이 중요한 역할을 한다.

선행 조직자는 학습 과제를 시작하기 전에 제시되는 고도의 추상적이고 포괄적인 자료를 가리킨다. 선행 조직자는 비교 조직자와 설명 조직자로 구분된다. 비교 조직자란 학습자가 가지고 있는 기존 지식과 새로운 학습 내용 간의 유사성을 바탕으로 이들 간의 차이점과 공통점을 명확히 구분하여 서로를 더 잘 구별할 수 있도록 한다. 학습자가 이미 알고 있는 것과 새로운 지식 간의 연계성을 찾지 못하는 경우, 서로의 관계를 제대로 이해하지 못했던 개념들을 연결하고 활성화시키는 것이 비교 조직자의 주된 역할이다. 이에 반해, 설명 조직자는 새로운 학습 내용이 학습자의 기존 지식과 직접적으로 관련이 없을 때 새로운 학습 내용을 학습자에게 이해시키기 위해 제공되는 도입 자료를 말하며, 포괄적인 개념이나 일반적인 아이디어를 활용하는 것이 이에 해당한다.

유의미 학습 또는 유의미 언어 학습이란 새로운 과제를 학습할 때 학습자가 기존에 가지고 있던 지식과 이를 의미 있게 연결시켜 학습하는 것이다. 이때 연결한다는 것은 언어적 정보나 개념 간 관련성을 찾아 결합하는 것이다. 유의미 학습은 학습 태세, 학습 과제, 관련 정착 지식의 세 가지 조건을 모두 충족하고 있을 때 이루어진다.

1) 유의미 학습의 조건

가) 학습 태세

학습 태세(learning set)는 학습자가 특정한 학습 방법으로 학습 과제를 이해하고자 하는 경향이나 의지를 가리킨다. 학습자는 과제 참여에 적극적이고 의미 있게 학습하려는 태도를 가지고 있어야 한다. 이는 학습 내용을 자신의 인지 구조에 통합하려는 학습자의 준비 과정이기도 하다.

나) 학습 과제

학습 과제는 학습자의 기존 인지 구조와 연결될 수 있도록 조직화되고 논리적으로 의미가 있어야 한다. 교수자는 학습자가 학습 과제를 쉽게 이해할 수 있도록 이를 명확하게 구성하고 제시해야 한다. 이를 통해서 학습자는 기존의 지식과 새로운 정보를 효율적으로 연계하여 의미 있는 학습 경험을 가질 수 있다.

다) 정착 지식

정착 지식이란 학습자의 인지 구조 안에 내재된 지식을 의미한다. 새로운 개념을 학습할 때 기존의 지식과 연계하여 의미를 형성하고 저장한다면 유의미 학습이 일어날 수 있다. 정착 지식은 유의미 학습을 가능하게 하는 배경지식이 되며 학습 과정에서 새로운 정보를 효과적으로 파지하고 이해하는 데 중요한 역할을 한다.

라. 가네의 학습 조건

가네(R. Gagné, 1985)는 교육의 가장 중요한 목표는 학습 증진에 있으며 다음과 같은 학습의 세 가지 측면에 관심을 강조했다. 그는 교수와 학습의 기본이 되는 학습 조건으로 첫 번째 학습에 내재되어 있는 내면적 과정, 두 번째 학습 능력으로 표출되는 학습 결과, 마지막 세 번째인 이와 같은 결과를 가능하게 필요한 학습조건을 제시하였다.

가네(1985)에 의하면, 학습 결과는 일정한 행동을 지속할 수 있는 능력으로 나타나며 이러한 학습 결과는 언어 정보, 지적 기능, 인지 전략, 태도, 운동 기능으로 구분된다([그림 2-3] 참조). 언어 정보는 학습자가 자신의 말로 배운 정보를 표현하여 조직화한 지식을 가리키며 지적 기능이란 정보를 처리하는 방법을 배우는 것이다. 인지 전략은 학습이나 사고 과정에서 학습자 스스로 행동을 조절하는 능력으로 외부 환경에 따라 반응하는 지적 기능과 대비되는 개념이다. 태도는 특정 방식으로의 행동을 선택하는 것이며 운동 기능은 일상생활에서 요구하는 신체적 활동과 관련된 능력을 지칭한다.

가네(1985)는 이와 같은 다섯 가지 학습 결과가 내적 및 외적 학습 조건 간 상호작용의 결과로 얻어지는 것으로 보았다. 내적 학습 조건이란 학습자의 선행 학습 능력과 정보를 처리하는 인지 과정을 지칭하는 것으로 선행 학습, 학습 동기, 자아 개념, 주의력 등이 이에 해당한다. 외적 학습 조건은 학습자의 내적 인지 과정을 돕는 환경 자극으로 교수 사태(instructional events)라고 불린다. 외적 학습 조건으로서의 교수 사태는 수업의 흐름인 도입, 전개, 정리 단계에서 내적 학습 조건을 촉진하고 지원하는 중요한 역할을 한다.

[그림 2-3] 교수·학습의 기본 요인(신명희 외, 2014; Gagné, 1985)

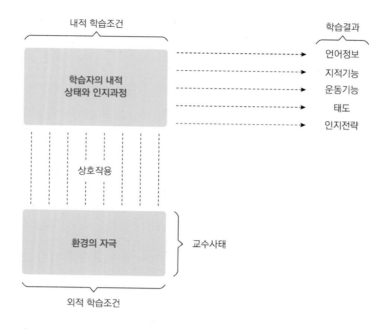

1) 교수 사태 단계의 조건

가네(1985)는 교수 사태의 단계에서 필요한 조건을 9단계로 정리하여 제시하였다. 즉, 가네는 효과적인 수업이 진행되기 위해서는 다음과 같은 절차를 파악하는 것이 중요함을 강조하였다.

가) 주의 집중

교사는 학생들의 관심을 유도하고 수업에 집중할 수 있도록 해야 한다. 학생들이 학습 내용에 몰입할 수 있도록 언어적, 비언어적, 시각적, 청각적 자극 등을 활용할 수 있다. 흥미로운 질문을 던지거나 그림, 사진, 도표, 동영상 등의 자료로 수업을 시작할 수 있다.

나) 수업 목표 제시

수업 목표는 학생들이 달성해야 할 결과이자 수업이 끝날 때 학생들이 보여줘야 하는 행동이다. 교사는 수업 전에 목표를 명확히 제시하여 학생들이 수업 내용에 보다 집중할 수 있도록 해야 한다. 수업 목표를 통해서 학생들은 어떤 성취를 이루어야 하는지 알게 되며 도전감을 가질 수 있다.

다) 선행 지식 자극

새로운 학습은 선행 지식을 기반으로 한다. 수업을 시작할 때 교사는 이전에 가르친 내용들을 복습하거나 필요한 선행 지식을 다시 설명하여 학생들에게 관련 지식들을 상기시킨다. 그러나 선행 지식을 이끌어내는 과정에서 학생들이 잘못된 개념을 학습할 수 있기에 교사의 확실한 지도가 필요하다.

라) 자극과 자료 제시

선행 지식을 자극한 후 교사는 새로운 학습을 위한 자료와 교재를 학생들에게 제시한다. 언어, 시연(시범), 미디어 등 다양한 형태의 자극을 활용하여 준비하는 것이 필요하다.

마) 학습에 대한 안내

학습을 촉진하는 데 필요한 질문, 단서, 암시 등으로 학습에 대한 안내를 제공한다. 교사는 학생에게 정답을 알려주기보다 학생 스스로 생각하고 탐구할 수 있도록 적절한 단서나 힌트를 제공해 주어야 한다.

바) 성취 행동 유발

학습 지도 이후 학생들은 자신이 배운 것과 아는 것을 통합된 지식으로 확인하고 증명해야 한다. 학습한 내용을 바탕으로 연습 문제를 풀어보거나 질문에 응답하고 실습하는 등 훈련과 연습을 반복해 본다.

사) 피드백 제공

학생의 행동이 목표에 부합하는지 확인하고 적절한 피드백을 제공한다. 학생의 성취 행동에 대해서 교사는 언어적 칭찬이나 긍정적인 반응 등을 통해서 이를 강화하고 필요한 경우 개선점을 제시한다.

아) 성취 행동 평가

학생의 성취 행동이 드러나면 교사는 계획한 학습이 잘 이루어졌는지를 평가한다. 학습 성과에 대한 평가는 체계적인 사전 계획을 바탕으로 이루어지며 교사는 학습 결과에 따라 평가 방법을 조정할 수 있다. 가령, 언어 정보는 시험을 통해 평가하고 지적 기능은 새로운 상황에 대한 적용 및 활용 능력으로 평가해 본다.

자) 파지와 전이 높이기

교사는 학생들이 학습한 내용을 오랫동안 기억하고 이를 다른 상황에 적용할 수 있도록 지원해야 한다. 파지란 학습한 내용을 기억하고 있는 것이며 전이란 학습한 정보를 다른 상황에 적용하고 일반화하는 것이다. 파지와 전이를 활성화하는 방법은 학습 능력에 따라 다르다. 언어 능력의 경우, 학생들에게 배운 내용을 다른 말로 설명하게 하거나 표현할 수 있도록 하고, 인지 전략 학습은 다양한 문제 상황을 제시하여 해결책을 도모하는 기회 제공을 통해서 파지와 전이를 높일 수 있다. 운동 기능은 지속적인 연습을 통한 강화가 필요하다.

가네(1985)는 다섯 가지 학습 능력 중 위계가 가장 분명한 것으로 지적기능 영역을 제시하였다. 지적기능에 대한 학습은 신호 학습, 자극-반응 학습, 운동 연쇄 학습, 언어 연합 학습, 변별 학습, 개념 학습, 규칙 학습, 고차원적 규칙 학습의 여덟 가지 유형으로 구분되며 이와 같은 순으로 학습의 위계를 형성한다. 학습은 내용이 단순한 것에서 복잡한 것, 낮은 수준에서 높은 수준으로 위계를 이룬다.

가) 신호 학습

가장 기본이 되는 학습으로 고전적 조건화를 통해서 수동적으로 반응하는 것이 이에 해당한다. 특정 동물에 대해서 공포심을 느끼는 것과 같은 감정적 반응은 신호 학습의 결과로 야기된다.

나) 자극-반응 학습

조작적 조건화를 통해서 학습자가 자발적으로 자극에 반응하고 강화를 통해서 효과적으로 반응을 촉진하는 것이 대표적인 예이다. 자극-반응 학습의 특징은 신호 학습과는 달리 반응 능동적이라는 점이다.

다) 운동 연쇄 학습

학습된 자극과 반응을 일련의 절차에 따라 반응할 수 있는 능력을 학습하는 것이다. 현미경을 조작하여 관찰하거나 농구공으로 드리블 하는 것 등이 이에 해당한다.

라) 언어 연합 학습

언어를 조합하고 연합하여 사용할 수 있는 능력이다. 영어 단어 외우기, 역사적 날짜 암기, 수학 공식 암기 등이 이에 해당한다.

마) 변별 학습

유사한 대상들을 변별할 수 있는 능력을 학습하는 것으로 차이점을 구별하고 이에 반응할 수 있다. 가령, 옷의 질감 차이를 구체적인 말로 표현하지 못하더라도 차이점을 느끼고 반응하는 것이 이에 해당한다.

바) 개념 학습

개념 학습이란 사물의 공통적인 속성을 개념화하는 것으로 구체적 개념 학습과 정의된 개념 학습으로 구분할 수 있다. 구체적 개념 학습이란 여러 대상의 공통된 속성을 이해하고 이를 단일 유목으로 분류할 수 있는 능력에 대한 학습이다. 가령, 책이나 컴퓨터처럼 구체적인 대상을 그것의 속성에 따라 분류하는 것이다. 정의된 개념 학습은 의미와 정의에 기반하여 식별하는 능력을 학습하는 것으로 자유나 평화 등 추상적인 개념을 설명하고 적용할 수 있는 능력이 그 예이다.

사) 규칙 학습

규칙적이고 원리에 부합하는 수행을 가능하게 하는 추론 능력을 학습하는 것이다. 규칙 학습에서 중요한 것은 학습자가 문제를 해결할 때 규칙을 적절하게 응용하고 활용할 수 있음을 보여주는 것이다. 수학의 계산 법칙이나 과학적 원리를 이해하고 활용하는 것이 대표적인 예이다.

아) 고차원적 규칙 학습

고차원적 규칙 학습이란 여러 개의 규칙을 조합해 복잡한 문제를 해결할 수 있는 능력이다. 예를 들어, 체스에 관한 기본 규칙이나 전술 또는 전략적 규칙을 바탕으로 해당 상황에 맞게 모든 규칙을 적용하여 게임을 운영하는 능력인 체스 학습 등이 이에 속한다.

지식 플러스 **자기주도학습을 조장하는 교수전략**

자기주도학습을 조장하기 위해서 교사는 어떻게 가르쳐야 할까?

첫째, 학생에게 무언가를 배우게 하는 것이 아니라 "어떻게" 배우는지 스스로 깨닫고 학습하게 한다(Gabler & Schroeder, 2003).

둘째, 수업 목표를 설정하고 필요한 자료를 준비하되 학생이 과제 수행에 대한 주도권을 가질 수 있도록 지식과 정보를 명료하게 전달하고 적절한 질문을 통한 상호작용을 활성화한다(Staub & Stern, 2002).

셋째, 모둠 활동을 활용한다(Woezik et al., 2021). 학생들 간 상호작용을 조장하기 위해서 조를 편성하고 집단 내 역할을 부여하며 활동 시간을 점검한다(Kirschner et al., 2006). 집단 내 리더의 역할에 대한 안내와 과제 진전 및 수행 상황을 살펴보면서 교사가 적절하게 개입하는 것도 필요하다. 지식을 이해하고 활용할 수 있는 실생활 기반 활동을 제시하여 문제 해결 방안을 지도하는 것도 좋은 예이다(Kirschner et al., 2006; Milad, 2022).

넷째, 도전적인 과제를 제시하고 모험심과 적절한 수준의 위험 감수를 조장한다. 이와 함께 학생으로 하여금 학습 과정 중 범할 수 있는 실수를 인정하게 하고 학생의 실수에 대한 구체적인 피드백을 제공한다. 이를 통해서 학생의 자율성을 보장하되 이에 따른 실수와 실패 경험을 바탕으로 학습능력을 신장시킬 수 있다.

다섯째, 개별 학생의 적성 능력과 수준에 맞는 학습 활동을 제공하고 학생 스스로 자기주도학습을 연습할 수 있도록 과제를 제공한다. 교사와 학생 간 상호작용을 통해서 학생의 자기주도학습 능력을 증진할 수 있도록 훈련하는 것도 필요하다(Francom, 2010).

교실 속으로 **오수벨의 유의미학습: 성공적인 적용 사례**

윤지훈 선생님은 고등학교 사회 시간에 '사회 불평등'을 주제로 수업을 준비했다. 그는 오수벨의 유의미학습 이론에 따라 학생들의 기존 지식과 새로운 개념을 효과적으로 연결시키기 위해 수업을 설계했다.

수업 시작 전, 윤 선생님은 선행 조직자로 '학교 내 성적 불평등'이라는 익숙한 주제를 제시하였다. "여러분, 반 친구들 간 성적 차이가 나는 이유는 무엇일까요?"라는 질문을 던지며 학생들이 자신이 겪었던 경험과 생각을 나누도록 유도했다. 학생들은 "공부 방법의 차이", "가정 환경" 등을 이야기하며 자신들의 일상에서 경험한 불평등에 대해 논의하기 시작했다.

윤 선생님은 학생들의 논의 내용을 바탕으로 사회 불평등 개념을 설명하기 시작하였다. "성적 불평등처럼, 사회에서도 교육, 직업, 소득 등 여러 영역에서 불평등이 존재합니다"라며 학생들이 익숙한 주제를 바탕으로 사회적 불평등의 다양한 원인을 유의미하게 연결할 수 있도록 하였다. 이 과정에서 그는 학생들이 이미 알고 있는 개념(출발점 지식)을 활용해 새로운 개념이 자연스럽게 연결되도록 도와주었다.

수업 후반부에는 학생들이 지역 사회에서 실제로 존재하는 사회 불평등 사례를 조사하고 그 원인을 분석하는 과제가 주어졌다. 학생들은 자신의 동네나 가족의 직업 환경, 주변 사람들의 경험을 바탕으로 구체적인 예시를 찾았고, 이를 통해 학습한 개념을 현실에 적용하였다. 이 과정에서 학생들은 단순히 개념을 외우는 것이 아니라, 자신의 경험과 학습 내용을 의미 있게 연결하며 깊이 있는 이해를 얻을 수 있었다.

⊙ 생각해 볼 거리

이 수업은 오수벨의 유의미학습 이론을 바탕으로 선행 조직자를 통해 학생들이 익숙한 주제와 새로운 개념을 연결할 수 있도록 설계되었다. 학생들이 경험한 '성적 불평등'이라는 친숙한 사례를 통해 학생들이 실제로 관심을 가질 수 있는 방식으로 사회 불평등을 이해할 수 있도록 하였다.

이 사례를 바탕으로 친숙한 주제를 이용해 새로운 개념을 연결하는 것이 왜 학생들의 학습에 중요한지 생각해보자. 이와 함께 학습자의 이해를 돕기 위해 선행 조직자가 어떻게 더 효과적으로 설계될 수 있을지 고민해보자.

교실 속으로　　**브루너의 발견학습: 그 혼란의 순간**

박지연 선생님은 브루너의 발견학습 모형을 배우고 큰 감명을 받았다. 학생들이 스스로 문제를 해결하고 주제를 발견하는 과정에서 학습이 이루어지는 방식이 매우 혁신적이라고 느껴졌기 때문이다. 그래서 중학교 수학 수업에서 '피타고라스의 정리'를 가르칠 때 학생들이 직접 그 원리를 발견할 수 있도록 수업을 설계했다.

박 선생님은 학생들에게 여러 삼각형을 주고, "이 삼각형들에서 어떤 공통된 규칙을 발견할 수 있나요?"라는 질문을 던졌다. 문제는 시작부터 발생했다. 학생들은 아무런 배경지식 없이 삼각형들을 그저 바라볼 뿐 어떤 규칙을 찾아내야 할지 몰라 당황하기 시작했다. 박 선생님은 교과서에 나와 있던 '발견학습'의 기본 원칙만을 떠올리며 학생들에게 그저 더 많은 시간을 주고 기다렸다. 시간이 지나도 학생들은 혼란스러워했지만 박 선생님은 개입하지 않고 "스스로 해결해야 해요!"라고 말할 뿐이었다.

수업은 학생들의 무기력한 분위기 속에서 끝나버렸고 박 선생님은 당혹감을 감추지 못했다. '내가 발견학습을 적용했는데 왜 아무도 답을 찾지 못했지?'라는 의구심이 머리 속에서 떠나지 않았다. 수업이 끝난 후 박 선생님은 발견학습의 본질이 단순히 정답을 제공하지 않는 것이 아니라 학생들이 원리를 발견할 수 있도록 단계별로 적절한 단서와 지원을 제공하는 것임을 깨닫게 되었다.

⊙ 생각해 볼 거리

본 사례는 발견학습 모형의 본질을 충분히 이해하지 못한 채 형식적으로만 적용하려다 발생한 어려움을 보여주고 있다. 박 선생님이 놓친 부분은 무엇일까? 발견학습에서 교사의 역할은 무엇이며 학생들 원리를 스스로 발견할 수 있도록 지원하려면 어떻게 해야 할까?

3 교수 방식

교수 방식은 좋은 수업을 결정하는 주요 요인이다. 그러나 특정한 한 가지 교수 방식이 모든 학생들의 학습 목표 달성에 효과적일 수는 없다. 교사는 교과의 특성과 교수 내용에 적합한 수업 방식을 선택하여 학습 효과를 극대화할 수 있도록 해야 한다.

가. 강의

강의[*]는 가장 전통적인 교수 방식으로 교수자가 주도하여 계획하고 설계한 수업 내용을 학습자에게 주로 언어로 전달한다. 교수자가 학습의 양, 시간 및 환경을 자유롭게 조정하고 필요한 지식과 정보를 체계적으로 정리하여 학습자에게 전달하는 것도 강의의 특징이다. 강의는 특정 시간 내에 많은 양의 정보를 다룰 수 있고 복잡하거나 접근하기 어려운 내용을 전달하는 데 효과적이다. 뿐만 아니라 추가적인 교육 자료를 요구하지 않고 다양한 교과에서 두루 사용할 수 있다. 따라서 학습자가 필요한 지식을 단기간에 습득하는 데 효과적이다. 그러나 학습자가 흥미를 느끼지 못하거나 학습자의 수준에 맞지 않는 내용을 다룰 경우, 학습자가 지루해하거나 오랫동안 기억하지 못하며 이해하는 데 어려움을 경험할 수 있다. 교수자에 의한 일방적인 의사소통으로 인해 학습자가 수동적으로 지식을 받아들이는 교수자 중심의 교수 방식이라는 사실은 지속적으로 비판 받아왔다(<표 2-1> 참고).

강의의 효율성을 높이기 위해서 교수자는 수업 시작 전에 이전 학습 내용을 간략하게 복습하여 학습자의 기억을 상기시키고 수업이 끝날 때 강의 내용을 요약하여 학습자의 기억력을 높일 수 있다. 일방적인

강의(법): 교사 중심적 수업형태의 하나로서 학생들에게 제시할 학습자료를 설명, 또는 주입의 형식을 통해 행하는 수업이다.

☑ **출처: 교육학용어사전**

내용 전달로 인해 학습자의 학습에 대한 동기가 저하되지 않도록 학습자의 흥미와 관심을 유도하고 지속시키는 노력을 하는 것도 필요하다.

[표 2-1] 강의의 장점과 단점(신명희 외, 2014)

장점	단점
1. 단시간에 많은 지식을 다룰 수 있다.	1. 학습자의 능력과 개성이 간과될 수 있다.
2. 교사의 언어 능력에 따라 학습자의 동기를 증진할 수 있으며 학습자의 이해를 높일 수 있다.	2. 학습자의 활동 기회를 제약하여 수업태도가 수동적이 될 수 있고 동기를 유지하는 것이 어렵다.
3. 학습량, 수업 시간 등을 교사가 자유롭게 조절할 수 있다.	3. 교사의 능력 부족과 충분한 수업 준비, 계획 준비에 따라 수업의 효율성이 달라질 수 있다.
4. 교과서 내용을 교사의 능력 범위 내에서 손쉽게 보충하거나 첨가 및 삭제할 수 있다.	4. 창의적 및 비판적 사고력처럼 고차원적인 인지능력을 촉진하는 데 제한적일 수 있다.
5. 특별한 자료가 없이 수업이 가능하다.	

나. 토론

토론은 조직화된 지식 구조를 획득하고 이를 촉진하기 위해서 고안되었다. 조직화된 지식 구조란 사실과 개념 및 원리를 연결하여 이들 간 관계가 명확하게 형성된 것을 말한다. 토론은 교수자와 학습자 간 의견 교환을 통해서 학습 활동에 적극적인 참여를 유도하고 학습 내용에 대한 흥미를 불러일으킬 수 있다. 토론을 통해서 학습자는 능동적으로 학습에 참여하고 자신과 다른 의견을 듣고 존중하며 다양한 관점을 이해할 수 있다. 어렵고 복잡한 문제에 직면했을 때 또래 학습자 간 의견 교환을 통해서 문제 해결을 도모함으로써 의사소통 능력뿐만 아니라 협업 능력을 기를 수 있는 것도 토론의 장점이다. 이와 함께 강의의 단점을 보완함으로써 강의와 토론의 효과성을 극대화할 수 있다. 가령 수업 시간에 교사는 강의 후 체계적인 질문을 통한 토론을 활용함으로써 강의 내용을 지루해하거나 이해에 어려움을 겪는 학생들의 학습 활동을 촉진할 수 있다.

그러나 토론은 복잡하거나 어려운 내용을 다루기에 적합하지 않을 수 있으며 교수자에게 상당한 준비 시간을 요구한다. 따라서 토론이 효과적인 교수 방법이 되기 위해서 교수자는 토론할 주제에 대한 질문을 미리 준비하고 학습자가 토론에 적극적으로 참여할 수 있는 환경과 분위기를 조성해야 한다. 토론 중에 교수자가 던지는 질문은 학습자의 학습 능력과 이해 수준을 고려하여 학습 내용과 유관한 것이어야 효과적이다. 따라서 교수자는 학습자의 특성, 토론의 목적과 시간, 수업 환경 등을 종합적으로 고려하여 토론 주제와 내용, 토론 집단의 크기와 구성 및 구성원의 역할(예: 발표자, 기록자) 등을 사전에 계획해야 한다(<표 2-2> 참고).

[표 2-2] 토론의 장점과 단점(신명희 외, 2014)

장점	단점
1. 학습자의 적극적인 참여를 유도한다.	1. 준비나 진행 과정에 시간이 많이 소요된다.
2. 의사소통능력, 사고능력, 비판적 분석능력을 증진할 수 있다.	2. 학습자가 다른 사람에게 민감하게 반응하거나 방관자적인 태도를 보일 수 있다.
3. 민주적인 태도와 가치관을 함양하게 한다.	3. 불확실하거나 이해하기 어려운 개념, 사실에 대한 명확한 결론을 내리기가 어려울 수 있다.

지식 플러스 **토론식 수업의 효과적인 운영을 위한 단계별 준비 활동**

가) 도입과 복습

수업을 시작하면서 교사는 학생들의 관심을 유발하기 위해서 이전에 배웠던 내용을 복습한다. 사전 지식에 대한 상기를 통한 학습 동기 유발은 원활한 토론의 시작점이다.

나) 정보 제공

교사는 토론에 필요한 정보를 제공한다. 한 번에 많은 정보를 주기보다 구간을 나누어 필요한 정보를 적절히 제공함으로써 학생들의 인지적 부담을 줄이는 것이 좋다.

다) 이해 수준 확인

교사는 다양한 질문을 활용하여 학생들의 지각 및 이해 수준을 점검한다. 학생들은 토론에 적극적으로 참여하고 학습에 필요한 도식을 구성할 수 있다.

라) 통합

교사의 추가적인 질문은 학생들로 하여금 선행 지식과 새로운 지식을 결합하게 하고 학습을 촉진하는 동력이 된다. 이처럼 지식의 통합은 정보를 조직화하고 학생들의 인지적 부담을 감소시킬 수 있다.

다. 협동학습

1) 정의와 기능

협동학습*은 학습자가 동일한 목표 달성을 위해서 소집단 내에서 함께 활동하는 대표적인 학습자 중심 교수-학습 방법이다(신명희 외, 2018). 협동학습에서 학습자는 집단 내 구성원들과 학습 내용을 분담하고 상호 작용을 통해서 개인과 구성원 모두의 학습 목표 달성을 위해서 협력한다. 학습자 간 상호 작용은 학습을 촉진하는 기제가 될 수 있다. 가령, 학습자 간 의견 차이로 인해 발생하는 갈등 해결 과정을 통해서 학습자는 타인의 의견을 경청하고 존중하며 수용하는 것을 배울 수 있다. 다른 학습자들을 논리적으로 설득하는 과정을 통해서 학습자는 학습 내용을 능동적으로 구조화하고 정교화할 수 있는 기회를 가질 수 있어 궁극적으로 학습에 대한 이해도를 높일 수 있다. 이외에도 혼자 학습할 때보다 많은 내용과 지식을 습득할 수 있는 점, 토론과 논쟁을 통해서 고차원적 사고능력을 신장시킬 수 있는 점, 또래를 비롯한 대인관계 및 사회성 발달을 촉진할 수 있는 점 등도 협동학습의 장점이다.

그러나 개별 학습에 비해 많은 시간과 노력이 필요하고 학습 과정

협동학습: 한 학급 전체 또는 5~6명으로 구성된 분단이 공동의 목적을 성취하기 위하여 협력적으로 하는 학습이다.

☑ 출처: 교육학용어사전

중에 학습자 간 오개념이 형성되기 쉽다는 점에는 주의가 필요하다. 이와 함께 몇몇 학습자가 학습 전체를 주도하거나 무임 승차하는 학습자가 발생하는 등의 문제는 학습자의 학습 동기와 사기를 떨어뜨리는 협동학습의 문제점이다.

2) 성공적인 협동학습의 조건

성공적인 협동학습의 조건에는 어떤 것들이 있을까? 첫째, 긍정적 상호 의존성이다. 이는 개별 학습자뿐만 아니라 집단 내 구성원 모두 주어진 과제 수행을 위해서 서로 의지하며 도움을 주고받는 관계를 형성해야 한다는 것이다. 둘째, 면대면 상호작용을 통해서 구성원 간 지지와 격려 및 학습을 촉진하기 위한 노력이 필요하다. 셋째, 개별 책무성이다. 구성원 간 협력뿐만 아니라 학습 과정과 내용에 대한 개별 학습자의 책임감은 협동학습의 성공에 필수적인 요인이다. 넷째, 사회적 기술로 집단 구성원 간 원활한 대화와 소통 및 상호작용을 가능하게 하는 사회성과 대인관계능력을 갖추고 있어야 한다. 마지막으로 집단화 과정이다. 학습자 스스로 자신의 행동이 협동학습을 통해서 달성하고자 하는 공동의 목표에 도움이 되는지 숙고 및 성찰하고 이후 수정 및 개선 사항을 결정할 수 있어야 한다(임철일 외, 2021; Johnson, Johnson, & Smith, 1998).

3) 유형

가) 성취과제 분담학습

성취과제 분담학습(Student Team Achievement Division, STAD)은 소집단 협동학습을 수행한 후 학습자의 개별 학습 결과를 과거의 성적과 비교하고 그것의 향상 정도를 집단점수로 환산하여 집단으로 보상을 제공한다. 이 경우, 교사는 4~5명의 학습자들로 소집단을 구성하고 소집단 내 학습의 내용과 목표 및 규칙을 설명한 후 협동학습을 진행한다. 협동학습의 결과는 개별 학생의 향상 점수에 기반하여 소집단별로 향상된 정도에 따라 보상을 받는다.

나) 토너먼트식 게임

토너먼트식 게임 모형(Teams-Games-Tournaments, TGT)은 성취과제 분담학습과 매우 유사하지만 학습자를 개별적으로 평가하지 않고 각 집단에서 능력이 비슷한 학습자를 선정하여 이들을 한데 모아 토너먼트 게임을 하게 한다는 점에서 차이가 있다. 게임에 참여한 학습자가 얻은 점수는 이들이 속한 집단의 점수로 환산되어 집단이 보상받는 근거가 된다.

다) 직소

직소(Jigsaw)는 I, II, III 모형으로 구분된다. I 모형은 모든 학습자들이 교사와 학생의 역할을 동시에 수행하는 과제 분담형 협동학습이다. 학업 성취 수준이 다른 3~4명이나 4~6명의 학습자들이 집단을 구성하고 학습 내용을 분담하여 학습한 후 원래 속한 집단으로 돌아가 학습 내용과 결과를 집단 내 동료들에게 가르친다. II모형은 I 모형과 동일하게 진행하나 학습 이후 개별 시험을 통해서 이전 학습에 비해 향상된 정도를 집단 점수화하여 집단으로 보상을 제공한다. III모형의 경우, 시험을 보기 전 집단별로 학습할 시간을 추가로 제공한다.

라) 협동을 위한 협동학습

협동을 위한 협동학습(코프코프, Co-Op Co-Op)은 학급 전체 학생들이 학습 주제를 선택하고 관련 소주제별로 집단을 구성한 후 소집단별 학습을 통해 학습 목표를 달성한다. 교사는 학생들의 흥미와 관심을 자극하고 학습 주제 선정을 위한 토론을 진행한다. 학습 목표에 따라 결정된 세부 주제별로 소집단이 구성되면 학생 스스로 자신의 관심사에 따라 소집단을 선택하거나 교사가 학생을 소집단에 배정한다. 소집단별 주제에 따라 학습이 이루어진 후 집단 내 발표와 학급 단위의 종합 토론으로 학습이 진행된다.

라. 문제중심학습

1) 정의

문제중심학습[*]은 실생활에서 직면하는 비구조화된 문제를 해결하는 과정을 통해서 학습자 스스로 지식을 학습하는 교수-학습 방법이다. 문제중심학습은 학습자 중심 학습으로, 학습자는 단순히 지식을 전수받는 것이 아니라 적극적인 문제 해결자가 되며 교수자는 조력자 또는 안내자의 역할을 담당한다. 문제중심학습은 프로젝트 학습이나 협동학습의 형태로 진행되며 맥락 중심적이다. 생활 속에서 발생하는 문제를 다루기에 학습자의 물리적, 사회적 및 환경적 상황과 요인이 학습 과정에 반영되어야 한다.

> **문제중심학습:** 종전의 강의법을 지양하고 문제를 해결해 나가는 과정을 통해 학습이 이루어지도록 하는 방법이다.
> ☑ 출처: HRD 용어사전

2) 문제중심학습의 특징

문제중심학습의 특징은 **비구조화된 문제**[*]를 다룬다는 것이다. 비구조화된 문제는 단편적인 지식이나 암기 및 공식을 적용하는 것만으로 해결할 수 없으며 실생활에서 직면하는 문제를 다루기에 학습 내용과 유관한 적절한 맥락을 포함해야 한다. 문제중심학습은 내용이 복잡하고 문제 해결을 위한 지식의 습득과 활용 및 전이 경험을 요구하기에 학습자 스스로 지식을 구성하고 학습하는 과정을 조장한다. 실제 문제 해결과정을 통해서 학습자의 흥미를 유발하고 창의적 문제 해결력과 자기주도적 학습 능력을 증진시킬 수 있는 것도 문제중심학습의 강점이다.

문제중심학습의 또 다른 특징은 학습자가 중심이 되는 교수-학습 방법이라는 점이다. 학습자는 수동적인 지식의 수용자가 아닌 능동적인

> **비구조화된 문제:** 문제 해결의 방법이나 과정이 다양하고 그 해결책을 평가하는 기준도 다양한 문제이다.
> ☑ 출처: 교육심리학, 신명희 외, 2018

문제 해결자가 되어 학습에 참여하고 교수자는 이를 위한 학습의 진행자가 된다. 문제중심학습에서 교수자는 전통적인 강의자가 아닌 학습자가 주도적으로 학업 수행을 할 수 있도록 조력하고 촉진하는 역할을 한다.

문제중심학습의 강점을 살리기 위해서 무엇보다도 교수자의 전문성이 필요하다. 가령, 너무 포괄적으로 정의된 문제를 해결해야 할 때 학습자의 혼란이 과중되어 학습에 차질이 생기고 수업 목표 달성에 어려움이 발생할 수 있다. 수업 중에 다루어야 할 문제가 너무 많거나 수업에 참여하는 학생들이 많은 경우, 발표와 토론 시간 부족으로 인해서 수업 운영에 차질이 생길 수도 있다. 따라서 교수자는 문제를 제시하고 해결하는 과정에서 학습자의 흥미를 자극하고 이해를 도모하며 학습자로 하여금 학습 활동에 적극적으로 참여할 수 있도록 사전 준비와 계획을 철저히 세우고 학습을 촉진하는 코칭 기술을 적절히 사용할 수 있어야 한다.

지식 플러스 **문제중심학습을 촉진하는 코칭 기술**(임철일 외, 2021 참고)

문제중심학습의 효과성을 극대화하기 위해서 교수자는 어떠한 기술을 익혀야 할까?

첫째, 교수-학습 과정에서 다룰 문제를 선정하고 개발하는 것이 중요하다. 효과적인 학습을 위한 문제 개발 절차는 다음의 여섯 단계를 따른다.

(1) 교수-학습 목표와 내용 선정

수업에서 가르치고자 하는 핵심 주제와 개념을 선택하고 필요한 연습 문제와 과제를 제시한 후 이를 해결하면서 학습자가 달성하게 되는 학습목표를 선정한다.

(2) 학습자의 특성 파악

학습자의 연령, 선행 학습 수준, 학습 동기를 비롯한 인지적, 성격적 및 동기적 특성 등을 다각적으로 파악하여 학습자의 특성에 적합한 문제와 과제의 성격을 규정한다.

(3) 학습 맥락 설계

학습 내용에 적합한 맥락을 설계할 때 교수자는 제시하는 문제 상황이 학습자의 삶 속에서 실제로 일어날 수 있음을 인지해야 한다. 문제 상황은 이야기의 형태로 구조화될 수 있고 신문 기사나 논문 등 다양한 자료와 함께 제시 가능하다.

(4) 잠정적 문제 선정

문제를 구조화하는 방식, 문제 해결에 소요되는 시간, 문제 해결을 위해 활용 가능한 자료, 문제 해결 후 예상되는 결과물 등을 고려하여 문제를 잠정적으로 선정한다.

(5) 역할 및 상황 설정

학습자의 역할과 문제 해결 상황을 설정하여 학습을 역동적으로 구성할 수 있는 방안을 모색한다. 구체적인 역할과 상황 설정은 학습자로 하여금 주어진 문제를 실제 문제 상황으로 인식하게 하고 학습 동기를 유발할 수 있다.

(6) 문제 시나리오 작성

문제가 구체적인 형태로 제시되는 단계로 시나리오를 활용하여 내용을 구성하고 제시하며 검토할 수 있다. 시나리오는 이전 단계에서 고려한 학습자의 특성과 학습 맥락에 적합하게 구성하고 활자나 매체 등을 고려하여 문제 상황을 효과적으로 드러낼 수 있는 방안을 선택한다. 마지막 검토 단계에서는 해당 전문가의 피드백을 통해서 시나리오 내용 구성 및 제시 방법의 적절성 등을 점검하고 수정 및 보완한다.

둘째, 개발된 문제를 학습 상황에서 어떻게 활용하는지에 따라 문제중심학습의 성패가 좌우된다. 다음의 여섯 단계에 따라 문제중심학습을 실습해 보자.

(1) 문제 제시

교수자는 제시된 문제가 실제 생활에서 일어날 수 있는 상황임을 강조함으로써 문제 상황에 대한 학습자의 관심과 흥미를 유발한다. 뿐만 아니라 내용을 실제 맥락에 맞게 구성하고 이를 학습자에게 효과적으로 전달할 수 있는 방법을 선택한다.

(2) 문제 확인 및 실천 계획 수립

학습자는 모둠별로 문제 상황을 확인하고 문제 해결을 위한 실천계획을 세워야 한다. 문제 상황에 대한 검토는 생각, 사실, 학습과제, 실천계획의 네 가지 단계를 통해서 이루어진다(임철일 외, 2021). 생각은 문제에 대한 가설과 추측에 관한 것이고 사실이란 문제 상황에 관한 실제 정보와 학습자가 이미 알고 있는 정보를 가리킨다. 학습과제는 학습자가 새롭게 습득해야 하는 것으로 이전 단계에서 검토한 사실을 바탕으로 문제 해결을 위해서 추가적으로 학습해야 하는 내용이다. 마지막으로 문제 해결을 위한 구체적인 실행안을 수립한다.

(3) 문제 해결을 위한 자료 수집

신문 기사, 잡지, 책, 인터넷 검색 등 다양한 정보를 활용하여 학습자가 주도적으로 자료와 정보를 확인하고 수집한다. 학습자의 자기주도적 학습 능력이 부족한 경우, 교수자는 구체적인 예시와 지침을 통해서 학습자의 자료 수집 과정을 도울 수 있다.

(4) 문제 재확인 및 해결안 도출

수집한 자료와 정보를 바탕으로 이전 단계에서 확인한 문제 상황과 실천계획을 검토하여 문제를 재확인한다. 학습자들은 모둠 내에서 각자의 아이디어를 공유하고 문제 상황을 재평가하면서 최적의 해결안을 도출해낸다.

(5) 문제 해결안 발표

각 모둠에서 최종적으로 도출한 해결안을 수업 시간에 발표한다. 발표를 통한 모둠 간 아이디어 및 피드백 교류는 상이한 해결안들에 대한 비교 및 대조를 통한 검토의 기회를 제공한다.

(6) 학습 결과 정리 및 평가

모둠별로 진행한 문제 해결 과정 및 최종 해결안에 대해서 교수자, 학습자 자신 및 동료에 의한 평가를 실시한다. 문제중심학습 과정 및 결과에 대한 학습자별 성찰 일지 작성과 기록은 학습을 마무리하는 데 도움이 된다.

마. 거꾸로 학습

1) 정의

거꾸로 학습[*]은 학교에서의 강의식 수업과 집에서 하는 숙제로 구성된 전형적인 학습 과정을 거꾸로 하는 교수-학습 모형으로 플립 러닝이라 불린다. 교수자는 자신이 제작한 동영상 강의, 인쇄 자료, 강의 노트, 기존 웹 사이트에 있는 콘텐츠 등 학습과 관련된 내용을 테크놀로지와 매체를 통해서 강의실 밖에 있는 학습자에게 선수 지식의 형태로 제공하고 학습자는 이를 통해서 학습의 개념을 이해하기 시작한다. 강의실 밖에서 선행 학습이 이루어지면 강의실 안에서는 그룹 기반의 학습 활동이 이루어진다. 대표적인 예로 프로젝트 기반 학습, 문제중심 학습, 사례연구, 실험, 게임, 시뮬레이션, 퀴즈 등의 활동이 있다.

> **거꾸로 학습(flipped learning):** 혼합형 학습(blended learning)의 한 형태로 학생이 수업 전에 온라인 영상을 통해 먼저 학습하고, 수업 시간에는 학습한 내용을 논의와 평가 등을 통해 확인·보완하는 학습 방식이다.
> ☑ 출처: IT용어사전

2) 특징

교수자는 사전 학습 과정 중 설명이 필요한 부분에 대해서는 보충 설명을 제공할 수 있지만 강의식 수업처럼 수업을 주도하지 않는다. 거꾸로 학습에서 교수자는 학습의 촉진자이며 학습자는 수업의 주체가 된다. 따라서 교수자와 학습자, 학습자와 학습자 간 상호작용이 중요하다.

거꾸로 학습은 학습자로 하여금 사전 학습과 예습을 통해서 능동적으로 지식을 습득하고 학습에 대한 책임감을 갖게 하며 개별화 학습을 가능하게 한다. 그러나 학습자가 수업 전에 학습 내용을 공부해야 하기에 학습자의 개인적 및 환경적 특성에서 비롯되는 학습에 대한 준비 및 이해 수준에 차이가 발생할 수 있다. 교수자의 경우, 수업 전에 학습자에게 학습 자료를 미리 제공해야 하고 동영상 제작을 비롯한 수업 자료를 미리 선별하고 준비해야 하는 부담이 있다.

거꾸로 학습의 효율성을 높이기 위해서 무엇보다 교사의 전문성이 필요하다. 교수자는 수업의 안내자, 조력자 및 코치로 수업 이전에 학습자에게 필요한 학습 내용과 관련 자료 및 활동을 구체적으로 제시할 수 있어야 한다. 이와 함께 사전 학습 후 수업 시간에 이루어질 질의응답과 학습 활동에 대한 준비와 계획도 수립되어 있어야 한다.

지식 플러스　**거꾸로 학습, 이렇게 해보자!**

(1) 교사는 수업 시간에 다룰 주요 개념과 지식에 관한 교재와 자료를 제작하고 선별하여 이를 사전에 학생들에게 제공한다.

(2) 학생들은 수업 전에 집에서 자신의 속도에 맞게 제공된 교재와 자료를 학습한다. 예습은 거꾸로 학습에서 가장 중요한 것으로 학생들이 수업 전에 학습할 내용을 충분히 숙지하지 못하면 수업 중 활동이 효과적으로 이루어지지 못한다.

(3) 수업 도입부에 학생들은 예습한 내용 중 명확하지 않은 부분을 질문하고 교사는 이에 응답하며 학생들의 학습 준비 상황을 파악한다. 이와 함께 교사는 수업 시간에 다룰 활동을 소개하면서 수업 전반을 소개한다.

(4) 본격적으로 수업이 시작되면 학생들은 사전에 공부한 내용을 바탕으로 교사가 제시한 다양한 활동들(예: 토론, 토의, 프로젝트, 문제중심학습 등)을 수행한다. 교사는 학생들의 활동을 모니터링하고 피드백을 제공하며 학습 결손이 있거나 부진한 학생들은 개별적으로 지도한다.

(5) 수업이 끝나갈 무렵 학생들은 자기 평가와 동료 평가를 진행하면서 학습 성과에 대한 피드백을 받는다.

교실 속으로　**문제중심학습의 한계와 도전**

고등학교에서 미술과 과학을 결합한 융합 수업을 진행하던 김은정 선생님은 문제중심학습을 활용해 학생들에게 '도시의 공공 미술 프로젝트'를 기획하고 실행하는 과제를 내주었다. 학생들은 도시에 적합한 공공 미술 작품을 디자인하고 작품이 환경과 어떻게 상호작용하는지 과학적 관점에서 분석해야 했다. 김 선생님은 "환경 친화적인 공공 미술은 어떻게 도시의 생태적 균형에 기여할 수 있을까?"라는 문제를 제시하며 학생들이 각자의 해결책을 찾아나가기를 기대하였다.

그러나 수업이 진행되면서 예상치 못한 어려움들이 나타났다. 학생들은 미술에서의 창의성과 과학적 분석을 결합하는 과정에서 혼란을 겪기 시작하였다. 몇몇 학생들은 미술적 아이디어에만 집중했고 또 다른 학생들은 환경 문제를 과학적으로 분석하는 데 치중하면서 결과적으로 두 영역을 조화롭게 통합하지 못하였다.

일부 학생들은 무엇을 어디서부터 시작해야 하는지 결정하기 어려웠다. 왜냐하면 문제의 범위가 광범위했기 때문이다. 김 선생님은 학생들에게 구체적인 방향성을 제시하지 않고 문제 해결을 전적으로 학생들에게 맡겼지만 학생들은 과제의 복잡성에 압도당하고 말았다. 결과적으로 수업이 끝날 때쯤 대다수의 학생들은 만족스러운 결과물을 제시하지 못하였고 문제 해결 과정 자체에 대한 피로감을 호소하였다.

⊙ 생각해 볼 거리

본 사례는 문제중심학습에서 문제의 비구조화가 가져오는 어려움을 보여주고 있다. 학생들이 문제 해결에 대한 방향성을 설정하지 못한 채 혼란스러워하는 모습에서 문제의 범위가 너무 광범위하거나 구체적인 지원 체계가 결여되어 있을 때 발생할 수 있는 문제점을 짐작해 볼 수 있다.

문제중심학습에서 문제의 구조화 방안과 교사의 역할에 대해서 생각해보자.

교실 속으로 | **협동학습의 성공 VS. 실패 사례**

가. 협동학습 성공 사례

중학교 역사 시간에 협동학습 프로젝트가 진행되었다. 이은수 선생님은 학생들의 다양한 학습 능력과 배경을 고려하여 몇 개의 집단(조)으로 나누어 조별로 한국 역사의 특정 사건들을 분석하는 과제를 부여하였다. 수업 초반 이 선생님은 수업 목표와 목표 달성을 위한 학생들의 역할을 명확히 제시하여 집단 내에서 학생들 간 상호작용이 원활히 이루어질 수 있도록 하였다. 학생들은 각자의 역할을 충실히 수행하면서도 집단 내 구성원들과 피드백을 주고받으며 수업에 집중하였다. 이 선생님은 정기적으로 학습 진행 상황을 점검하며 필요한 지원을 상시로 제공하였다. 프로젝트가 끝난 후 조별 발표를 통해서 연구 결과가 공유되었고 선생님은 조별 결과물 뿐만 아니라 자신이 관찰한 학습 과정에 대한 평가를 공유하며 수업 활동 전반에 대한 피드백을 제공하였다.

⌄ 생각해 볼 거리

성공적인 협동학습을 위한 교사의 역할은 무엇일까? 내가 만약 이 선생님이라면 학생들 간 원활한 상호작용과 갈등 해결 및 수업 목표 달성을 위해서 어떠한 지원을 제공할 것인가?

나. 협동학습 실패 사례

고등학교 영어 수업에서 김민수 선생님은 임의로 학생들을 소집단으로 나누어 특정 주제에 대해서 조별로 발표하는 시간을 갖도록 하였다. 학생들의 자율성을 존중하여 김 선생님은 집단 내 학생들의 역할 분담을 명시하지 않았다. 그 결과, 몇몇 학생들은 적극적으로 참여하지 않는 이른바 '무임승차' 현상을 보였고 특정 학생들은 과제 수행을 독점하려는 경향을 보이기도 하였다. 김 선생님은 이를 지켜만 볼 뿐 관여하지 않았고 학생들의 의지와 책임감을 믿어보기로 했다. 그러나 학생들 간 갈등은 심화되었고 수업 목표는 제대로 달성되지 못했다. 조별 발표 후에도 선생님으로부터 구체적인 피드백은 제공되지 않았고 대다수의 학생들은 수업 시간에 무엇을 한 것인지 의아하게 생각할 뿐이었다.

⌄ 생각해 볼 거리

본 사례에서 무임승차 현상이 발생한 원인은 무엇일까? 무임승차 현상을 예방하기 위해서 김 교사가 취할 수 있는 조치에는 무엇이 있을까?

교실 안 생각   **거꾸로 학습은 효과적인 교수-학습 전략이 될 수 있을까?**

거꾸로 학습(플립 러닝)은 전통적인 수업 방식과는 달리 학습자가 집에서 수업 자료를 미리 학습한 후 실습과 토론 위주로 수업이 진행된다. 학습자중심교육이 강조되고 있는 오늘날 거꾸로 학습은 기존의 강의식 수업을 대체할 수 있는 교수학습 방안으로 제안되곤 한다. 그러나 학문적, 과학적, 경험적

증거가 충분하지 않아, 거꾸로 학습이 과연 강의식 수업의 대안이 될 수 있는 방안인지는 의문이다. 여전히 많이 활용되고 있는 강의식 수업과 비교했을 때 거꾸로 학습의 장점과 한계점을 아래의 사항들을 바탕으로 생각해 보자.

(1) 자기주도 학습 능력

거꾸로 학습은 학습자가 사전에 스스로 학습해야 한다는 전제가 있다. 그러나 학습자 모두가 자기주도적으로 학습할 준비가 되어 있는 것은 아니다. 이처럼 자기주도 학습 능력에 따라 거꾸로 학습의 효과가 달라진다면 교사는 무엇을 준비해야 할까?

(2) 교사의 역할

강의식 수업에 능숙한 교사가 거꾸로 학습도 효과적인 교수 전략으로 활용할 수 있을까? 교수전략에 따라 공통적으로 또는 차별적으로 요구되는 교사의 역량은 무엇일까?

4 평가

가. 평가의 의미와 목적

평가[*] 또는 교육평가라는 용어는 1930년 타일러(R. W. Tyler)에 의해서 처음 사용되었다(성태제, 2014; Tyler, 1930, 1931). 타일러는 평가를 교육 목표 달성 여부를 판단하는 행위로 정의하고 교육 과정과 교수 프로그램에 따라 목표 달성 수준을 판단할 수 있다고 주장하였다(Tyler, 1942, 1949). 평가는 학습자의 학습, 교사의 수업, 학교 및 학급 운영에 영향을 주며 다양한 목적으로 실시된다.

평가의 첫 번째 목적은 교수-학습 과정을 설계하고 개선하기 위한 정보를 수집하는 것이다. 교수자는 자신이 제시한 교수 목표, 교육 과정, 교수학습 프로그램이 적절했는지, 교수 전략이 효과적이었는지, 교

평가: 학생의 수행 혹은 교수 전략 등에 대하여 양적·질적 측정과 가치판단을 포함하는 의사결정이다.
☑ 출처: 특수교육학 용어사전

육 자료가 유용했는지 등에 대한 정보를 평가를 통해서 얻을 수 있다. 둘째, 평가는 학습자의 발달 수준이나 능력을 진단함으로써 학습자를 이해하고 학습자에게 도움이 되는 교수 활동을 제공한다. 셋째, 학습자에게 학습 과정을 돌아볼 수 있는 구체적인 정보를 제공할 수 있다. 가령, 학습자는 학습 과정에서 무엇을 얼마나 성취했는지 평가를 통해서 확인할 수 있다. 넷째, 평가를 통해서 학습자의 학습 동기 형성과 유발이 가능하다. 우수한 평가 결과는 외재적 보상이 되어 학습 동기를 높일 수 있지만 낮은 성적은 학습자의 사기 저하와 의욕 상실을 유발할 수 있다. 따라서 평가는 학습자의 지적 호기심과 도전 의식을 자극할 수 있는 기제로 작용할 수 있어야 한다. 다섯째, 학습자의 학습 활동을 촉진할 수 있다. 학습과 평가는 상호 관련성이 높다. 가령, 학생들은 평가가 없는 수업보다 평가가 있는 수업에서 학습을 더 많이 하는 것으로 나타났다(Eggen & Kauchak, 2006). 여섯째, 학부모에게 자녀의 학습 특성과 능력 및 학업성취 수준에 대한 정보를 제공할 수 있다. 마지막으로 평가는 교육정책 구안과 의사결정 및 공공기금 지출에 필요한 자료를 제공하고 이를 점검하는 데 활용된다.

나. 평가의 유형

1) 진단, 형성, 총괄 평가

교수-학습 목적에 따라 평가는 진단, 형성, 총괄 평가로 구분된다. **진단평가**[*]는 학습이 시작되기 전 학습자가 가지고 있는 특성을 체계적으로 관찰, 측정 및 진단한다. 진단평가의 목적은 학습자의 특성(예: 지적 능력, 흥미, 적성, 태도 등)을 광범위하게 파악하여 이에 적합한 교수-학

진단평가: 교수 학습 과정 전에 학생의 출발점 행동을 파악하여 그에 맞는 배치를 목적으로 하는 평가이다.
☑ 출처: **교육심리학, 신명희 외, 2018**

습 방법을 개발하고 제공하는 데 있다. 따라서 학습자가 학습 목표 달성에 필요한 **출발점 행동***과 기능을 소유했는지, 학습 단위 목표나 교과 목표를 사전에 달성했는지, 학습 부진이나 결손 등은 없는지 확인하는 것이 중요하다. **형성평가***는 학습자의 학습 진전 및 향상 정도를 판단하기 위한 목적으로 실시하며 학습 증진을 위한 전략을 수립하는 데 활용할 수 있다. 교수자는 형성평가를 통해서 수업의 장·단점을 파악하고 수업 내용이나 속도를 수정 및 개선하는 자료로 사용한다. 따라서 형성평가는 학습자의 학습 촉진뿐만 아니라 학습과정 자체를 평가하고 이에 따라 교수-학습 방법을 개선하는 데 필요한 정보를 제공한다. 마지막으로 **총괄평가***는 교수-학습이 끝난 후 교육 목표 달성 여부를 종합적으로 판정하는 평가로 의사결정을 가능하게 한다. 평가 결과는 학습자 간 서열화, 집단 간 성과 비교, 자격증 부여, 프로그램 효과성 검증 및 책무성 부여 등을 위한 자료로 활용된다. 총괄평가는 교수자가 제작한 검사 도구를 활용하거나 교육평가 전문가가 제작한 검사 도구를 사용할 수 있다.

2) 규준참조평가와 준거참조평가

참조의 형태에 따라 평가는 규준참조평가와 준거참조평가로 구분된다. **규준참조평가***는 특정 학습자의 성취 수준을 규준 집단(예: 또래 집단)의 성취 수준과 비교하여 평가하는 것이다. 규준참조평가는 학습자의 기본 지식 및 기술 습득 여부나 수준에 대한 정보는 제공하지 않지만 학습자를 선발하거나 분류하는 데 유용하다. 따라서 학습자의 외재적 동기 유발 및 학습자 간 과도한 경쟁을 조장할 수 있다. 이에 반해, **준거참조평가***는 학습자가 미리 설정된 성취 목표에 도달했는지를 평

출발점 행동: 수업이 시작될 때까지 이룩되어 있는 학생의 수준이다.

☑ 출처: 교육학용어사전

형성평가: 수업과정 중에 실시하여 교수 학습 과정에 대한 피드백을 제공하는 평가이다.
형성평가라는 용어는 스크리븐(M. Scriven, 1967)이 처음 사용한 것으로 교육 프로그램을 계획하고 발전시키는 과정 중 평가를 통해서 프로그램을 보다 나은 방향으로 만들고 발전시킨다는 의미를 가지고 있다.

☑ 출처: 교육평가의 기초, 성태제, 2014; 교육심리학, 신명희 외, 2018

총괄평가: 교수 학습 과정이 모두 종료된 후 최종 성취도를 파악하는 평가이다.

☑ 출처: 교육심리학, 신명희 외, 2018

규준참조평가: 한 피험자가 받은 점수가 다른 피험자들이 받은 점수에 의해 상대적으로 결정되는 평가방식이다.

☑ 출처: 상담학사전

준거참조평가: 사전에 결정된 수행준거 또는 목표를 얼마나 성취했는지에 초점을 두는 평가방법이다.

☑ 출처: 상담학사전

가한다. 절대적인 준거에 따라 학습 성과를 평가하기 때문에 학습자 간 비교를 줄이고 학습자가 자신의 성취를 명확히 이해하며 발전 방향을 모색하도록 할 수 있다.

지식 플러스 **평가에서 활용 가능한 다양한 유형의 문항들**

(1) 선다형: 진술문과 선택지로 이루어짐

(2) 배합형: 제시한 예들을 동일한 기준을 사용하는 것끼리 분류함

배합형 문항의 예시(Eggen & Kauchak, 2006)

___1. 이해는 머리에 전구가 켜지는 것과 같은 것이다.　　　　a. 두운법

___2. 그 말은 내가 지금까지 했던 가장 뛰어난 말이다.　　　　b. 과장법

___3. 그의 웅변술은 그 사람 영혼의 깊은 곳에서 뿜어 나오는 용암　　c. 은유법
　　　이다.　　　　　　　　　　　　　　　　　　　　　　　　d. 인격화

___4. 적절한 태도는 늘 이로움을 준다.　　　　　　　　　　　e. 직유법

___5. 그녀의 두 눈은 동경의 맑은 저수지다.

___6. 그는 막대기처럼 꼿꼿이 서 있었다.

___7. 내가 무엇을 하던 이 물건을 갖지 못할 것이다.

___8. 그가 입은 셔츠의 색깔들은 그가 살았던 세상을 묘사했다.

(3) 진위형: 주어진 진술문이 옳은지 또는 틀린지 판단함

(4) 완성형: 불완전한 진술문이 주어지고 빈칸에 답을 적어 문장을 완성함

(5) 논술형: 질문에 대한 확장된 서술 반응을 요구함

---

3) 수행평가*

수행평가는 학습자의 산출물, 태도, 행동 등의 수행 결과를 평가하는 것으로 선다형이나 진위형 문항을 기반으로 하는 객관식 평가의 대안으로 제시된 평가 방식이다. 따라서 학습자가 학습한 내용을 단순히 기억해내는 데 그치지 않고 이를 바탕으로 새로운 답안을 작성하거나 산출물을 만들어내며 실제로 무언가를 할 수 있는 능력을 평가한다.

수행평가 상황에서 학습자는 정답을 선택하는 것이 아니라 스스로 해결책을 구성하거나 행동으로 보여줘야 한다. 수행평가는 실생활에서 학습자가 습득한 지식이나 기술을 평가하고 교육의 성과뿐만 아니라 교육 과정을 중시하기에 학습자의 학습 활동에 대한 총체적인 평가를 요구한다. 이처럼 수행평가는 학습자의 인지 능력뿐만 아니라 흥미, 태도, 행동 및 운동감각 발달 등 전인적이고 종합적인 평가를 목적으로 하기에 교사의 높은 전문성을 요구한다.

> **수행평가:** 피험자 스스로 자신의 지식이나 기능을 드러낼 수 있도록 답을 작성, 구성 및 발표하거나 산출물을 만들고 행동으로 나타내도록 요구하는 평가 방식이다.
> ☑ 출처: 상담학 사전

지식 플러스 **수행평가의 유형**(교육과정평가원, 2017; 신명희 외, 2018 참고)

(1) 포트폴리오

포트폴리오는 학습자가 특정 기간 작업하거나 학습한 결과물의 모음을 가리킨다. 포트폴리오 평가는 대표적인 수행평가의 예로 학습자의 학습 결과물 모음을 바탕으로 학습 과정과 향상 정도를 확인하고 이에 대한 피드백을 제공하며 준거에 따라 평가하는 방식으로 이루어진다. 채점자의 주관에 따라 결과가 달라질 수 있어 명확한 채점 기준을 마련하는 것이 중요하다.

(2) 논술

논술 평가는 주어진 문제에 대해서 완성된 글의 형태로 작성한 답안을 평가하는 것이다. 학습자에게 정해진 답을 요구하는 것이 아니라 자신의 생각을 논리적이고 적절하게 표현하는 것을 기대하기에 비판적·창의적 사고력과 같은 고차원적 사고능력과 창의적 문제해결능력을 평가하기에 적합하다.

(3) 토의/토론

토의/토론 평가는 학습 내용이나 주제에 대한 학습자의 토의 및 토론 과정을 관찰하여 평가한다. 토의 및 토론 과정에서 학습자가 의사소통하는 내용의 논리성과 설득력, 적절한 근거 자료를 선택 및 활용하는 능력, 상대방의 의견을 경청하는 태도 등을 종합적으로 평가할 수 있다.

(4) 프로젝트

프로젝트 평가란 비교적 장기간의 학습과 작업이 필요한 연구나 산출물 개발 과제를 수행하는 과정과 결과물을 평가하는 것이다. 최종 결과물뿐만 아니라 결과물 산출에 이르는 준비 및 학습 과정을 모두 평가할 수 있어 과정중심평가라 할 수 있다.

(5) 실험 및 실습

실험 및 실습 평가는 학습 내용과 주제에 대한 실험이나 실습 과정과 이에 따른 최종 결과물을 평가한다. 학습 내용이나 주제를 탐구하는 과정에서 필요한 지식의 습득과 적용, 협력적 문제해결능력 등을 종합적으로 평가할 수 있다.

4) 표준화 검사

가) 정의와 특징

표준화 검사[*]는 모든 학습자에게 동일한 조건과 절차에 따라 검사를 실시하고 결과를 산출한다. 학습자의 학업 성취와 연령 대비 발달 수준을 정확하게 파악하고 진단하기 위해서 표준화 검사가 활용된다. 교수자는 학습자의 표준화 검사 점수를 전국 단위의 규준 집단과 비교하

표준화 검사: 어느 누가 사용해도 검사의 실시, 채점 및 해석이 동일하도록 모든 형식과 절차가 기술적으로 엄격하게 통제된 검사이다.
☑ **출처: 교육학용어사전**

여 학습자의 학습 능력을 진단할 수 있다.

　표준화 검사를 사용할 때 교수자는 학습자의 비교 대상이 되는 규준 집단이 적절하게 설정되었는지 살펴봐야 한다. 학습자에게 표준화 검사를 실시하고 결과를 해석할 때 검사 문항들이 특정 사회 및 문화적 맥락에 편파적이지 않은지 점검해야 한다. 이와 함께 검사 결과를 지나치게 확대해석하여 오용하지 않도록 결과에 대한 해석 및 추론 범위에 대한 주의가 필요하다.

나) 검사 유형

　표준화 검사는 실시 방법, 검사 문항의 형태, 속도 제한, 문항 제시 유형, 검사의 구조화 정도에 따라 구분할 수 있다. 첫째, 개인검사는 한 명을 대상으로 검사를 실시하는 것으로 개별화된 평가가 가능하다는 장점이 있지만 검사 실시에 시간과 비용이 많이 소요되는 단점이 있다. 이에 반해, 집단검사는 여러 명을 대상으로 동시에 검사를 실시하기에 검사 실시 시간과 비용이 적게 들고 한 번에 많은 양의 정보를 얻을 수 있다. 그러나 개별 학습자의 특성을 심도 있게 이해하기 어려운 단점이 있다. 둘째, 검사 문항의 형태에 따른 구분으로 양적 검사와 질적 검사가 있다. 양적 검사는 측정 내용을 문항의 형태로 제시하고 문항에 대한 반응을 수치화하여 점수를 산출한다. 질적 검사는 피검사자의 반응을 언어로 서술하여 측정하는 것으로 문장완성형 및 개방형 문항 등이 대표적인 예이다. 셋째, 속도 검사는 제한된 시간 내에 문항에 응답하는 검사로 시간제한으로 인해 피검사자가 모든 문항에 응답하기 어렵게 설계된다. 속도검사는 주로 숙련도나 처리 속도를 측정한다. 이에 반해 역량 검사는 충분한 시간이 주어진 상황에서 다양한 난이도의 문항에 응답하는 검사로 학습자의 능력과 잠재력을 측정하는 데 주력한다. 대표적인 예로 지능검사와 성취도 검사가 있다. 넷째, 문항 구성 및 제시 형태에 따라 언어 검사와 비언어 검사로 구분할 수 있다. 언어 검사는 언어로 문항을 구성하고 제시하며 비언어 검사는 그림이나 도형을 사용한다. 다섯째, 검사의 구조화 정도에 따른 구분으로 자기보고식 검사와 투사적 검사가 있다. 자기보고식 검사는 검사 수행 목적에 맞게 문항을 구조화하고 문항별 응답

결과를 종합한다. 투사적 검사는 명확하지 않은 자극과 과제에 대한 응답을 바탕으로 개인의 성향과 특성 및 숨겨진 욕구를 파악하는 데 주력한다.

표준화 검사는 지능, 적성, 성격, 흥미, 태도, 성취 등을 비롯하여 학습자의 다양한 특성과 능력 및 관련 영역을 측정하며 측정하는 내용에 따라 능력 검사와 습관적 수행 검사로 구분할 수 있다. 능력 검사는 제한된 시간 내에 최대한 많은 문항에 응답하도록 제작된 검사로 문항 수 대비 정답의 비율로 학습자의 능력을 측정한다. 지능, 적성, 성취도 검사 등이 대표적인 예이다. 습관적 수행 검사는 정답이 있는 능력 검사와는 달리 학습자의 일상적인 습관과 태도 및 행동을 측정한다. 성격, 흥미, 태도 검사 및 행동 평정 척도 등이 이에 해당한다.

....

교실 속으로   **진단평가와 형성평가를 활용한 학습 촉진 사례**

....

(1) 진단평가 활용하기

고등학교 수학 교사인 박 선생님은 새 학기 첫 주에 학생들의 기초 수학 지식을 진단하기 위해서 평가를 실시하였다. 평가 결과를 분석한 박 선생님은 학생들의 수준에 맞는 차별화된 학습 계획을 세워보기로 하였다. 진단평가를 통해 박 선생님은 학생들이 어떤 부분에서 보충이 필요한지 확인하면서 이를 토대로 개별 학습 지도를 실시하였다. 이와 같은 맞춤형 수업 덕분에 학기 중반에 이르자 학생들의 성취도가 크게 향상되었다.

🔽 생각해 볼 거리

수업 초기 단계에서 진단평가를 효과적으로 활용하기 위해서 교사는 수업 설계 전에 무엇을 고려해야 할까? 진단평가를 통해서 개별 학생에게 적합한 맞춤형 수업의 강점을 극대화하기 위해서 어떤 것들을 고려해야 할까?

(2) 형성평가 활용하기

중학교 역사 수업에서 김 선생님은 수업 중 다양한 형성평가를 통해서 학생들의 학습 진행 상황을 확인하고 피드백을 제공하였다. 수업마다 학생들은 에세이 쓰기와 소집단 토론에 참여했으며 김 선생님은 이 과정에서 학생들이 가지고 있는 잘못된 편견이나 오류를 잡아주면서 추가적인 학습 방향을 제시하였다. 형성평가는 김 선생님에게 수업 과정과 과제 수행에 대한 학생들의 이해 수준을 점검, 확인 및 개선하는 데 도움을 주었을 뿐만 아니라 수업 목표를 조정하는 데 필요한 정보를 제공해주었다.

⊙ 생각해 볼 거리

형성평가를 통한 교사의 피드백 제공이 학생의 학습 활동에 도움이 되기 위해서 교사는 무엇을 고려해야 할지 생각해봅시다.

교육심리학

Educational Psychology

교사

Ⅲ 교사

1 좋은 교사의 특성

가. 교육 전문가로서의 교사

교사는 교과 내용에 대한 지식뿐만 아니라 교육 방법론에 대한 포괄적인 지식을 갖추고 있어야 한다. 슐먼(L. S. Shulman)은 교육학적 내용 지식(pedagogical content knowledge)이라는 개념을 도입하여 교사가 교과 내용에 관한 지식(content knowledge)과 교육학적 방법에 관한 지식(pedagogical knowledge)을 모두 가지고 있어야 한다고 주장하였다(Shulman, 1987). 교사는 특정 교과를 가르치는 데 요구되는 내용뿐만 아니라 학생의 특성에 대한 이해를 비롯한 교육학 전반에 대한 지식과 방법 및 전략 등을 이해하고 활용할 수 있어야 한다.

교사는 학생의 경험, 관심, 요구 및 기대를 바탕으로 교육 과정을 설계하고 실행하며 평가할 수 있어야 한다. 학습자 중심 교육은 학생의 참여를 유도하고 학생을 우선적으로 고려하는 교육 과정 개발, 교수 자료 활용 및 수업 운영에 기반하고 있다. 이를 통해 학생 스스로 학습 목표를 설정하고 개별적인 학습 방식에 맞게 지식을 구성하게 함으로써 학습 과정에 학생이 능동적으로 참여하도록 장려한다. 교사는 학습의 조력자와 안내자로 다양한 교수 전략과 기술을 활용할 수 있어야 한다. 가령, 협력 학습, 프로젝트 기반 학습, 문제중심학습 등을 통해서 학생들의 학습 과정을 지속적으로 점검하고 학습 성과에 대한 구체적이고 개별화된 피드백을 제공하여 학습자의 성장과 발전을 지원할 수 있다.

교사는 다양한 배경과 능력 및 학습 양식을 가지고 있는 학생들에게 맞춤형 지원을 제공할 수 있어야 한다. 이처럼 학습자의 다양성을 이해하고 수용하며 학습자의 특성과 요구에 맞는 교육을 제공하는 교사의 능력을 반응적 교수법(responsive pedagogy)이라 부른다(Gay, 2000; Tomlinson, 2001). 반응적 교수법은 다양한 문화 및 사회적 배경을 가진 학습자의 학습 특성과 능력 및 환경을 이해하고 이들의 필요를 충족시킬 수 있는 교수-활동을 제공한다는 점에서 학습 기회의 형평성 차원에서도 중요하다.

교사는 교육(학)에 관한 최신 연구, 이론 및 실천에 대한 지식을 지속적으로 습득하고 자신의 교수법을 성찰, 평가 및 보완하는 태도를 가져야 한다. 이처럼 끊임없는 전문성 계발을 통해서 교사는 새로운 기술의 도입, 교육 정책 개정, 학습 이론과 학습자의 발달 등 학습자와 교육 환경의 변화에 시의적절하게 대응할 수 있어야 한다.

교사는 의사소통의 전문가여야 한다. 효과적인 의사소통능력은 교사와 학생, 교사와 동료 교사 및 학부모와의 유기적이며 건설적인 관계 형성과 유지를 가능하게 한다. 교사와 학생 간 의사소통은 상호 이해 증진뿐만 아니라 학생의 학습 동기와 참여를 높일 수 있다. 동료 교사와의 소통을 통한 교수지원 네트워크 구축, 교수법과 교육 자료 공유도 교육의 질을 향상시키는 데 도움이 된다. 학부모와의 우호적인 관계에 기반한 가정과 학교 간 연계는 학생의 학업 수행과 성장을 도모하는 데 기여할 수 있다.

교사는 학습자의 학습 성과를 공정하고 명확하게 평가하며 이를 개선하기 위한 건설적인 피드백을 제공할 수 있어야 한다. 평가와 피드백 전문가로서의 교사는 다양한 평가 도구와 기법을 적절히 활용하여 학생들의 학습 진행 상황을 정확하게 파악하고 학습 과정에서 경험하는 어려움과 장애를 극복할 수 있는 지원 방안을 강구해야 한다. 학생들로 하여금 자신의 강점을 인식하고 학습 과정에서 개선이 필요한 부분을 보완할 수 있도록 효과적이고 개별화된 피드백을 제공하는 것도 중요하다.

마지막으로 교사는 교수상황에서 직면하는 문제들을 창의적으로 해결할 수 있어야 한다. 창의적 문제해결능력은 교실과 학교를 비롯한 교육 현장에서 예상치 못한 도전과 문제에 직면했을 때 필요하다. 기존의 전통적인 교수 방법에 얽매이지 않고 학생들의 특성과 요구에 대한 이해를 바탕으로 학습 동기를 유발하고 이들의 성장과 발전을 도모할 수 있는 새롭고 독창적인 교수 방법을 모색하는 것도 창의적 문제 해결에 효과적이다. 문제 해결 과정에서 학생들로 하여금 자신의 생각과 의견을 자유롭게 표현하고 다양한 해결 방안을 탐색하고 제시할 수 있도록 하는 것도 중요하다. 교육 전문가로서 교사는 교실 안팎에서 발생할 수 있는 예측 불가능한 상황에 슬기롭게 대처하는 능력을 가지고 있어야 한다.

나. 수업 전문가로서의 교사

1) 교수 효능감과 교사 효능감

교사는 수업 전문가로 자신의 수업에 대한 자신감과 확신을 가지고 있어야 한다. 교수 효능감이란 교사가 자신이 담당하는 교과의 내용을 효과적으로 가르칠 수 있을 것이라는 자신감을 가리킨다(Tschannen-Moran & Hoy, 2001). 이는 교사가 자신의 교과 지식과 교수 방법 및 전략에 대한 신념과 확신이 있고 이를 학생들에게 효과적으로 전달할 수 있다는 믿음에서 비롯된다. 교수 효능감이 높은 교사는 복잡한 개념을 학생들이 이해하기 쉽게 설명하고 학생들의 학습 동기와 활동을 촉진할 수 있는 다양한 교수 전략과 방법을 사용할 수 있다. 이에 반해, 교수 효능감이 낮은 교사는 수업계획 수립에 대한 자신감이 없고 학생들의 질문과 반응에 명확하고 효과적으로 대응하지 못한다. 교수 효능감이 수업 전문가로서 교사가 가지고 있는 자신감이라면, 교사 효능감은 자신의 교육 활동이 학생들의 학습과 행동 발달에 긍정적인 영향을 미칠 수 있을 것이라는 교사의 믿음을 가리킨다(Tschannen-Moran & Hoy, 2001). 교사 효능감은 교사가 교육현장을 통제할 수 있고 학생들과의 상호작용을 통해서 수업 목표를 달성할 수 있다는 자신감에서 비롯된다. 교사 효능감이 높은 교사는 도전적인 학습 상황에서도 능동적으로 문제를 해결하고 학생들의 수업 참여를 유도하며 학생의 특성에 부합하는 맞춤형 개별화 교수 지원을 통해서 학습 효과를 높일 수 있다. 반면, 교사 효능감이 낮은 교사는 학생들의 학습 문제에 대해 소극적으로 대처하고 학업 실패에 대한 불안감이 높으며 교육활동 전반에 대한 자신감이 낮다.

지식 플러스 **교수-학습에서 교사의 자기충족적 예언 효과**

자기충족적 예언이란 교사의 기대가 학생의 행동과 학업 성취에 영향을 미치는 현상이다(Rosenthal & Jacobson, 1968). 이는 교사가 학생에 대해서 가지고 있는 기대가 실제 학생의 행동과 성과에 영향을 미치고 궁극적으로 기대가 결과의 실현을 초래할 수 있음을 보여주는 것이다. 자기충족적 예언은 교사가 학생에 대해 가지는 긍정적 또는 부정적 기대가 교사-학생 간 교육적 상호작용을 통해서 학생의 학업 태도와 성취에 영향을 미치는 과정을 설명한다. 가령, 교사가 학생의 성공 가능성을 높게 평가하면 학생은 교사로부터 더 많은 관심과 지원을 받게 되고 이를 통해서 학생의 학습 동기와 자신감이 높아져 학업 수행과 성취를 높일 수 있다. 그러나 학생에 대한 교사의 기대감이 낮은 경우, 교사는 학생에게 도전적이지 않은 과제를 제공하고 지원을 적게 할 수 있다. 이는 학생의 학습 동기와 학업 수행에 부정적인 영향을 미친다.

2) 교사의 피드백

교사는 피드백을 통해서 학생들의 학습 행위, 과제 수행 및 일상적인 행동에 대해서 반응할 수 있다. 피드백은 칭찬과 격려처럼 긍정적인 반응부터 보완 및 개선 사항에 대한 조언까지 다양하며 언어적 또는 비언어적 형태로 제시할 수 있다(Shute, 2008).

교수-학습 활동에서 교사의 피드백은 학생들에게 자신의 학습 과정과 활동을 이해하고 학습목표 달성을 위한 구체적인 방안을 모색하게 하며 성과를 평가하는 데 유용한 정보를 제공한다(Hattie & Gan, 2011). 학생들은 자신의 학습 태도와 행위를 점검할 수 있을 뿐만 아니라 학습에 대한 동기 부여 및 자신감 고취, 학습목표 달성에 필요한 정보와 지원을 피드백을 통해서 얻을 수 있다. 뿐만 아니라 학습 전략과 개선 방향에 대한 교사의 피드백은 학생들로 하여금 학습 방법을 제고하고 자신에게 보다 적합한 학습 전략을 탐색하고 활용하게 함으로써 학업 수행에 긍정적인 영향을 미친다.

피드백은 명확하고 구체적이며 즉각적으로 제공되어야 효과적이다. 가령, "잘했어!"라는 모호한 칭찬보다 "이 문제를 해결하기 위해서 사용한 ~방법이 효과적이었네. 특히 변수를 설정한 방식이 인상적이었다."처럼 명확하고 구체적인 피드백을 제공함으로써 과제 수행에 도움이 되는 방식을 학생 스스로가 터득하고 발전시킬 수 있도록 하는 것이 중요하다(Wisniewski et al., 2020). 이와 함께 즉각적인 피드백 제공을 통해서 학생 스스로 오류를 바로잡고 올바른 학습 경로를 유지하게 하며 학습에 대한 책임감과 함께 학습 의욕을 지속적으로 고취할 수 있도록 해야 한다.

지식 플러스 **효과적인 피드백 유형**

(1) 구체적인 칭찬

칭찬은 특정 행동이나 성취를 인정하고 격려하는 것으로 피드백의 대표적인 예이다. 에둘러서 모호하고 막연하게 칭찬하기보다 구체적으로 어떤 부분을 칭찬하는 것인지 명확하게 설명하는 것이 학습자의 학습 동기와 학업 수행 향상에 도움이 된다.

(2) 성과 중심 피드백

학습자 개인이 아닌 학습자의 수행과 성과에 대한 피드백을 제공한다. 무엇을 잘했는지와 함께 보완 및 개선이 필요한 사항을 명확하게 알려줌으로써 학습자로 하여금 자신의 강점과 약점을 파악하고 이를 바탕으로 학습 활동과 목표를 설정하고 수정할 수 있도록 한다. "이번 프로젝트에서 자료 조사가 꼼꼼히 진행되었고 내용도 주제에 맞게 논리적으로 정리가 잘 되었네. 한 가지 추가하자면, 자료를 보다 시각적으로 배열하고 제시하면 내용에 대한 이해가 한결 쉬워질 것 같다."

(3) 건설적인 피드백

학습자의 학습 과정이나 결과에서 발견된 문제점에 대해서 구체적인 개선 방안들을 제시 및 제안한다. 학습자에게 지시하고 이를 강압적으로 따르게 하기보다 스스로 약점 및 보완점을 깨닫고 개선점을 모색할 수 있도록 자극하고 조력한다. "보고서에서 자료 분석 부분이 약간 부족했네. 자료를 시각화하여 설명을 추가하면 보다 명확하게 분석 결과가 전달될 거야."

(4) 성장 피드백

학습자의 중·장기적인 성장과 발전을 지원하기 위해서 현재 수행 결과나 성과뿐만 아니라 향후 발전 가능성을 강조한다. 학습자 스스로 자신의 학습 여정을 지속적으로 점검하고 도전하며 미래 지향적으로 나아갈 수 있도록 독려한다. 가령, "이번 과제에서 많은 향상을 보였다. 앞으로 이 경험을 바탕으로 조금 더 복잡하고 도전적인 주제로 도전해 보는 것도 좋을 것 같다."

다. 평가 전문가로서의 교사

1) 학생에 대한 이해를 통한 학습 성과 증진

교사는 학생들의 학업 특성 및 학습 성과와 목표 달성 수준을 정확하게 파악할 수 있어야 한다. 평가를 통해서 교사는 학생의 학업 특성을 이해하고 학생에게 필요한 지원과 개선책을 모색하여 학생들의 학습 경험 전반을 향상시킬 수 있다(Wiliam, 2011). 가령, 어떤 학생은 시각적 자료를 활용하면 학습 내용을 잘 기억하지만, 실습이나 토론을 통한 학습을 선호하는 학생도 있다. 이처럼 학생의 학습방식 선호에 대한 평가를 통해서 교사는 학생의 학업 수행에 유용한 학습 활동을 제공하고 학업 성취 수준을 높일 수 있다.

2) 교육과정, 내용 및 교수전략 개선

교사는 평가를 통해서 수업의 효과성을 점검하고 교육과정과 내용 및 방법을 개선할 수 있다. 평가를 통해 수집된 데이터는 교사에게 교육 내용과 활동이 교육 목표와 학생들의 요구 및 기대 수준에 얼마나 부합했는지 파악할 수 있는 자료를 제공한다(Guskey, 2007). 평가 결과는 교사로 하여금 자신의 교수법과 교수전략의 효과성을 점검하게 함으로써 학생에게 적합한 교수-학습 활동을 계획할 수 있게 한다. 가령, 특정 주제에 대한 학생들의 이해도가 낮은 것으로 나타날 경우, 교사는 보다 구체적인 설명이나 추가적인 실습 기회를 제공하여 학생들의 이해를 돕는다. 교육 내용과 방법에 대한 반성과 제고는 수업의 질을 향상시키고 최상의 학습 경험을 제공할 수 있다.

3) 교육 환경 최적화

교사는 평가를 통해서 교수-학습 목표 달성에 효과적인 교육환경을 조성하는 데 필요한 정보를 얻을 수 있다. 교사는 학생의 특성과 요구 및 성취 수준을 고려하여 학습 및 교수 활동을 최적화할 수 있는 환경을 조성해야 한다(Marzano, 2007). 수업 및 강의 방식, 자리 배치, 소집단 활동, 실험 및 실습 등을 통해서 학습자의 다양한 배경과 요구를 반영하고 교수활동의 효율성을 높임으로써 학습의 만족도를 높이고 긍정적인 교수-학습 경험을 축적하는 것이 필요하다.

4) 전문성 계발 및 지원

평가는 교사의 교육 전문성 계발과 의사결정에 필요한 자료를 제공한다. 전문성 발달과 교육적 의사결정은 교사가 자신의 교수 활동을 지속적으로 점검하고 개선하며 교수-학습 전략을 계획하고 실행하는 과정에서 일어난다(Guskey, 2003). 교육적 결정은 교육과정 설계, 교수 자료 선택 및 활용, 교수-학습전략 적용 및 변화, 교수-학습 환경 조성 등 교육 활동 전반에 관한 것으로 학습자 특성과 요구 및 교사 자신의 교수 활동에 대한 이해를 바탕으로 한다. 평가 결과를 통해서 교사의 교수법이 특정 집단의 학생들에게 효과적이지 않다는 것을 알게 되면, 교사는 보다 적합한 교수-학습 전략을 개발하고 적용한다. 이처럼 평가는 교육과정의 문제점, 교수-학습의 촉진 및 방해요인, 교수-학습 목표의 실현 가능성, 교육환경 개선 등 교육 및 수업 전문가로서 교사 전문성을 향상시키는 데 필요한 유용한 정보를 제공한다.

라. 정서 지원 및 상담 전문가로서의 교사

교사는 지식을 전달하고 가르치는 역할을 넘어 학생들의 전인적 발달을 도모한다. 따라서 교과목이나 수업 및 교육 전문가로 국한되지 않고 상담자, 멘토, 삶의 코치의 역할을 수행하여 학생들의 학업 성취뿐만 아니라 정서 및 사회성 발달에 영향을 미친다. 이때 교사의 인성이 중요하며 학생들을 독립적이고 성숙한 인격체로 인식하고 이들의 성장을 지원해야 한다.

정서 지원이란 학생이 학교생활 중 경험하는 스트레스와 심리적 어려움을 관리하고 통제할 수 있도록 도와주는 교사의 능력을 가리킨다. 교사는 학생에게 심리적 안정을 제공하고 학생 스스로 긍정적인 자아상을 형성하고 유지할 수 있도록 지원할 수 있다. 학생이 자신의 감정을 표출할 수 있도록 안전한 공간을 마련해 주고 감정을 적절히 표현할 수 있는 방법을 가르치는 것도 교사가 활용할 수 있는 정서 지원 방안의 한 가지 예이다. 공감적 경청(empathic listening), 긍정적 강화(positive reinforcement), 감정 조절(emotion regulation) 기술 등도 학생들의 정서 및 감정 관리와 갈등 조절에 도움이 된다(Elias & Weissberg, 2000).

교사는 상담을 통해서 개별 학생의 필요와 요구 및 상황에 적합한 정서적·심리적 지원을 제공할 수 있다. 특히 학습 과정에서 경험하는 어려움과 장애, 정서 및 사회적 문제, 또래 관계를 비롯한 대인관계에서의 어려움 등 학생들이 직면한 도전과 문제들을 정확히 파악하고 이를 완화하고 개선할 수 있는 상담, 자원 연계, 개별 지도와 멘토링 등을 지원할 수 있다. 교사는 학생들의 건강하고 적응적인 학교생활을 위해서 심리사회적 지원 체계를 적극적으로 모색하고 활용할 수 있어야 한다.

....

지식 플러스   **상담 기법의 활용**

....

교사는 학생들의 정서적, 심리적, 행동적 요구에 효율적으로 대응하기 위해서 다양한 상담 기법을 활용할 수 있다. 상담 기법은 체계적으로 개발된 상담 모델에 기반을 두고 있으며 개별 학생의 문제를 인식하고 발견하며 문제 해결을 위한 긍정적인 태도와 행동 변화를 유도한다. 대표적인 예로 해결중심 단기 상담(Solution-Focused Brief Therapy, SFBT)은 학생으로 하여금 스스로 해결하기를 원하는 구체적인 목표를 설정하도록 돕는 전략으로, 학생이 자신의 자원을 활용하여 해결책을 찾아갈 수 있도록 지원한다(De Shazer, 1985). SFBT에서는 문제에 초점을 맞추기보다는 해결책을 찾아가는 과정에 중점을 둔다. 예를 들어, 상담 과정에서 상담사는 과거에 학생이 갈등을 해결한 경험을 찾아내고 이와 같은 성공 경험을 바탕으로 학생 스스로 해결 방안을 모색할 수 있도록 한다. 학생은 상담을 통해서 싸움을 피했던 상황을 떠올리며 당시 사용한 대화 방식이나 감정 조절 방법을 다시 적용하게 된다. SFBT는 학생 스스로 자신이 가진 자원을 활용하여 문제 해결력을 높이고 긍정적인 행동을 강화하는 데 주안점을 둔다. 따라서 학생의 자율성과 자신감을 높이는 데에도 효과적이다.

인지행동치료(Cognitive Behavioral Therapy, CBT)는 부정적인 생각과 행동 양식을 인지 및 식별하고 이를 긍정적으로 개선하는 데 목적이 있다. CBT는 부정적인 생각이 개인의 정서와 행동에 미치는 영향을 인식하게 함으로써 학습과 대인관계에서 발생하는 문제를 긍정적으로 해결할 수 있도록 도와준다. 가령, 시험 전에 '나는 분명 시험을 망칠 거야'라는 생각을 반복하던 학생은 상담 과정에서 어떤 이유로 이와 같은 생각을 하게 되었는지 인식하게 되고 자신이 지나치게 부정적이고 비현실적인 생각을 했음을 깨닫게 된다. 상담사는 학생으로 하여금 '나는 시험 준비를 충분히 했고 이번 시험에서 좋은 성과를 거둘 수 있을 거야'라는 긍정적인 사고를 할 수 있도록 도와준다. 이와 같은 사고 전환 과정을 통해서 학생은 불안감을 줄이고 침착하고 자신감 있게 시험에 임할 수 있게 된다.

마. 의사소통 전문가로서의 교사

교사의 의사소통능력은 교수-학습 활동을 원활하게 하는 윤활유 역할을 한다. 교사는 수업 내용에 대한 학생들의 이해를 증진시키고 학습 동기를 유발하기 위해서 명확하고 이해하기 쉽게 학생들과 의사소통할 수 있어야 한다. 가령, 이야기책을 활용한 수학 문제 풀이처럼 추상적인 개념을 구체적이고 친숙하며 생동감 있게 전달한다면 학생들의 흥미 유발과 학습 참여에 도움이 된다(Hattie, 2009). 이와 함께 역할극, 토론, 협동학습을 통해서 공감, 경청, 다양성 존중, 리더십, 협업 등 의사소통능력을 기를 수 있는 기술들을 함양할 수 있도록 하는 것도 고려해볼 수 있다.

교사는 자신과 학생들의 정서와 감정 상태를 이해하고 이에 적절하게 반응할 수 있어야 한다. 교사의 감성인식능력은 학생들의 학습에 대한 욕구와 불안, 스트레스 등을 인지하고 이를 완화시킬 수 있는 정서적 및 교육적 지원을 가능하게 한다(Sutton & Wheatley, 2003). 뿐만 아니라 수업 및 교실 분위기를 우호적으로 조성하고 교사와 학생 또는 학생들 간에 발생할 수 있는 갈등 상황을 예방 및 해결하는 데 효과적이다.

바. 평생 학습자로서의 교사

평생 학습자로서의 태도와 신념은 교사의 전문성 계발에 중요하다. 교육 이론과 실제, 기술과 활용, 맥락과 환경 변화 등을 인식하고 이를 지속적으로 학습하고자 하는 교사의 태도는 교실과 학교에서 교수-학습 활동뿐만 아니라 교육의 질과 경험을 향상시키는 근간이 된다. 교사는 동료 교사, 교육 연구자, 관리자, 행정가 등 다양한 인적 자원과의 네트워킹을 통해서 수업과 교육, 학생과 학교와 관련된 전문 지식을 구축해야 한다(Darling-Hammond & Bransford, 2007). 네트워킹은 교육 콘퍼런스 참여, 전문 학술지 구독 및 온라인 교사 커뮤니티 활동을 통해서 강화할 수 있다.

교육 현장에서의 디지털 기술 활용

디지털 기술의 활용은 학생들의 수업 참여와 학습 성과에 효과적이다. 디지털 도구를 활용한 수업은 강의식 수업에 비해서 학생들의 학습 동기와 학습 성취도에 긍정적인 영향을 미치는 것으로 나타났다(Johnson et al., 2016). 예를 들어, 인터랙티브 소프트웨어(예: Kahoot!, Nearpod), 교육용 앱(예: Duolingo, Quizlet), 온라인 협업 도구(예: Google Docs, Microsoft Teams)는 학생들로 하여금 수업에 적극적으로 참여하고 협업할 수 있는 환경을 조성한다. 뿐만 아니라 학생들에게 실시간으로 피드백을 제공하고 비대면 학습 상황에서도 원활한 소통과 협업이 가능하기에 깊이 있게 학습하고 학습자 스스로 학습을 주도할 수 있게 한다.

최근 들어 교육 현장에서 활용되고 있는 가상현실(virtual reality, VR)과 증강현실(augmented reality, AR) 기술은 학습자의 학습 동기를 높이고 학습 경험을 심화시키는 데 기여한다(Wojciechowski & Cellary, 2013). 복잡한 역사적 사건을 가상 현실로 재현하거나 과학적 개념을 증강 현실을 통해서 시각적으로 제시한다면 학습 내용에 대한 기억과 이해를 높일 수 있다. 이러한 기술들은 단순히 지식을 전달하는 수준을 넘어 실제 생활과 유관한 경험 제공을 통해서 학습자의 흥미와 지적 호기심을 자극하는 데 효과적이다. 특히, 과학, 역사, 예술 분야에서 VR과 AR의 활용은 추상적인 개념을 구체적으로 시각화하여 학습자의 창의적 사고를 촉진할 수 있다.

OECD의 교사교육연구

OECD(2019)에 의하면, 교사의 역량이 학생의 학업 성취에 직접적인 영향을 미치며 교사 전문성 계발을 위한 지속적인 지원이 교육의 질적 수준 향상에 중추적인 역할을 한다. 급변하는 교육 환경과 기술 발달 및 학습자의 다양한 요구에 부응하기 위한 목적으로 OECD는 각국의 교사교육 모델을 분석하여 교사 자율성, 협업, 정서적 지지 및 디지털 기술 활용에 관한 내용을 중심으로 교사교육의 중요성을 강조하여 왔다. OECD(2019)의 주요 내용을 요약하면 다음과 같다.

첫째, 교사의 자율성과 책무성 간 균형은 교사교육의 주요 과제이다. 교사는 교육과정에 대한 자율적인 의사결정 권한을 가지되 교육성과에 대한 명확한 책임을 질 수 있어야 한다. 핀란드 교육의 성공 사례는 교사의 자율성과 더불어 교육의 질을 유지하고 성과를 달성하기 위한 교육

책무성 시스템의 중요성을 잘 보여주고 있다(Sahlberg, 2011).

둘째, 교사 간 협업과 상호 작용은 교사의 전문성 향상에 일조한다. 네덜란드와 싱가포르의 협력적 학습 공동체는 동료 교사와의 협업을 통한 전문성 신장의 모범 사례이다. 이처럼 교사 간 협력적 상호 작용과 지식 공유는 교육성과 증진에 중추적인 역할을 할 뿐만 아니라 교사의 직무 만족도에 긍정적인 영향을 미치는 것으로 나타났다(Vangrieken et al., 2017).

셋째, 정서적 지지와 교사 소진(burnout) 예방은 교사교육에서 간과해서는 안 될 주요 주제이다. 교직에 대한 스트레스와 극도의 소진 상태에서 벗어나고 이를 사전에 예방하기 위해서 교사가 직면할 수 있는 심리적 위험 요인을 분석하고 이를 해결할 수 있는 정서적 지원이 개인과 조직 차원에서 이루어져야 한다(Kyriacou, 2001).

넷째, 디지털 기술의 통합은 학습자의 학습 참여도와 학업 성과를 높이는 데 공헌하는 21세기 교육의 필수 요인이다. OECD는 디지털 도구 활용 능력을 기를 수 있는 교사교육 프로그램 제공을 각국에 권고하고 있다. 디지털 기술의 통합은 급변하는 교육 환경에서 요구하는 전략과 기술을 습득하고 학습자의 학습 성과를 극대화하는 데 필요한 교수전략과 활동을 계획하는 데 유용하다.

교실 속으로 **수업은 잘하지만 학생과의 관계 형성이 어려운 교사**

고등학교 화학 교사인 이진현 선생님은 교과목에 대한 지식이 풍부하고 복잡한 개념을 체계적으로 설명하는 데 능숙하기로 소문이 자자하다. 수업 시간마다 이 교사는 PPT와 실험 도구를 활용해서 학생들이 이해하기 어려운 화학 반응을 시각적으로 쉽게 풀어주었다. 이 교사의 노력에 힘입어 학생들의 수업 태도와 학업 성적 모두 좋았고 이 교사는 잘 가르치는 화학 교사로 인정받았다.

그러나 학생들은 이 교사에게 모종의 거리감을 느끼고 있었다. 수업 시간에 학생들의 참여를 유도하기보다 체계화된 강의로 수업을 이끌었기에 학생들은 마음 편하게 질문할 수 없었다. 하나의 설명이 끝나면 곧바로 다음 주제로 넘어가는 경우가 많았고 수업 도중 손을 들고 질문하려는 학생들에게 이 교사는 "나중에 하자"라는 말을 자주 하였다. 수업이 끝나면 바쁘게 피곤한 모습으로 교실을 떠나는 이 교사에게 학생들은 수업 외의 것에 대한 도움을 요청하거나 개인적인 질문을 하는 것을 피하였다. 학생들 사이에서 이 교사는 "수업은 잘하지만 차갑다"는 인식이 퍼져 있었다.

⊙ 생각해 볼 거리

이 교사는 수업 내용을 전달하는 데 능숙하지만 학생들과의 유대관계 형성에 어려움을 겪는 것으로 보인다. 교사가 학생들과 정서적 유대감을 형성하지 못한다면 궁극적으로 잘 가르칠 수 있을까?

교사는 학생들의 학습 활동뿐만 아니라 정서적·심리적 지원을 제공해야 하는가? 만약 그렇다면 어떻게 해야 하는지 구체적인 방안을 생각해보자.

교실 속으로 **효과적인 피드백**

정희진 선생님은 중학교 국어 수업에서 학생들의 글쓰기 과제를 평가하고 피드백을 제공하는 과정에서 피드백의 질에 따라 학생들의 글쓰기 수준이 어떻게 달라지는지 경험하게 되었다.

(1) 피드백 A유형

수업 초기에 정 교사는 학생들에게 "잘했어", "더 노력하자", "조금 부족해"처럼 학생들의 사기를 진작시키는 피드백 제공에 초점을 두었다. 성적에 기반한 코멘트는 가급적 하지 않고 수행 수준과 관련된 정보도 명확하게 제공하지 않았다. 가령, 학생 수연이가 글의 구조에 문제가 있었음에도 불구하고 정 교사는 "구조를 좀 더 명확히 해봐"라고만 얘기할 뿐이었다. 수연이는 선생님의 피드백이 무엇을 의미하는지 구체적으로 이해하지 못한 채 다음 글을 작성하였고 똑같은 실수를 반복하였다.

⊙ 피상적(superficial) 피드백

피드백 유형 A는 통상 피상적 피드백으로 분류된다. 이러한 유형의 피드백은 학습자의 학습 활동을 개선하기 위한 정보가 부족하고 학습자에게 요구되는 구체적인 행동 지침을 포함하지 않는다. 따라서 학습자의 학업 증진뿐만 아니라 자기조절학습능력을 기르는 데에도 도움이 되지 않는다.

(2) 피드백 B유형

학기가 지나면서 정 교사의 피드백은 바뀌기 시작하였다. 학생별로 구체적이고 실행 가능한 행동 지향적인 피드백을 제공하였다. 수연이가 글쓰기 과제를 다시 제출했을 때 정 교사의 피드백은 다음과 같았다: "네 글의 주제가 명확하지만 각 문단이 주제와 어떻게 연결되는지 설명이 부족하다. 첫 번째 문단에서 핵심 아이디어를 강조하고 이를 바탕으로 뒷문단의 예시와 연결하면 글의 흐름이 훨씬 매끄러울 것 같다."

◉ 정보적 피드백

피드백 유형 B는 정보적 피드백(informative feedback)으로 학습자가 무엇을 잘했고 어떤 부분에서 개선이 필요한지 명확히 제시함으로써 학습자로 하여금 향후 학습 행동을 개선할 수 있게 한다. 이와 같은 피드백은 학습자가 자기 성찰의 기회를 갖게 하고 학습 성과를 향상시키는 데 유용한 지식과 정보 및 전략을 제공할 수 있다.

2 교수 전략

교수자는 어떠한 전략과 기술로 가르칠까? 효과적인 교수-학습 전략을 계획하고 활용하기 위해서 교수자가 고려해야 하는 요인들이 무엇인지 살펴보자.

가. 학습동기

학습자의 수행 결과 해석에 대한 교수-학습 전략으로 귀인 재훈련(attribution retraining)이 있다. 개인은 자신과 타인의 성공과 실패에 대한 원인을 규명하려는 경향이 있는데 이러한 과정을 귀인이라 부른다. 학습 상황에서 귀인 재훈련이란 학습자의 학업 수행 결과에 대한 원인 해석 방식을 변화시키는 것으로 성공이나 실패의 원인을 스스로 통제 가능하고 변화 가능한 것으로 인식할 수 있도록 유도하는 데 주안점을 둔다. 귀인 변화는 학습에 대한 자신감과 학업 성취도 향상 및 학업 중단율 감소에 영향을 미친다. 실패의 원인을 자신의 능력 부족으로 귀인했던 학습자가 이를 노력 부족으로 귀인하면서, 실패 이후에도 해당 과제에 지속적으로 노력하거나 (Bosnjak, Boyle, & Chodkiewicz, 2017) 학업 성취 수준이 향상되는 것 (Chodkiewicz, Koles, & Boyle, 2014)이 대표적인 예이다.

귀인 재훈련은 학습자와의 대화 또는 피드백 제공이나 다양한 교수 활동으로 구현될 수 있다. 교수자는 학습자로 하여금 학습 경험에 대한 인식을 재구성하게 함으로써 학습 과정에서 발생하는 어려움을 극복하려는 의지와 동기를 함양할 수 있게 해야 한다. 가령, 성공과 실패를 야기하는 노력의 중요성을 강조하고 능력도 지속적인 노력을 통해서 변화시킬 수 있음을 인식하게 하여 미래의 성공을 보다 낙관적으로 기대할 수 있게 유도하는 것(Perry et al., 2010)을 통해서 학습자의 귀인 방식을 훈련시킬 수 있다(Graham, 2020). 이와 함께 교수자가 가지고 있는 학습자에 대한 성장 **마인드셋**[*](mindset)도 귀인 재훈련의 효과성을 높일 수 있다. 학습자의 인지 능력과 재능을 변할 수 있는 것으로 인식하는 교수자의 태도와 기대는 학습 결과에 대한 학습자의 귀인 방식에 긍정적인 영향을 미친다(Mesler, Corbin, & Martin, 2021).

성공과 실패 상황에서 학습자의 능력이나 노력만을 강조하기보다 이들을 둘러싼 내·외적 요인들을 포괄적으로 고려하여 귀인하도록 하는 것도 필요하다. 가령, 과제 수행을 성공적으로 완수한 학습자의 사례를 분석할 때 개인적 노력, 적용한 교수-학습 전략과 기술, 환경적 지원, 우연 등 다양한 요인들이 어떻게 작용했는지 살펴볼 수 있다. 이를 통해서 학습자는 자신의 성공과 실패 경험을 점검하고 학습 과정에 영향을 미치는 요인을 다각적으로 고려하여 학습 방법을 보완하고 개선할 수 있다. 교수자는 귀인 재훈련을 통해서 학습자가 자신의 학습 경험

마인드셋: 지능의 변화 가능성에 대한 신념 체계이다. 드웩은 암묵적 지능이론에 기반하여(Dweck, 1975; Nicholls, 1978) 지능이 고정되어 변화할 수 없다는 고정 마인드셋(fixed-mindset)과 지능은 가변적이며 노력을 통해 향상될 수 있다는 성장 마인드셋(growth mind-set)으로 마인드셋을 구분하였다 (Dweck, 2006).
☑ 출처: **학습동기, 김아영 외, 2022**

을 객관적으로 분석하고 적응적인 귀인 방식을 습득하여 이를 학습에 효과적으로 활용할 수 있도록 도와줄 수 있다.

나. 자기효능감

자기효능감이란 개인이 자신의 능력에 대한 믿음을 바탕으로 특정한 과제를 수행해낼 수 있다는 신념을 가리킨다. 자기효능감은 후속 수행 수준을 예측하는 동기 구인으로 교육적 개입을 통해서 증진될 수 있다. 학습자의 자기효능감을 높이기 위해서 교수자가 고려할 수 있는 전략으로는 성취 경험, 대리 경험, 피드백, 도전적인 과제 수행 등이 있다 (Bandura, 1977b).

첫째, 학습자는 과제를 성공적으로 완수하면서 자신의 능력을 확인해 볼 수 있다. 학습자는 자신이 설정한 목표를 달성하고 학습 과정 중 발생한 어려움을 극복함으로써 효능감을 증진시킬 수 있다. 교수자는 과제를 단계별로 구분하여 학습자로 하여금 점진적으로 도전적인 목표를 추구할 수 있도록 해야 한다. 학습자는 학습 초기 비교적 쉬운 과제에서 성공을 경험하고 이후 복잡하고 어려운 과제에 도전함으로써 성장을 체감하고 자신의 능력에 대한 믿음을 향상시킬 수 있다.

둘째, 자신과 비슷한 또래의 성공 사례를 관찰하는 대리 경험을 통해서 자기 효능감을 높일 수 있다. 또래 모델링은 청소년기 학습자의 학습 동기와 성취에 긍정적인 영향을 미친다. 또래의 성공을 관찰함으로써 학습자는 자신도 성공할 수 있다는 믿음과 신념을 가질 수 있을 뿐만 아니라 높은 수준의 학업 성취를 보이는 것으로 나타났다(Eccles, Midgley & Adler, 1984; Kudo & Mori, 2015).

셋째, 부모, 교사, 전문가 등 유의미한 타자로부터 제공받는 피드백은 자기 효능감을 강화할 수 있다. "네가 이 문제를 풀 수 있을 거라고 믿어, 지금까지도 잘 해왔잖아"처럼 교사가 학습자에게 전하는 언어적 지지는 학습자의 자기 효능감을 높이는 데 도움이 될 뿐만 아니라 성장과 성공적인 학습 결과를 야기할 수 있다.

넷째, 도전적인 과제에서 실패를 경험했을 때 이를 적응적으로 대처하는 경험을 갖게 해야 한다. 학습자에게 실수와 실패가 학습 과정 중 경험하는 배움의 일부임을 깨닫게 하고 학업 성장을 위한 발판이 된다는 점을 상기시키는 것이 필요하다. 교사가 실패를 경험한 학습자에게 "이번에는 목표에 도달하지 못했지만 다음에는 목표에 조금 더 가까이 도달하기 위해 어떤 전략을 쓸 수 있을까?"라고 묻는다면 학습자는 실패의 경험을 바탕으로 보다 나은 해법을 고민하고 다시 도전하여 문제를 해결하고자 하는 마음을 가질 수 있다.

다. 흥미

흥미는 과제에 집중하고 정보를 떠올리게 할 뿐만 아니라 과제를 시작하고 지속하게 하는 주요 동기 요인이다(Harackiewicz et al., 2002; Renninger & Hidi, 2022). 흥미는 크게 내재적 흥미와 상황적 흥미로 구분할 수 있다(Hidi, 1990). 개인적 흥미는 개인의 성향을 반영하는 비교적 안정적인 속성인 데 반해, 상황적 흥미는 특정한 맥락이나 상황에서 발생하는 자극에 의해서 일시적으로 나타나는 가변적인 속성을 가지고 있다.

교수자는 상황적 흥미 유발을 통해서 학습자가 과제에 대해 관심을 갖게 하고 과제 수행에 적극적으로 참여하게 하며 궁극적으로 내재적 흥미를 가질 수 있도록 해야 한다. 가령, 교수자는 학습자에게 학습 활동에 대한 선택권을 주고 자율적인 학습 환경을 제공하여 학습에 대한 상황적 흥미를 유발할 수 있다(Flowerday, Schraw & Stevens, 2004). 한편 학습자에게 부여된 선택과 자율이 과제에 대한 학습자의 내재적 흥미를 언제나 증진시키는 것은 아니다. 학습자 스스로 자신에게 유의미한 선택을 할 수 있도록 사전에 정보를 충분히 제공하고 선택 이전에 다양한 경험을 하게 함으로써 선택권을 부여받은 것 자체가 학습자의 상황적 흥미를 높일 수 있도록 해야 한다(오미진, 김성일, 2007). 협동학습을 통한 또래와의 상호작용 및 사회적 관계에 대한 욕구 충족도 상황적 흥미 유발에 도움이 된다(Bergin, 2016). 이외에 학습의 이유를 학습자의 실제 상황과 연관 지어 설명한다면 상황적 흥미가 유발될 수 있으며 궁극적으로 학습 내용에 대한 흥미 증진을 도모할 수 있다(Schraw, Flowerday, & Lehman, 2001).

지식 플러스   **상황적 흥미도 개인 내적 흥미로 발전할 수 있을까?**

학습자의 흥미는 학습 경험과 학업 성취에 영향을 미친다. 특히 학습자가 과제에 대해서 가지고 있는 개인적 흥미는 학습 동기를 유발하고 과제 수행을 지속시키는 동력이 된다. 그러나 모든 과제에 대해서 학습자가 개인적 흥미를 가지는 것은 아니며 오히려 상황에 따라 일시적인 흥미가 생기는 경우가 더 많을 수 있다. 학습자의 상황적 흥미는 개인의 내재적 흥미와 다른 것일까?

상황적 흥미는 다음의 네 단계를 거쳐 개인적 흥미로 발달할 수 있다(Hidi & Renninger, 2006). 첫째, 촉발된 상황적 흥미(triggered situational interest)는 새롭거나 놀라운 정보 혹은 개인에게 의미 있는 요소가 외부에서 제공될 때 발생하는 흥미로, 짧은 시간 동안 지속된다. 둘째, 유지된 상황적 흥미(maintained situational interest)는 촉발된 상황적 흥미가 개인이 인식한 과제의 의미나 연관성에 의해 유지되는 단계이다. 이 단계에서는 프로젝트 기반 학습이나 협력 학습과 같이 의미 있고 몰입할 수 있는 학습 활동이 도움이 된다. 셋째, 출현된 개인적 흥미(emerging individual interest)는 개인이 특정 주제에 지속적으로 흥미를 느끼고 이를 탐구하고자 하는 내적 동기를 형성하는 단계이다. 이 단계에서는 특정 주제에 대한 지식과 가치가 쌓이면서 학습자 스스로 질문을 만들고 자발적으로 과제에 참여하게 된다. 넷째, 발달된 개인적 흥미(well-developed individual interest)는 특정 주제에 깊이 몰입하고 장기적으로 관심을 유지하는 단계로, 이 단계에서 학습자는 해당 주제를 자율적으로 탐구하고 문제를 해결하며 지속적으로 지식을 확장하려는 태도를 보인다. 교수자는 학습자가 새로운 도전 과제를 수행하는 과정에서 촉발된 상황적 흥미를 인식하고, 학습자의 관심과 특성을 반영한 피드백을 제공함으로써 상황적 흥미가 개인적 흥미로 발전할 수 있도록 지원해야 한다.

라. 실패내성

실패내성이란 실패의 결과를 긍정적이고 건설적인 태도로 받아들이려는 경향을 가리킨다(Clifford, 1984). 교수자는 학습자로 하여금 실패를 회피하거나 극도로 비판적으로 인식하지 않고 실패의 원인을 객관적으로 찾아내어 실패 경험을 성장을 위한 동력으로 활용할 수 있게 해야 한다. 앞서 설명한 귀인 재훈련을 통해서 학습자가 실패의 원인을 통제 불가능한 것으로 귀인하기보다 변화 가능한 요인으로 인식할 수 있도록 유도하는 것이 필요하다. 실패 경험 이후 학습자 스스로 수행 결과에 대한 통제 가능성을 느낄 수 있다면 오히려 실패 경험은 더 많은 노력을 기울이는 기회가 될 수 있다.

교수자가 학습자의 수준보다 과도하게 어려운 과제를 반복적으로 제시하는 것은 실패내성을 기르는 데 오히려 부정적일 수 있다. 학습자가 자신의 실패 경험을 수용하고 이해하며 실패에 대처할 수 있는 능력을 기를 수 있도록 적절한 난이도의 과제를 제공해야 한다. 교수자가 어떠한 피드백을 제공하는지도 중요하다. "전반적으로 잘하지 못했네!"와 같은 피상적이고 애매한 피드백보다 학습자로 하여금 실패 원인을 명확히 파악하고 향후 보완 및 개선 전략을 세우는 데 도움이 될 수 있도록 구체적인 내용을 포함하는 피드백을 제공해야 한다. 실패 상황과 학습자의 무능함을 부각시키거나 강조하는 언어와 행동은 피하고, 학습자 스스로 문제를 발견하고 해결해나갈 수 있도록 지원해야 한다. 실패가 예견되는 상황이라면 교수자는 학습자가 부정적인 결과를 수용하고 이를 배움과 성장의 기회로 삼을 수 있도록 격려하며 정서적 지지를 보여줘야 한다.

마. 창의성

창의성이란 새로운 생각과 행동을 통해 독창적이고 유용한 결과물을 만들어내는 성향이나 특성 및 능력을 가리킨다(이선영, 2022). 창의성은 미래 인재가 갖추어야 하는 핵심 역량으로 창의성 계발은 교육에서 다루어야 하는 주요 과제 중 하나이다(Chan & Yuen, 2014; Robinson, 2011). 한편 학습자의 창의성 계발을 위한 교수법과 전략의 부재는 창의성 교육이 결코 쉽지 않음을 보여준다. 창의성 계발을 위한 교수-학습 전략은 학습자의 창의적 사고를 증진하기 위한 방안들을 중심으로 살펴볼 수 있다.

1) 브레인스토밍

브레인스토밍*은 창의적인 아이디어를 생성하는 데 활용 가능한 대표적인 기법으로 참여자들은 자유롭게 아이디어를 제시하고 타인의 생각과 의견을 들으며 문제 해결 방안을 탐색하게 된다. 학습자는 브레인스토밍을 통해서 다양한 관점을 이해하고 이전에 생각하지 못한 아이디어를 발견하며 문제 해결을 위한 새로운 방안들을 제시할 수 있다. 브레인스토밍의 효과를 높이기 위해서 교수자는 6~7명의 학습자를 한 집단으로 구성하되 성별, 연령, 경험 등 다양한 배경을 가진 학습자가 집단 내에서 상이한 아이디어를 제시할 수 있도록 한다.

> **브레인스토밍 (brainstorming):** 두뇌에 폭풍을 일으킨다는 의미로 기발하고 창의적인 아이디어를 얻는 방법이다. 당면한 문제를 해결함에 있어서 판단이나 비판을 하지 않고 머릿속에 떠오르는 아이디어들을 종이에 적거나 말로 표현해 본 후 자유연상을 통해 아이디어들을 결합시키거나 개선하여 논리적으로 체계화시켜 나간다.
> ☑ 출처: 교육심리학 용어사전

지식 플러스 **브레인스토밍의 핵심 원칙**

● **아이디어 많이 내기:** 가능한 많은 아이디어를 제시한다. 아이디어의 수와 양이 많을수록 이들 중 우수한 아이디어를 찾을 가능성이 높아진다.

● **아이디어 수용하기:** 제시된 아이디어를 비판하지 않고 모두 받아들인다. 자유롭게 생각과 의견을 제시하면 창의적인 아이디어가 많이 나온다.

● **판단하지 않기:** 제시된 아이디어에 대한 비판이나 섣부른 판단을 하지 않는다. 창의적인 사고의 흐름을 방해하지 않으면서 자유롭게 아이디어를 탐색한다.

● **아이디어를 결합하고 개선하기:** 제시된 아이디어를 서로 결합하고 보완하여 보다 발전된 형태의 새로운 아이디어로 발전시킨다.

2) 스캠퍼

스캠퍼(SCAMPER)는 기존의 생각에서 벗어나 새로운 방식으로 아이디어를 조합하고 만들어내는 창의적 사고 기법이다. 스캠퍼라는 이름은 일곱 개의 영문 첫 글자를 조합하여 만들어진 것으로 각 글자는 다음의 활동을 나타낸다: 대체하기(Substitute), 결합하기(Combine), 적용하기(Adapt), 확대 및 축소하기/수정하기(Magnify/ Modify), 다른 용도로 사용하기(Put to another use), 제거하기(Eliminate), 거꾸로 하기/재배열하기(Reverse/ Rearrange). 스캠퍼는 학습자로 하여금 익숙한 생각이나 사고방식에서 벗어나 새로운 관점으로 아이디어를 만들어내기 위해 다양한 접근법을 시도할 수 있게 한다(Eberle, 1996; Serrat, 2017).

[그림 3-1] 스캠퍼

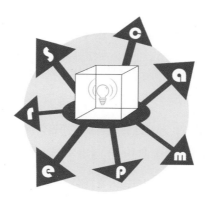

출처: *Knowledge solutions: Tools, methods, and approaches to drive organizational performance*(Serrat, 2017)

3) 여섯 색상 사고 모자 기법

여섯 색상 사고 모자 기법(Six Thinking Hats)은 스캠퍼와 유사하게 **확산적 사고**[*]촉진을 목적으로 활용 가능하다. 학습자는 여섯 색상의 모자를 각각 착용하고 모자의 색상에 따라 다양한 방식으로 문제에 접근한다. 교수자는 학습자가 선택한 모자 색상에 맞게 사고하고 행동할

확산적 사고(divergent thinking): 다양한 가능성을 탐색하여 새로운 아이디어를 생성하는 사고능력이다.
☑ 출처: Lubart, 2016

수 있게 한다. 이때 빨간 모자는 감정과 직관, 노란 모자는 긍정과 희망, 파란 모자는 질서와 규칙, 초록 모자는 새로움과 독창성, 흰 모자는 객관적 사실과 정보, 검은 모자는 모험심과 도전 의식을 각각 나타낸다. 학습자는 자신이 선택한 모자가 요구하는 방식대로 문제를 인식하고 아이디어를 제시하며 해결책을 도출한다(De Bono, 2017).

[그림 3-2] 여섯 색상 사고 모자 기법

| 초록 모자:
창조적 사고,
새로운 아이디어,
추가적 대안,
가능성, 가정 등의
제안 | 노란 모자:
사물에 대한 긍정적
사고, 타당성 검토
(반드시 논리적일 것) | 빨간 모자:
감정, 본능, 육감
(자신의 행동에
대해 사과하거나
납득시키지 않고
감정대로 진행) | 검정 모자:
주의 모자, 판사
역할, 비판적 판단,
적합과 부적합의
지적 | 하얀 모자:
중립적, 정보의
전달, 토론 과정에서
필요/부족한/
원하는 정보의 판별
및 획득방법제시 | 파란 모자:
의제(agenda)
선정, 단계 진행,
요약/결론/결정
요구, 사고 과정의
조직화 및 통제 |

출처: 교육부 공식 블로그(https://if-blog.tistory.com/7162)

지식 플러스 **확산적 사고 능력을 높이기 위한 창의적 교수 전략**

창의성 교수-학습 전략은 주로 학습자의 확산적 사고 증진 기법과 관련이 있다. 피엠아이(Plus, Minus, Interesting: PMI), 속성 열거법, 시네틱스(synectics)도 교실에서 활용 가능한 창의성 증진 기법의 대표적인 예이다.

PMI는 대상이나 문제에 대한 긍정적인 특징, 부정적인 특징, 재미있는 특징을 각각 제시하여 대상과 문제의 속성을 다각적으로 탐색해 보는 기법이다.

속성 열거법은 대상이나 문제를 구성 요소별로 분해한 후 기존의 것과 다른 방식으로 요인들을 재결합하거나 재배열하여 새로운 아이디어를 만들어내는 기법이다. 가령, 학생이 좋아하는 도넛을 모양, 크기, 색, 내용물, 토핑, 맛 등의 요소별로 분해한 후 새롭게 조합하여 신상 도넛을 만들어보자. "검은색 슈크림과 바나나, 아이스크림이 곁들여진 중간 크기의 사각형 도넛"처럼 이전에 상상하지 못한 제품이 탄생한다.

마지막으로 시네틱스는 서로 관련이 없어 보이는 요소들을 결합하여 창의적 사고를 촉진하는 기법이다. 은유나 유추를 통해서 일상적인 것을 새롭고 낯설게 만듦으로써 전혀 예상하지 못한 새로운 관점과 아이디어를 도출해낼 수 있다. 이처럼 낯선 것을 친숙하게 만들거나 반대로 친숙한 것을 낯설게 하는 방식으로 학습자는 전형적인 생각의 틀에서 벗어나 새로운 가능성을 발견할 수 있다.

지식 플러스 **디자인씽킹**

디자인씽킹(Design Thinking)은 디자이너가 생각하는 방식을 참고하고 적용하여 문제를 창의적으로 해결하는 데 목적이 있다. 일명 "디자이너의 생각하는 방식" 또는 "디자이너처럼 생각하기"라고 불리는 디자인씽킹은 사람 중심의 창의적 문제 해결 기법으로 사용자의 요구와 기대에 대한 이해를 바탕으로 문제를 발견하고 해결하는 데 주안점을 둔다.

디자인씽킹은 다음의 다섯 단계로 이루어진다. 첫째, 공감하기 단계이다. 사용자의 경험, 동기, 요구, 기대 등을 파악하는 데 주력한다. 이를 위해서 관찰, 인터뷰, 설문 조사 등을 수행한다. 둘째, 문제를 정의한다. 첫 번째 단계에서 습득한 정보를 바탕으로 문제의 속성을 진단하고 정의한 후 문제 해결을 위한 방향을 설정한다. 셋째, 아이디어를 생성한다. 다양한 방식으로 아이디어를 제시하는 단계로 브레인스토밍을 비롯하여 확산적 사고를 촉진하는 기법들을 활용하여 많은 양의 아이디어를 생성할 수 있다. 넷째, 프로토타입을 만든다. 아이디어를 구체적인 형태로 만들어보는 단계로 제품이나 서비스의 초기 모델을 제작하는 과정이기도 하다. 이 과정에서 아이디어가 실제로 작동하는지 실험할 수 있다. 마지막 평가하기 단계에서는 만들어진 프로토타입을 점검하고 사용자로부터 피드백을 받아 문제점을 찾아내고 개선책을 도출한다. 프로토타입을 반복적으로 수정하고 보완하여 최선의 해결안을 완성할 수 있다.

4) 창의적 사고 과정 증진

창의적 사고 과정을 설명하는 모형에 따라 설계된 창의적 사고 증진 교수 전략을 고려할 수 있다. 가장 널리 알려진 창의적 사고 과정 모형으로 월라스(G. Wallas)의 네 단계 모형이 있다. 월라스의 모형에서는 창의적 사고 과정을 준비(preparation), 부화(incubation), 조명(illumination), 검증(verification)으로 구분하였다. 첫 번째 준비 단계는 문제 해결을 위한 지식과 정보의 수집, 자료의 적절성 탐색, 문제 해결 방안 모색 등의 활동이 주가 된다. 이 단계에서 교수자는 학습자의 호기심과 상상력, 문제 해결을 위한 동기를 자극하고 목표 설정을 돕는다. 두 번째 단계인 부화는 문제를 의식적으로 생각하지 않고 잠시 거리를 두는 단계이다. 이 단계에서는 문제에 대한 새로운 연결과 아이디어가 생길 수 있다. 특히 산책, 휴식, 수면과 같은 활동이 도움이 될 수 있다. 세 번째 단계인 조명은 학습자가 경험하는 '아하!'의 순간으로 새롭고 독창적인 아이디어와 해결책이 떠오르는 단계이다. 이어 마지막 검증 단계에서는 문제 해결 방안이 적절하고 효과적인지 점검하고 실제 행위나 산출물로 구현될 수 있는지 판단한다(Wallas, 1926). 교수자는 학습자가 제시한 문제 해결 방안을 개선할 수 있도록 지원하고 확산적 사고와 수렴적 사고가 문제 해결 과정에 적절히 활용할 수 있도록 도와줘야 한다.

최근 연구 소개   **우리나라 교사들은 창의적인 학생들을 어떻게 인식하고 있을까?**

우리나라 교사들은 창의적인 학생들을 어떻게 인식하고 있을까? 김진우, 이빈, 이선영(2022)의 연구는 우리나라 교사들을 대상으로 창의적인 학생에 대한 생각을 살펴보았다. 연구 결과, 교사들은 창의적인 학생의 주요 특성으로 개성, 강한 자아, 독창성, 유연성, 문제해결능력, 다재다능함, 탐구정신의 여섯 가지를 떠올리고 있었다. 특히 창의적인 학생이 보이는 강한 자아에 대해서 양가감정을 가지고 있는 것으로 나타났다. 교사들은 자아가 강한 학생을 우수 학습 프로그램에 추천할 의향을 가지고 있었지만 학생의 사회성에 대한 우려와 이들을 가르쳐야 한다는 것에 대한 부담감을 드러냈다. 본 연구는 교사가 자기 주장이 강하고 개성이 뚜렷한 학생의 창의적인 재능을 인식하고 있음에도 불구하고 교실이나 학교에서 학생의 창의적인 특성이 두드러질 때 불편함을 느낄 수 있음을 보여주고 있다.

바. 시험 불안

또래와의 비교와 평가에 대해서 민감하게 반응하는 학습자를 위한 교수-학습 전략에는 어떤 것들이 있을까? 또래를 비롯한 타인과의 비교와 경쟁 상황에 취약한 학습자는 자신에게 지나치게 엄격하고 사소한 실수와 실패에도 예민하게 반응한다. 또한 실패에 대한 두려움과 불안감이 높으며 급기야 학습을 회피하는 성향을 보일 수 있다.

1) 협력적 학습 환경

또래 비교와 경쟁 상황에 취약한 학습자의 학습 및 정서적 지원을 위해서 협력적 학습 환경을 조성할 필요가 있다. 협력적 학습 환경은 학습자 간 협력을 바탕으로 공동의 학습 목표 달성을 강조한다. 팀 기반 활동에서 학습자 간 상호 협력과 지지를 조장하는 분위기를 조성하고 협력을 바탕으로 학습자가 목표 달성에 이르게 함으로써 성취감을 경험할 수 있게 한다. 학습자는 개인의 성취보다 집단의 목표 달성에 주력할 수 있어 개인 간 비교와 경쟁으로 인한 스트레스를 줄일 수 있다.

2) 개별화된 피드백

학습자에게 개별적인 피드백을 제공하여 학습자 스스로 자신의 학습 경로와 속도를 인지하고 교수자로부터 존중받고 있음을 느끼도록 한다. 학습자 맞춤형 피드백은 타인과의 비교가 아닌 학습자 자신의 이전 성취와 현재를 비교할 수 있게 함으로써 자존감을 높이고 학습에 대한 긍정적인 태도를 갖게 한다.

3) 목표 설정 및 자기 평가

학습자로 하여금 자신만의 학습 목표를 설정하고 이를 달성하기 위한 구체적인 계획을 세우게 한다. 이와 함께 정기적인 자기 평가를 통해서 학습자 스스로 학업 진행 상황을 점검하고 목표 달성을 위한 계획과 전략을 수정할 수 있도록 한다. 교수자는 학습자의 강점과 약점에 기반한 적절한 피드백 제공을 통해서 학습 활동이 유지될 수 있도록 도와준다.

사. 영재성

학습 능력이 탁월하고 또래에 비해 높은 수준의 학업 성취를 보이는 학습자는 학교 공부에 지루함을 느낄 수 있다. 특히 **고도 영재**[*]라고 불리는 학습자의 경우, 일반 정규 교육 과정 외에 학습자의 지적 호기심과 도전 의식을 자극하고 학습에 대한 흥미를 유발할 수 있는 경험을 할 수 있도록 해야 한다.

1) 심화 학습

심화 학습(enrichment learning)이란 기존의 교육 과정의 범위를 넘어 보다 깊이 있고 복잡한 주제를 다룰 수 있도록 다양하고 심층적인 자료와 활동을 활용하는 학습이다. 학습자는 정규 수업에서 다루지 않는 새롭고 도전적인 과제를 탐색할 수 있고 관심 있는 분야에 대한 심도 깊은 연구를 수행할 수 있다. 예를 들어, 과학 수업 시간에 교사는 교과서에 나와 있는 기본 개념뿐만 아니라 최신 연구들을 소개하고 학생들로 하여금 관련 프로젝트를 설계하고 수행하게 할 수 있다. 프로젝트 기반 수업, 실험, 올림피아드 준비를 위한 특별 수업, 경시 대회 준비를 위한 워크숍 등도 심화 학습에 기반한 교수법으로 고려할 수 있다. 높은 수준의 학업 성취를 보이는 영재에게 심화 학습은 단순한 지식 습득을 벗어나 지식의 범위를 확장하고 적극적으로 학습에 참여할 수 있는 기회를 제공한다.

고도 영재(extremely gifted 또는 highly gifted): 지능이 매우 뛰어나 일반적인 기준을 초과하는 수준의 지적 능력을 가진 자로 지능 검사에서 3 표준편차 이상 (IQ 145 이상)의 점수를 보인다. 이는 전체 인구의 상위 0.1%에 해당하는 것으로 매우 높은 수준의 인지적, 학문적, 창의적 및 문제 해결능력을 보인다.

☑ 출처: Gross, 2015; Silverman, 1989

2) 속진 학습

속진 학습(accelerative learning)은 일반 교육 과정보다 빠르게 학습을 진행하는 것으로 학습자의 학업 준비 수준에 따라 학습 속도를 조절할 수 있다. 월반, 우열반, 조기 입학 및 졸업뿐만 아니라 한 학년에서 다룰 교과 내용을 특정 주나 개월 동안 숙달할 수 있도록 하는 것 등이 속진 학습의 예이다. 선수 과목을 미리 이수하여 단축된 시간 내에 학업을 완료하게 하는 등 학습자 개인의 학습 속도에 맞춰 학습을 진행한다는 점에서 높은 수준의 지적 호기심과 학습 동기를 보이는 영재에게 적합한 교수 전략이 될 수 있다. 한편 학습자의 관심이나 준비 수준과 무관하게 상급 학교 진학만을 위해 선행 학습을 하는 것은 속진 학습의 장점을 반감시킬 수 있다.

3) 그룹핑

그룹핑(grouping)이란 학습자를 집단으로 편성하여 교육하는 것으로 학습자의 특성과 능력에 따라 동질 그룹핑(homogeneous grouping)과 이질 그룹핑(heterogeneous grouping)으로 구분할 수 있다. 동질 그룹핑은 인지적 및 학문적 특성과 능력이 비슷한 학습자로 집단을 편성하는 것인데 반해 이질 그룹핑은 서로 다른 학습자로 집단을 구성한다. 동질 그룹핑의 대표적 예로 수학이나 과학에 대한 관심과 능력 및 높은 성취 수준이라는 공통점을 가지고 있는 학생들로 운영되는 우리나라의 영재학교나 과학고등학교를 들 수 있다. 이와는 달리 이질 그룹핑은 다양한 특성과 능력을 가진 학습자로 집단을 편성하기에 다양성과 이질성에 기반하여 교수-학습이 진행된다. 일반적으로 공교육 현장은 이질 그룹핑을 전제로 운영된다.

학습 상황에서 동질 그룹핑은 자신과 비슷한 또래와 관심 영역을 공유하고 능력과 성취 수준에 적합한 도전적인 과제를 수행할 수 있다. 특히 학습 영재의 학습 동기와 학업성취에 긍정적인 영향을 미친다. 이에 반해 이질 그룹핑은 상이한 특성과 능력의 학습자가 집단 내에서 상호작용하며 학습 활동을 진행하기에 다양한 배경과 특성을 가진 동료와의 협업을 통한 문제해결능력 증진과 사회성 발달을 도모할 수 있다.

동질 그룹핑의 종류와 효과성

동질 그룹핑은 운영 방식에 따라 전일제(full-time)와 시간제(part-time)로 구분할 수 있다. 전일제 방식이란 학습자가 자신과 비슷한 또래와 종일 함께 공부하고 생활하는 것이다. 전일제 동질 그룹핑의 대표적인 예로 영재학교와 과학고등학교가 있다. 학습자는 동일한 환경에서 비슷한 또래와 지속적으로 학습함으로써 학습 활동에 집중할 수 있고 깊이 있는 지식 탐구와 상호작용을 통해서 학습의 효과를 극대화할 수 있다. 반면, 시간제 동질 그룹핑이란 대부분의 시간을 일반 학급에서 보내고 특정 시간(기간) 동안 비슷한 또래와 학습하는 방식이다.

일반적으로 학습 영재를 대상으로 하는 동질 그룹핑은 심화 학습이나 속진 학습으로 진행되며 학교 안팎에서 운영하는 영재교육 프로그램, 영재학급, **풀아웃 프로그램*** 등에서 활용된다. 뿐만 아니라 수학, 과학, 언어 등 학습자의 관심과 능력에 기반하여 영역에 따라 동질 그룹핑 운영이 가능하다.

동질 그룹핑은 학습 영재의 인지적, 학문적 발달뿐만 아니라 정서적, 사회적 및 진로 발달에도 긍정적인 영향을 미치는 것으로 나타났다. 동질 그룹핑에 기반하여 운영되는 영재교육 프로그램은 학습 영재의 학습 동기를 높이고 학업 성취를 증진시킬 뿐만 아니라 정서적 안정감과 원만한 또래 관계 형성에 도움이 되는 것으로 보고되었다. 특정 영역(예: 수학, 과학)에서 상급 학교로의 진학 및 진로 탐색을 촉진하는 것도 동질 그룹핑의 긍정적인 효과이다(이선영, 2021; 이선영 외, 2023; Feuchter & Preckel, 2022).

풀아웃 프로그램(pull-out program): 정규 수업 시간 중의 일부를 비슷한 적성 능력을 가진 학생들이 집단을 이루어 교육받는 것을 가리킨다. 동질 그룹핑에 기반하여 정규 교육과정에서 제공하지 않는 심화 및 속진 학습의 기회를 제공한다.

☑ 출처: Clark, 2013

학습 프로젝트에서 귀인 재훈련을 통한 팀워크 향상

고등학교 사회과 수업에 '지역 사회 문제 해결'이라는 주제로 팀 프로젝트가 진행되고 있었다. 팀별 과제는 지역 사회에서 실제로 발생하고 있는 문제를 해결하기 위한 계획과 구체적인 실행안 발표였다. 민수가 속한 팀은 팀원 간 협력이 원활하지 않아 어려움을 겪고 있었다. 민수는 팀 내 구성원들 간 갈등이 생길 때마다 '우리 팀은 서로 의견이 맞지 않아 되는 것이 없군'이라고 생각하며 포기하는 모습을 보였다. 결국 중간발표 과제에서 민수네 팀은 가장 낮은 점수를 받았고 민수는 프로젝트뿐만 아니라 사회과 수업 시간에서 벗어나고 싶었다.

◉ 교수 전략

위 상황을 지켜본 이형준 선생님은 민수와 팀원들에게 귀인 재훈련을 시도하였다. 그는 팀원들로 하여금 낮은 성과의 이유를 "의견 차이로 인한 갈등"으로 인식하기보다 "갈등 해결을 위한 효과적인 의사소통 전략을 사용하지 못했기 때문인 것"으로 해석할 수 있도록 지도하였다. 뿐만 아니라 팀원들에게 의사소통 기술을 가르치고 갈등 해결을 위한 구체적인 방안들을 제시하였다. 이 과정에서 팀원들은 상호 경청하고 존중하는 방법을 배우게 되었다. 이후 발표에서 민수네 팀은 이전보다 향상된 성과를 보였다.

◉ 생각해 볼 거리

갈등 상황에서 귀인 재훈련이 문제 해결을 위한 효과적인 전략이 되기 위해서 교수자는 무엇을 고려해야 할까?

평가 불안과 교수전략

◉ 평가 불안

고등학생 유진이는 시험 기간마다 늘 불안에 시달린다. 친구들이 성적 이야기를 할 때면 마음이 불편했고 친구들에게 뒤처질지 모른다는 불안감에 시험공부에 집중하기가 어려웠다. 시험 당일뿐만 아니라 시험이 끝난 후에도 평가 결과를 받는다는 사실이 떨리고 두렵기만 하였다. 유진이는 중위권 성적의 평가 결과를 받았다. 유진이는 친구들에 비해 자신이 너무 떨어진다는 생각에 좌절하였다.

🔵 교수 전략

유진의 모습을 지켜본 담임 선생님은 유진이가 성적 자체보다 친구들과의 비교에서 오는 불안과 상심이 크다는 사실을 알게 되었다. 선생님은 유진과의 대화를 통해서 시험 성적이 아니라 학습 과정에 집중하는 것이 더 중요하다는 점을 강조하였다. 선생님은 유진에게 "시험에서 몇 점을 받아야 한다"라는 식의 목표를 설정하는 대신 "내가 이해한 개념을 어떻게 적용할 수 있을까"라는 질문을 스스로 하게 하였다. 유진이는 점차 자신의 학습에 집중하게 되었고 친구들과의 비교에서 오는 중압감을 조금씩 덜어낼 수 있었다. 성적표가 공개된 후에도 선생님은 유진에게 점수에 대한 이야기를 하기보다 유진이가 시험에서 시도한 새로운 문제 해결 방식을 칭찬해 주었다. 이와 함께 수업 시간 중에 협력 학습 활동을 도입하여 학생들로 하여금 경쟁이 아닌 협업의 중요성과 강점을 깨달을 수 있게 하였다. 유진이의 시험에 대한 불안은 점차 줄어들었고 점차 성적이라는 결과보다 학습 과정의 즐거움에 집중할 수 있게 되었다.

🔵 생각해 볼 거리

내가 만약 유진의 담임 선생님이라면 유진이에게 어떻게 반응했을까? 시험 불안을 경험하는 학생에게 필요한 교수-학습 전략과 방법에는 어떤 것이 있을까?

교실 안 생각 **맞춤형 교수법 vs. 보편적인 교수법**

학습자마다 학습 스타일과 능력이 다르기 때문에 학습자 중심 맞춤형 교수가 효과적이라는 주장이 있다. 이와는 달리 일반적인 학습 과정과 경험을 이해하고 보편적으로 타당한 교수법을 적용해야 한다는 의견도 있다. 학습자의 특성과 능력에 기반한 맞춤형 개별 교수법과 전통적으로 효과성이 검증된 보편적인 교수법 중 어떤 것이 더 타당하고 신뢰로운 방법일까?

🔵 생각해 볼 거리

맞춤형 교수법을 지지한다면 학습 효과를 극대화할 수 있는 구체적인 방안은 무엇일지 생각해보자.

보편타당한 교수법을 지지한다면 학습자의 차이를 극복하고 안정적이고 신뢰로운 학습 성과를 낼 수 있는 구체적인 방안은 무엇일지 생각해 보자.

아. 테크놀로지의 활용

아이패드(iPad)와 같은 디지털 기기는 교수자와 학습자로 하여금 교수 및 학습 자원에 대한 접근을 용이하게 하고 다양한 방식의 교수 활동을 가능하게 한다. 스마트 기기는 교육 앱으로의 접근과 활용을 비롯한 교수 및 학습의 보조 도구로 사용되고 있으며 특히 개별 학생에게 제공되는 기기를 통해서 교사와 학생 간 일대일 상호작용에 기반한 개별화 학습을 촉진한다. 뿐만 아니라 스마트 기기 선택 및 활용 방안은 교수 및 학습 활동과 관련된 교수자와 학습자의 사고 방식과 행동 유형을 이해하는 데 유용한 정보를 제공할 수 있다.

1) 에듀테크 수업

최근 들어 교실에서 에듀테크를 기반으로 다양한 교수-학습 활동이 이루어지고 있다. 2022년부터 2024년까지 서울특별시 교육청 홈페이지(https://sen.go.kr)에 소개된 스마트 기기를 비롯한 디지털 학습과 교육 지원 자료 및 교육 적용 사례들 중 몇 가지 예를 살펴보면 다음과 같다.

에듀테크(디지털 학습도구)의 활용

에듀테크(디지털 학습도구)의 활용		
학습도구	띵커벨 보드	캔바
특징	☑ 패들렛과 비슷한 교육용 SNS ☑ 타일형, 그룹형, 격자형, 출석부형, 스트림형, 타임라인형, 롤링페이퍼형 ☑ 그룹형 이름 칸에 게시글 숫자가 나옴 ☑ 입장 시 이름 입력이 필요함 ☑ 작품 수합 및 온라인 전시관 역할 ☑ 하나의 보드에 3장의 페이지 생성 가능 ☑ 동영상 첨부 불가(동영상은 패들렛)	☑ 웹에서 쉽게 디자인 및 영상 제작 가능 ☑ 구글 계정으로 가입 가능 ☑ 학급 기능을 통한 학생관리 ☑ 편리한 학습자료 분배 및 수합, 피드백 ☑ 실시간 협업 기능 ☑ 생성형 AI: 글쓰기, Dall-e, D-ID, TTS 등 ☑ 각종 인앱 기능: 기타
학생의 활용방법	☑ qr코드입장 ☑ 이름 입력 ☑ 글 쓰기: 제목(특징) + 본문(설명, 추천직업) + 미래직업영향(작품)	☑ 구글 드라이브에 자기 작품 탑재하기 ☑ 다른 반 친구들의 작품 읽고 해석 남기기
학습도구	패들렛	오토드로우
특징	☑ 프로그램 설치 및 로그인 없이 바로 학생들의 학습 결과물을 공유할 수 있음 ☑ AI 이미지 생성기능이 탑재되어 내가 원하는 이미지를 손쉽게 생성할 수 있음	☑ 인공지능 기반의 이미지 추천 기능으로 내가 원하는 그림을 자동으로 그려주는 기능을 활용할 수 있음 ☑ 별도의 로그인 없이 바로 사용 가능함
학생의 활용방법	☑ 패들렛의 '게시물 추가'로 내가 작업한 결과물을 '복사-붙여넣기'하여 오토드로우에서 작업한 결과물을 바로 불러오기 ☑ 나의 결과물뿐만 아니라 친구들의 결과물을 실시간으로 확인하기	☑ 오토드로우로 물건의 위치를 나타내는 영어 표현을 생각하며 책상, 의자, 테이블, 상자 등의 그림 그리기 ☑ '자동그림' 기능을 통해 인공지능이 추천하는 여러 그림 중에 선택하여 활용하기

에듀테크(디지털 학습 도구)의 활용		
학습도구	클래스카드	이미지 생성형 AI (Studio D-iD)
특징	☑ 학교인증을 통해 사전에 학생들을 등록, 어휘 학습 상황을 교사가 관리하는 앱	☑ 프로그램 설치없이 웹에서 쉽게 키워드 입력만으로 이미지 제작이 가능
학생의 활용 방법	☑ 로그인하여 자기주도 학습 ☑ 자신의 학습결과를 교사와 공유 가능	☑ 자신의 원하는 외모를 가진 사람을 영어 키워드를 입력하여 생성 ☑ 자신이 창조한 가상의 인간에게 스크립트를 입력하여 발화하여 움직이는 AI로 변환 제작
학습도구	Beatbot	Bandlab
특징	☑ 프로그램 설치 없이 웹에서 쉽게 접속하여 파일 다운로드 및 활용 가능 ☑ 현재 'Splash Pro'라는 이름으로 업그레이드되어 기능이 더많아짐 ☑ 속도, 조성까지 설정 가능하며 여러 가지 결과물이 제공되고 비슷한 결과물을 더 찾을 수 있음	☑ 프로그램 설치 없이 웹에서 쉽게 접속 가능 ☑ 다양한 악기 소리를 직접 입력 가능 ☑ 녹음 및 음원 편집 및 믹싱에 필요한 다양한 기능이 들어있음 ☑ Beatbot과 같이 AI 송메이커 기능도 탑재
학생의 활용 방법	☑ 찾고자 하는 음악의 용도, 느낌, 검색 시 넣어야 할 단어 설정 ☑ 적합한 음악이 나올 때까지 구체적으로 입력	☑ 미리 녹음한 오디오 파일 업로드 또는 직접 악기 설정하여 소리 입력 ☑ 다양한 이펙트 활용하여 음원 편집

출처: 서울특별시 교육청, https://www.sen.go.kr/user/bbs/BD_selectBbsList.do?q_bbsSn=1051

수학, 과학, 사회, 외국어, 윤리, 미술, 음악, 창의적 체험 활동, 진로 활동뿐만 아니라 외국 학생들과의 공동 수업에서 다양한 디지털 학습 도구가 활용되고 있다. 디지털 학습 도구를 개별 학습이나 모둠 활동의 목적에 맞게 적절하게 활용했을 때 학생들의 문제해결능력, 정보 활용 기술, 협업 및 의사소통능력을 신장시키는 것으로 나타났다.

2) 챗GPT

챗GPT[*]는 2022년 11월 미국의 인공지능 연구소인 오픈AI(OpenAI)가 개발한 지능형 채팅 로봇으로 프롬프트로 제공한 지시에 따라 정교한 답변을 제공한다. 기존의 채팅 로봇과는 달리 사용자가 과거 대화 중 언급했던 내용을 기억하고 이를 기반으로 대화를 지속할 수 있을 뿐만 아니라 언어 이해, 다국어 번역, 이야기 작성, 소프트웨어 소스 코드의 오류 탐색과 수정(코드 디버

킹) 등이 챗GPT를 통해서 가능하다. 뿐만 아니라 텍스트와 시각 이미지를 동시에 투입하여 이미지를 설명하는 문장을 만들어내는 이미지 캡셔닝, 차트 추론, 논문 요약 등 고난도의 멀티모달 작업도 가능하기에 교수-학습에 많이 활용되고 있다(Wu et al., 2023).

챗GPT는 글쓰기, 번안, 해석, 코딩, 문제 풀이 등 다양한 과제 수행에 활용되고 있다. 챗GPT를 통한 질의응답, 아이디어 생성 및 논리적 구조화, 내용 요약 및 정리, 글쓰기 등의 기능은 학습에 대한 흥미를 유발하고 학습자로 하여금 학습에 대한 복습과 예습 활동을 보다 능동적으로 수행할 수 있게 한다. 우리나라의 경우, 디지털 기반 교육혁신을 목표로 교육부와 시, 도 교육청에서 챗GPT 활용을 위한 수업자료 제공과 교원연수를 실시하고 있다. 2025년부터 AI디지털 교과서가 학교 현장에 도입되어 수학, 영어, 정보 과목에 챗GPT가 우선적으로 활용될 예정이다(교육부, 2023).

서울특별시 교육청 홈페이지에 있는 디지털 기반 교육 활성화를 위한 자료집 <생성형AI 교육 자료: ChatGPT 사례 중심으로>에는 학습에 도움이 되는 챗GPT 활용법이 제시되어 있다. 이외에 학교급별 생성형 AI 활용 지침과 수업 설계 및 적용 시 고려 사항에 대한 체크리스트(중·고등학교용)도 교육청 홈페이지에서 확인할 수 있다.

1) 인공지능

가) 정의

인공지능[*]은 인간과 유사한 지적 행동 및 기능을 수행하도록 고안된 컴퓨터 시스템을 가리킨다(정재삼 등, 2021; Zimmerman, 2018). 기술의 급격한 발전과 인공지능 연구의 간학문적 특성은 인공지능의 범위와 내용을 지속적으로 변화시키기에 인공지능을 명확하게 정의하거나 규정하는 것은 쉽지 않다(Luckin et al., 2016).

인공지능이라는 용어는 1956년 미국의 다트머스 대학교에서 개최

챗GPT(ChatGPT): 챗GPT는 생성형 인공지능(AI) 챗봇으로 미국의 인공지능 연구소인 오픈AI(OpenAI)가 2022년에 개발하였다. 높은 수준의 자연어(natural language) 이해와 처리 능력을 바탕으로 사용자가 원하는 길이, 형식, 양식, 세부 사항, 언어 등으로 대화가 가능하다.
☑ 출처: Wikipedia

인공지능 (artificial intelligence): 인간의 인지·추론·판단 등의 능력을 컴퓨터로 구현하기 위한 기술 혹은 그 연구 분야이다.
☑ 출처: 두산백과 두피디아

된 워크숍에서 처음 사용되었다. 워크숍에서 존 맥카시(J. McCarthy), 마빈 민스키(M. Minsky), 클로드 섀넌(C. Shannon) 등 몇몇 학자들이 인공지능을 "언어를 사용하고 추상적인 개념을 만들어내며 문제를 해결하고 스스로 발전할 수 있는 기계"로 정의하고, 이를 개발하는 연구를 제안하였다(Holmes et al., 2019; Zimmerman, 2018).

지식 플러스 **인공지능의 역사**

인공지능의 역사는 컴퓨터공학자였던 앨런 튜링(A. Turing)으로부터 시작된다. 튜링은 기계가 인간과 같은 수준의 지능을 가질 수 있다고 믿음을 바탕으로 **튜링 테스트**[*]를 개발하였다(Turing, 1950). 튜링 테스트란 보이지 않는 장소에서 인간과 컴퓨터가 대화를 나누도록 한 후 인간 심사자로 하여금 대화의 주체 중 어느 쪽이 인간 또는 컴퓨터인지 판단하도록 하는 것이다. 튜링에 의하면, 만약 심사자가 인간과 컴퓨터의 반응을 구분할 수 없다면 컴퓨터는 인간에 준하는 지능을 가진 것으로 판단할 수 있다. 튜링의 주장은 기계가 인간처럼 사고하고 기능할 수 있음을 제시했다는 점에서 인공지능 연구의 출발점으로 간주된다.

1960년대에서 1970년대에 인공지능 분야는 문제해결능력, 지식 표상, 자연어 처리, 인공신경망 등의 하위 분야로 세분화되어 발전하였다. 그러나 기대와는 달리 인공지능의 성능이 인간의 지능에 미치지 못한다는 결과가 반복적으로 발표되면서 이에 대한 사회적 관심과 지원이 사그라들기 시작하였고 1980년대에 들어 급기야 'AI 겨울'이라고 불리는 인공지능의 침체기가 이어졌다. 이처럼 부침을 겪어왔던 인공지능 분야는 1990년대부터 시작된 컴퓨터 기술, 빅데이터, 딥러닝 기술 등의 급진적인 발전에 힘입어 빠르게 발전하였다. 초창기 단순 제어 프로그램으로 시작한 인공지능은 오늘날 딥러닝 인공지능에 이르기까지 교육뿐만 아니라 실생활 전반에 지대한 영향을 미치는 산업으로 자리매김하고 있다.

튜링 테스트(Turing Test): 기계(컴퓨터)가 인공지능을 갖추었는지를 판별하는 실험으로 1950년 영국의 앨런 튜링이 제안하였다.
☞ 출처: 두산백과 두피디아

인공지능 기술과 유형

인공지능을 이해하기 위해서 먼저 알고리즘(algorithms)과 **머신 러닝**[*]의 개념을 살펴보도록 하자. 알고리즘이란 컴퓨터가 주어진 문제를 해결할 수 있도록 고안된 명령어들의 집합이다. 하나의 알고리즘은 수백 또는 수천 개 이상의 코드로 구성되어 있다. 인공지능의 역사는 정교하고 효율적인 알고리즘의 개발 과정과 맥을 같이 한다(Holmes et al., 2019).

알고리즘이 구축되는 방식에 따라 인공지능은 규칙 기반 인공지능(rule-based AI)과 머신 러닝으로 구분된다. 규칙 기반 인공지능이란 주어진 과제를 수행하기 위해서 컴퓨터가 수행해야 하는 일련의 알고리즘이 미리 정해진 것이다. 따라서 인간이 미리 설정한 절차와 규칙을 바탕으로 자료를 처리하고 결정하기에 결과물에 대한 예측이 가능하고 오류가 발생할 가능성이 적다. 그러나 다양한 상황을 고려해야 하는 복잡한 문제 해결에 어려움이 있다는 한계가 있다. 머신 러닝은 컴퓨터가 따라야 할 규칙이 미리 정해져 있지 않은 대신 컴퓨터가 규칙을 학습하는 데 필요한 데이터가 주어진다. 컴퓨터는 주어진 자료를 분석하고 이를 바탕으로 예측 모델을 설정한 뒤 과제를 수행하며 과제 수행 결과는 다시금 컴퓨터가 학습할 데이터로 활용된다. 이처럼 머신 러닝에서 컴퓨터는 인간이 사전에 설정한 규칙과 방식을 따르지 않고 스스로 자료의 패턴을 인식하여 모델을 만들며 수행 결과에 대한 피드백을 통해서 모델을 개선 및 정교화시킨다.

머신 러닝은 **지도 학습**[*], **비지도 학습**[*], **강화 학습**[*]의 세 가지 유형으로 구분할 수 있다. 지도 학습이란 학습할 데이터와 분석 결과(레이블, label)가 모두 알려진 상태의 학습으로 컴퓨터의 역할은 학습 자료와 결과물 간의 관계를 연결하는 함수를 밝히는 데 있다. 비지도 학습은 지도 학습과 다르게 학습 자료는 제공되나 분석 결과는 제시되지 않는다. 따라서 컴퓨터는 학습 자료 안에 숨겨진 패턴을 밝혀내고 이를 예측할 수 있는 모델을 설정하는 역할을 한다. 마지막으로 강화 학습에서는 학습 자료와 결과물 모두 주어지지 않으며 컴퓨터는 수행한 결과에 대한 피드백(예: 보상, 벌)을 통해서 보상을 더 많이 받을 수 있는 방식으로 예측 모델을 세우고 이를 학습한

머신 러닝 (machine learning)
: 인공지능의 연구 분야 중 하나로, 인간의 학습 능력과 같은 기능을 컴퓨터에서 실현하고자 하는 기술 및 기법이다.
☑ 출처: 두산백과 두피디아

지도(supervised) 학습: 분석 결과인 레이블(label)이 존재하는 데이터를 사용해 모델을 학습시키는 머신 러닝 방법이다.
☑ 출처: 두산백과 두피디아

비지도형(unsupervised) 기계 학습: 기계 학습 중 컴퓨터가 입력값만 있는 훈련 데이터를 이용하여 입력들의 규칙성을 찾는 학습 방법이다.
☑ 출처: IT 용어사전

강화(reinforcement) 학습: 에이전트의 행동에 따른 보상을 통해 전략을 학습하는 기계 학습의 한 종류이다.
☑ 출처: 두산백과 두피디아

다. 지도 학습과 비지도 학습의 경우, 학습 자료가 바뀌게 되면 기존 학습 모델에 대한 전면 수정을 요구하지만 강화 학습은 수행 결과에 따른 피드백에 근거하여 학습을 지속할 수 있는 이점이 있다.

나) 인공지능교육

교수-학습에서 인공지능교육은 개념 이해, 활용 및 가치 교육의 세 가지로 구분할 수 있다(정재삼 등, 2021). 첫째, 인공지능 이해 교육은 인공지능 원리와 기술을 배우는 데 목적이 있으며 주요 용어, 지식 및 개념과 인공지능 기술이 기능하는 원리를 이해하는 것에 주안점을 둔다. 예를 들어, 지도 학습, 비지도 학습, 강화 학습의 의미와 장·단점 및 차이점 등을 교육 내용으로 다룰 수 있다. 둘째, 인공지능 활용 교육은 문제 해결을 위해 인공지능 기술을 활용하는 방법을 익히는 것을 목적으로 한다. 교수-학습 과정에서 인공지능의 역할에 따라 '인공지능으로부터 배우는 학습(learning from AI)'과 '인공지능과 함께 하는 학습(learning with AI)'으로 구분할 수 있다(정재삼 등, 2021). 인공지능으로부터 배우는 학습이 인공지능이 교수자가 되어 학습자를 가르치는 것이라면, 인공지능과 함께하는 학습에서 학습자는 의사 표현과 문제 해결 과정에 인공지능 기술을 직접 활용한다. 셋째, 인공지능 가치 교육이란 인공지능의 발전에 따른 사회 변화를 이해하고 인공지능의 출현이 파생시킨 윤리적 문제를 다루는 교육이다. 학습자는 인공지능이 가져온 긍정적 및 부정적 영향을 인식하고 비판적이고 합리적으로 문제 해결을 도모하는 능력을 기를 수 있다.

다) 수업에서의 활용 사례

(1) 적응형 학습 시스템

지능형 튜터링 시스템(intelligent tutoring systems)은 교수-학습에 활용되는 인공지능의 대표적인 예로, 학습자의 학습 수준과 패턴을 파악하고 학습자에게 적합한 개별화된 단계별 지도안을 제공한다. 주어진 문제와 학습 자료에 대한 학습자의 반응을 토대로 학습자가 어떤 내용을 이해하고 있고 어떤 영역에서 오개념을 가지고 있는지 파악하여 학습자에게 개별적인 학습 경로를 제시한다. 학습자의 학업 수준에 진전이 있는 경우, 내용의 난이도뿐만 아니라 학습자에게 제시하는 힌트와 지도안을 조정한다. 지능형 튜터링 시스템은 수학이나 물리학처럼 학습 내용과 구조가 분명한 교과목에 주로 사용되고 있다.

(2) 평가와 피드백

인공지능은 학습자의 과제 수행에 대한 피드백을 제공하고 시험 결과를 채점할 수 있어 교수자의 업무 부담을 줄여준다. 정답이 있는 선다형 문항에 대한 반응은 자동 채점이 가능하고, 서술형 문항의 경우 기본적인 논리 구조와 문법 오류 및 오탈자 식별에 대한 평가가 이루어진다. 대형 강의처럼 다수의 학생들이 참여하는 수업에서 에세이 글쓰기 과제에 대한 피드백 제공이나 루브릭에 기반한 평정 등이 인공지능을 통해서 가능하다.

(3) 가상 현실과 증강 현실 학습

인공지능과 결합된 가상 현실(VR)과 증강 현실(AR) 학습은 학습 환경의 물리적 제약을 극복하고 학습자에게 다양한 학습 경험을 제공한다. 가령, 역사 수업에서 인공지능을 통해서 가상의 역사적 사건을 만들어내고 학습자가 직접 역사적 사건을 체험할 수 있다. 의학 교육과 같이 반복적인 실습이 필요한 경우 가상의 환자를 대상으로 수술 절차를 연습하는 것도 또 다른 활용의 예이다.

2) 챗봇

가) 정의와 역사

챗봇(Chatbot)은 인간과 비슷한 의사소통을 재현할 수 있는 소프트웨어 응용 프로그램이다(Berns et al., 2018). 초기에 챗봇은 키워드 일치 메커니즘 또는 자연어 처리 메커니즘을 사용했으며 이후 컴퓨터와 음성 인식 기술의 발달로 음성 기반 양방향 인터페이스가 등장하였다. 1990년대 개발된 ALICE 챗봇은 인공지능 마크업 언어(Artificial Intelligence

Markup Language, AIML)를 도입한 것으로 주제와 카테고리, 사용자의 입력 패턴을 식별하고 저장된 정보를 사용하여 응답하는 기능을 가지고 있었다. 이후 2014년에 등장한 아마존 에코는 음성 상호 작용에 기반한 것으로 머신러닝 알고리즘, 자연어 처리, 음성 합성 등을 포함해서 한층 진전된 인공지능 기술을 반영하였다.

챗봇은 대화 나누기, 오락, 데이터베이스에 저장된 정보 요청, 과제 실행, 질의응답, 대화 연습 등의 다양한 용도로 활용된다. 간편하게 조작할 수 있는 인터페이스를 통해서 개인 상담을 진행하고 비행기 티켓 예약, 물품 구매 등에 필요한 서류 작성도 가능하다.

양방향 학습이 가능하고 시공간의 제약을 받지 않는다는 점에서 챗봇은 교육에서 많이 활용되고 있다. 챗봇을 활용한 수업의 경우, 교수자와 학습자 간 실시간 상호작용이 가능하고 학습에 대한 흥미와 동기가 향상되며 학습자의 불안을 감소시키고 학습의 지각된 가치는 증진시키는 것으로 나타났다(Wu et al., 2020; Wu & Yu, 2024).

나) 기능

챗봇은 교수자 및 학습자와의 대화 분석과 상호작용을 바탕으로 교수-학습 활동을 보조하고 학습자의 정서적 및 사회적 발달을 도모한다. 일상적인 대화 연습뿐만 아니라 학습과 관련된 질문에 대한 응답, 피드백 제공 등을 통해 교수-학습의 보조 도구로 챗봇은 유용하게 활용 가능하다.

(1) 교육적 기능

학습자는 챗봇과의 대화 및 상호작용을 통해서 학습 내용을 예습하고 복습할 수 있다. 가령, 개념에 대한 이해 부족 또는 언어 해석이나 사용에 어려움이 있을 경우, 챗봇에 도움을 요청할 수 있다. 뿐만 아니라 챗봇의 질문을 받고 이에 응답하는 연습을 통해서 학습을 준비하거나 토론 활동에 대한 시뮬레이션을 통해서 약점을 보완하고 자신감을 얻을 수 있다. 챗봇은 외국어 학습에서 특히 유용하게 활용될 수 있다. 챗봇으로부터 다양한 유형과 수준의 어휘, 문법 및 표현 등의 관련 지식을 제공받거나 학습자가 원하는 시간과 장소에서 챗봇과의 대화를 통해 외국어를 연습할 수 있는 것이 대표적인 예이다.

교수자에게 챗봇은 저비용으로 개별화된 교수 활동을 가능하게 한다. 특히 온라인 수업에서 교사가 다수의 학생들을 개별적으로 지도하기 어려울 때 교사는 챗봇으로 교과 내용을 알려주고 개별 학생에게 필요한 학습 자료와 과제 및 문제 풀이 활동을 제공할 수 있다.

(2) 기술적 기능

챗봇은 시공간 제약 없이 교수자와 학습자 또는 학습자 간 실시간 상호작용을 가능하게 하고 컴퓨터, 태블릿, 핸드폰 등을 통해서 쉽게 접근할 수 있다. 성별, 관심, 흥미, 교육 수준 등 개별화된 학습자 정보를 바탕으로 교수-학습 주제를 선정할 수 있는 것도 챗봇의 기술적 강점이다.

지식 플러스 **챗봇의 기능과 한계**

교수-학습 도구로서 챗봇은 교사, 또래 친구, 교수자 및 동기 부여자의 역할을 할 수 있다(Kuhail et al., 2023). 챗봇은 실제 교사처럼 지시하고 예시와 피드백을 제공하며 또래 친구처럼 학습자와 상호 작용하면서 협력 학습을 조장할 수 있다. 학습자는 챗봇을 활용하여 자신이 직접 교수자가 되어 질문하고 가르쳐봄으로써 학습 활동에 관심을 갖고 관여하게 된다.

그러나 **신기 효과**[*]에서처럼 학습자가 새로운 기술에 익숙해지면 기술의 새로움에 대한 관심이 저하될 수 있다(Huang et al., 2022). 따라서 챗봇을 활용한 교수-학습 활동에 대한 학습자의 적극적인 참여와 수행 개선을 지속적으로 기대하기 어렵다. 고차원적인 학습 능력을 발휘하는 챗봇을 설계하기 쉽지 않은 것도 또 다른 한계점이다. 통상 챗봇은 기존에 저장된 지식과 정보에 기반한 응답을 일차적으로 제공하기에 사용자의 요구와 기대

신기 효과(novelty effect):
기술의 새로움에 대한 호기심과 관심은 일단 기술에 익숙해지면 사라지기 쉽다.
☑ 출처: Huang et al., 2022

와는 다른 반응을 보일 때가 많다. 따라서 학습자가 내용 입력을 잘못하는 경우 챗봇으로부터 무관한 응답을 받을 수 있다. 마지막으로 실제 학습 상황이나 언어 사용 환경과는 다르게 여러 문구와 문장을 동시에 인식하는 데 제약이 있는 것도 챗봇의 한계점이다.

3) 메타버스

가) 정의와 역사

메타버스는 초월을 의미하는 메타(meta)와 세계를 의미하는 유니버스(universe)의 합성어로 현실 세계와 가상 세계가 융합된 디지털 환경을 가리킨다. 메타버스는 디지털 기술을 통해서 사용자들을 아바타 형태로 활동하게 하면서 다른 사용자와 상호작용하게 한다. 가령, 학습자는 가상 교실 안에서 교수자와 또래 학습자 아바타를 만나고 이들과 교류하면서 실제 교실에서처럼 학습 활동에 참여할 수 있다.

메타버스는 2020년 세계적으로 만연한 코로나(COVID-19)를 계기로 비대면 교육의 필요성이 대두되면서 기존의 비대면 화상회의의 단점을 극복할 수 있는 대안으로 부상하였다(Kuznetcova & Glassman, 2020). 기존 방식이 사용자들 간 상호작용이 부족하고 공간적인 이동성이 없어 공간 실재감을 느끼기 어려운 제한점이 있는 데 반해, 메타버스는 아바타를 통해서 가상의 공간을 자유롭게 이동할 수 있게 함으로써 교수자와 학습자를 비롯한 사용자의 몰입감을 극대화할 수 있는 장점이 있다.

나) 특징

첫째, 메타버스는 다차원적인 경험을 제공한다. 가상 공간에서 사용자들은 3D 가상 환경을 경험하며 다른 사용자와 소통을 할 수 있다. 뿐만 아니라 현실 세계에서는 접근할 수 없는 환경에서 만나기 어려운 사람들과의 상호작용을 가능하게 하는 것도 메타버스의 장점이다. 둘째, 메타버스는 사회적 상호작용을 촉진한다. 가상 공간에서 사용자들 간 활발한 의사소통과 사회적 활동을 조장함으로써 사회성 발달을 도모할 수 있다. 셋째, 사용자가 가상 공간에서 생성한 다양하고 창의적인 콘텐츠를 공유하고 활용할 수 있다. 넷째, 메타버스를 통해서 사용자들 간 가상 자산 거래나 비즈니스 운영 등 경제 활동이 가능하다. 그러나 사용자의 개인 정보나 보안 문제가 발생할 수 있기에 적절한 보호 조치와 규제 또한 필요하다(Wang et al., 2022).

　　메타버스의 종류

네이버의 자회사인 네이버제트가 운영하는 국내 대표적인 메타버스 플랫폼으로 제페토(Zepeto)가 있다. 2018년 개발된 제페토는 얼굴 인식, 증강 현실, 3D 기술 등을 활용해서 3D 아바타를 제작하여 사용자들 간 상호작용 활동과 다양한 가상 세계 경험을 가능하게 한다. 휴대폰 내 저장된 이미지나 사진찍기 기능을 통해서 사용자와 닮은 캐릭터를 만들고 이를 개인별 취향에 따라 커스터마이징할 수 있다. 제페토는 아바타 제작에 다양한 서비스를 제공하고 있으며 SNS 기능을 통한 소통 및 게임 등에 활용되고 있다(계보경 외, 2021).

[그림 3-3] 제페토 내 캐릭터 예시

출처: https://web.zepeto.me/ko

게더타운(Gather town)은 2020년 미국에서 출시된 2D 기반의 화상회의 플랫폼이다. 게더타운은 주로 원격 근무나 화상 회의를 목적으로 사용되며 가상 공간에서 아바타로 소통할 수 있다. 게더타운 내에서 아바타가 서로 가까이 있게 되면 자동으로 화상 채팅이 활성화되고 거리감에 따라 음성 크기나 화면이 조정되어 실제로 상호작용하는 것과 같은 경험을 하게 한다. 사용자는 원하는 방식대로 방, 회의실, 강당 등의 가상 공간을 설계하고 만들 수 있으며 자유롭게 집합하고 해산할 수 있어 사용자 간 자연스러운 네트워킹과 회의가 가능하다. 특히 별도의 프로그램 설치나 회원가입 없이 웹 브라우저에서 바로 사용할 수 있고 여러 사용자가 가상 공간에 쉽게 입장하고 활동할 수 있어 접근이 용이한 장점이 있다.

[그림 3-4] 게더타운 예시 화면

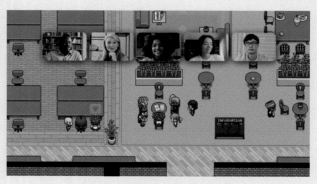

출처: https://www.gather.town

다) 교수-학습에서의 메타버스

교수자는 메타버스를 활용하여 창의적이고 효과적인 수업을 운영하고 학습자 중심 교육이 가능한 다양한 교수-학습 환경을 설계할 수 있다. 교수-학습에서 활용 가능한 메타버스의 기능을 구체적으로 살펴보면 다음과 같다(백영균 외, 2024; Bienkiewicz et al., 2021; Wang et al., 2022).

첫째, 메타버스는 몰입형 학습 환경을 제공한다. 교수자는 메타버스를 통해서 학습자가 물리적으로 접근하기 어려운 공간이나 상황을 가상으로 체험할 수 있는 기회를 제공할 수 있다. 학습자의 안전이나 비용 문제로 실제 교실에서 다루기 어려운 문제도 메타버스에서 안전하게 재현할 수 있다. 우주를 여행하는 가상 세계를 구현하여 이론적 지식이 아닌 실제 체험을 하게 한다거나 가상 실험실에서 학습자로 하여금 복잡한 화학 반응이나 물리 실험을 수행하게 하는 것 등이 이에 해당한다.

둘째, 교수자와 학습자 간 의사소통을 강화하고 협력 학습을 촉진할 수 있다. 교수자는 메타버스 내 가상 교실을 통해서 학습자와 실시간으로 소통할 수 있다. 학습자 간 팀을 이루어 협력 학습을 할 수 있는 것도 메타버스의 장점이다.

셋째, 메타버스는 학습 동기를 유발하는 데 활용 가능하다. 교수자는 교육 내용을 게임 요소와 결합하여 학습자의 학습에 대한 흥미와 관심을 유발할 수 있다. 교수자와 학습자 모두 아바타를 만들어 수업에 참여하기에 다양한 표정 변화로 정서적 교감과 사회적 상호작용을 촉진할 수 있는 것도 학습자의 학습 동기 유발에 도움이 된다.

넷째, 메타버스는 교수자로 하여금 학습자의 학습 양식과 속도에 최적화된 개별적인 학습 환경을 제공할 수 있게 한다. 학습자는 자신의 속도에 맞게 학습하고 교수자는 개별 학습자의 학습 진행 상황을 점검 및 지원할 수 있다.

이외에도 메타버스의 교육적 가능성과 한계점은 <표 3-1>과 같다.

[표 3-1] 메타버스의 교육적 가능성 및 한계점(계보경 외, 2021)

메타버스 특징	교육적 가능성	교육적 한계점
새로운 사회적 소통 공간	코로나19로 인한 학교 폐쇄의 경우에도 현실의 제약을 넘어 교사와 학생들 간 사회적 연결 가능	타인과 관계 형성 시 현실 세계의 상호작용보다 가벼운 관계를 형성하거나 개인정보 수집 처리에 따른 프라이버시 문제 발생 가능
높은 자유도	콘텐츠 소비자에서 창작자로서의 경험 제공을 통해 학습 과정에서 학생의 자율성 확대 가능	높은 자유도는 플랫폼 관리자가 이용자의 행위를 예측할 수 없어 메타버스의 가상공간과 익명성의 특성에 의해 각종 범죄에 노출 가능
가상화를 통한 높은 몰입도	시공간을 초월한 새로운 경험 제공을 통해 학생의 흥미와 몰입도를 높여 수업에서 학생의 능동적 참여 확대 가능	정체성이 확립되지 않은 학생들에게 현실의 '나'에 대한 정체성 혼란, 현실 도피 및 현실 세계 부적응 유발 가능

라) 수업에서의 활용 사례

메타버스를 활용한 수업은 교수-학습 목표와 학생들의 수준에 따라 유연하게 운영 가능하다. 메타버스라는 가상 세계에서 새로운 학습 경험을 생성하고 혁신적인 교육 방법을 적용한 몇 가지 사례들을 살펴보자(백영균 외, 2024).

(1) 역사 수업

메타버스를 통해서 학생들은 고대 도시나 중요한 역사적 사건이 발생한 장소를 탐방할 수 있다. 교사는 학생들로 하여금 다양한 장소를 방문하게 하고 장소별로 관련된 중요한 역사적 배경을 설명하여 학생들이 역사적 사건과 문화를 실제로 그 시대에 살았던 것처럼 느끼고 경험할 수 있게 한다.

(2) 과학 실험

메타버스는 교사로 하여금 실험실에서 제약 없이 다양한 과학 실험 수업을 진행할 수 있게 한다. 가령, 실제 교실에서는 위험할 수 있는 화학 실험을 시각화하여 가상 공간에서 진행하는 것이다. 교사는 실험 과정 중에 야기되는 현상을 설명하고 학생들에게 실험 도구나 공간에 대한 제약 없이 창의적으로 탐구할 수 있는 기회를 제공할 수 있다.

(3) 언어 학습

외국어 수업에서 교사는 가상의 국가나 도시를 만들어 학생들이 해당 언어를 실제 상황에서 사용하는 것처럼 연습하게 한다. 교사는 학생들에게 대화를 유도하고 학생들은 가상 세계에서 만난 타국인과 외국어로 소통하며 언어 능력을 향상시킬 수 있다.

(4) 예술 창작

메타버스는 학생들이 미술 작품을 3D로 창작하거나 갤러리에서 전시할 수 있는 가상의 공간을 제공한다. 교사는 학생들이 창작한 작품을 다양한 관점에서 감상하고 분석할 수 있도록 지도하고 실시간으로 작품에 대한 피드백을 제공하여 학생들의 적극적인 토론을 유도할 수 있다. 메타버스를 활용한 미술 수업은 학생들의 창의적인 사고와 예술적인 교감 능력을 높일 수 있다.

지식 플러스　**디지털 격차 해소를 위한 교육**

우리나라는 교육부 지원하에 일상생활에서 디지털 매체의 올바른 이해와 활용을 위한 다양한 지원 정책들을 제공하고 있다. 특히 주목할 것은 '미디어 역량교육 지원 전략'을 통해서 미디어의 접근과 활용에서 소외되는 국민이 없도록 거주지와 가까운 장소에서 생애 주기와 눈높이에 맞는 미디어 교육을 제공하고 취약 계층의 미디어 격차 해소를 위해서 찾아가는 미디어 교육을 확대하는 등 디지털 격차 해소를 위한 노력을 기울이고 있다는 점이다(교육부, 2024).

디지털 역량 교육을 통해서 디지털 격차를 해소하고자 하는 노력은 중앙 정부뿐만 아니라 지방 자치 단체의 지원 정책에서도 찾아볼 수 있다. 대표적인 예로 경상남도 진주시에서는 디지털 취약 계층으로 분류되는 고령층, 장애인, 다문화인 등을 대상으로 디지털 매체를 쉽고 편리하게 활용할 수 있는 방안에 대한 무료 교육을 제공하고 있다. 구체적으로 실생활 속 디지털 활용(예: 키오스크, 스마트폰), 금융피싱예방, 인공지능, 본인 인증을 비롯한 공공 서비스, 온라인 콘텐츠 제작 및 커뮤니티 활동 등 다섯 가지 주제를 네 단계(예: 기초, 생활, 심화, 특별)로 구분하여 맞춤형 교육을 제공하고 있다. 교육은 진주시에 있는 8개의 디지털 배움터에서 제공되며 방문이 어려운 교육생을 위해서 전문 강사가 직접 찾아가는 파견 교육도 실시하고 있다. 각종 교육용 장비를 갖추고 교육생을 찾아가는 디지털 배움터 "에듀버스"는 교육 장소가 부족한 읍·면 지역에서 운영되고 있다(진주시청, 2024).

교실 속으로　**인공지능(AI) 성적 예측 시스템, 학생들에게 도움이 될까?**

서울의 한 고등학교에서 인공지능(AI) 성적 예측 시스템을 도입하였다. 학생들의 과거 성적 데이터를 바탕으로 향후 성적을 예측하고 학생들로 하여금 예측된 성적에 따라 학습 계획을 세우고 취약 부분을 보완하려는 목적에서였다.

학생들은 AI 성적 예측에 큰 관심을 보였다. 몇몇 학생들은 예상된 성적을 바탕으로 목표를 세우고 보완해야 할 부분을 파악할 수 있음에 만족해했다. 예측된 성적을 기반으로 목표 실행을 하는 중에 성적 향상을 기대하는 학생들도 꽤나 있었다.

그러나 시간이 지나면서 일부 학생들은 예측 성적이 지나치게 현실적이라는 점 때문에 부담감을 느끼기 시작했다. 특히 예측 성적이 낮게 나오는 경우 학습능력에 대한 불안감, 학습동기 저하 및 자존감 상실을 경험하기도 하였다. 예상되는 성적이 마치 고정된 결과처럼 느껴져 학생들의 성적 개선에 대한 희망적인 기대감이 오히려 낮아지는 경우가 많았다.

🔽 생각해 보기

예측되는 성적이나 학업 성과가 고정되어 변할 수 없는 것처럼 느끼는 학생들에게 교사는 어떻게 반응해야 할까?

AI 성적 예측 시스템을 활용한 효과적인 학습 개선 방안에 대해서 생각해 보자.

교실 속으로 **교사의 평가 vs AI 평가**

AI 채점 시스템은 교수-학습 활동에 대한 보다 객관적인 평가를 가능하게 한다는 주장이 있다. 이와는 반대로 AI가 창의적 사고나 복잡한 문제해결능력에 한계를 보이고 있기에 교수자의 직접 평가가 더 신뢰롭고 전문적이라는 의견도 많다.

🔽 생각해 보기

AI 기술에 의거한 평가와 교수자의 평가 중 어떤 것이 학습자의 학업 성취와 능력에 대해 보다 객관적이고 공정한 평가 방식인지 각각의 이유와 함께 토론해 보자.

교육심리학

IV

Educational Psychology

교육환경

IV 교육환경

교수-학습에 영향을 미치는 요인으로 교육 환경이 있다. 교육 환경은 교수-학습이 이루어지는 물리적 공간일 뿐만 아니라 학습자의 인지적, 정서적 및 사회적 성장과 발달을 촉진하는 심리적 및 사회적 요인이다.

1 교실과 학교

가. 좋은 교실

좋은 교실을 구성하는 요인으로 학교, 교사와 학생 간 관계, 학교 과제, 또래와의 상호작용 등이 있다. 이들은 학생의 성취, 동기, 목표, 학업 효율성 및 학습에의 참여 등 학습활동과 자아존중감, 자신감, 소속감과 적응 등 정신 건강과 전반적인 학교 생활에 영향을 미친다(Lai et al., 2015).

1) 물리적 특징

교실의 물리적 특징은 좋은 교실을 구성하는 중요한 요인으로 교실의 크기, 밀도, 배치 및 상태를 포함하는 건축적 요인들과 교수-학습 도구와 자료, 교수자와 학습자의 존재를 비롯한 교육적 요인들로 구분된다. 건축적 요인에는 교실 내 공기의 질, 온도, 열, 음향, 조명 상태 등이 포함되며 각각의 요인들은 교실에서 이루어지는 교수-학습 활동에 영향을 미친다(Brink et al., 2021; Frontczak & Wargocki, 2011; Wang & Degol, 2016).

교실에서의 상호작용은 교수-학습 활동을 조장하고 효과적인 지식 구성과 문제해결능력을 향상시킨다. 따라서 교사와 학생 및 학생 간 의사소통과 협업을 촉진하는 자리 배치와 **능동적인 학습 교실**[*]을 조성하는 것이 필요하다. 능동적인 학습 교실은 전통적인 교실보다 학생들의 학업 성취에 긍정적인 영향을 미치지만 많은 비용이 소요되고 적은 수의 학생들만 수용할 수 있는 한계가 있다(Cotner et al., 2013; Park & Choi, 2014).

능동적인 학습 교실은 개방감을 느낄 수 있는 환경과 관련이 있다. **개방적인 교실**[*]에서 학생들은 자신의 의견을 자유롭고 편안하게 표현할 수 있다. 뿐만 아니라 창의적이고 비판적인 의사소통능력을 기르는 데 개방적인 공간이 도움이 될 수 있다(Godfrey & Grayman, 2014).

능동적인 학습 교실: 전통적인 교실의 대안으로 개방된 학습 공간, 이동 가능한 책상과 좌석, 학습용 테크놀로지를 사용하여 학습을 지원한다.
☑ 출처: Oliver-Hoyo et al., 2004

개방적인 교실: 자유롭게 논의하고 토론하며 다양한 의견을 경청하고 존중할 수 있는 교실 환경이다.
☑ 출처: Godfrey & Grayman, 2014

[그림 4-1] **전통적인 교실과 능동 학습 교실 비교**(왼쪽: 전통적인 교실, 오른쪽: 능동 학습 교실)

쾌적한 교실 환경, 이렇게 구성해 보자!

쾌적한 교실 환경은 효과적이고 유의미한 교수-학습 활동을 가능하게 한다. 교사와 학생에게 도움이 되는 교실 환경 요인들은 다음과 같다(Brink et al., 2024).

1) 교사와 학생들은 교실에 햇빛이 들어오는 것을 선호한다. 직접적인 일광은 피해야 하지만 햇빛이 들어오는 밝고 따뜻한 교실은 원활한 수업 운영에 도움을 줄 수 있다.

2) 학생들의 집중력 향상을 위해서 조명을 시의적절하게 조절한다. 특히 주광색 계열의 조명은 학생들의 기분과 각성 수준을 높이고 시각적으로도 편안함을 가져다준다.

3) 소음을 비롯한 음향은 학생들의 수업 이해 수준뿐만 아니라 기억과 인출 및 회상 등 인지능력에 영향을 미친다. 수업에 대한 집중과 인지능력 향상에 도움이 될 수 있도록 조용한 교실 안팎 분위기를 조성하는 것이 필요하다.

교실 환경과 교수-학습 활동

많지는 않지만 물리적 환경은 교수법과 교수 효율성, 학습 과정과 학업 성취 등을 비롯한 교수-학습에 영향을 미치는 것으로 나타났다. 브링크와 동료들(2024)은 교사와 학생 총 35명을 대상으로 개별 및 심층 면접을 실시하여 실내 환경에 대한 인식, 내적 반응과 학업 수행 간의 관계를 탐색하였다.

연구 참여 교사들(n=11)은 네덜란드 북부 지역에 위치한 학교에서 1년 이상 가르친 경험이 있었고 학생들(n=24)은 19세 이상 성인 학습자였다. 연구 결과, 교실 환경에 대한 부정적인 인식은 수업에 대한 흥미와 집중력을 떨어뜨리고 피로감과 불안을 유발하며 교수-학습 시간을 감소시키는 것으로 나타났다. 예를 들어, 몇몇 교사들은 교실 내 적정한 온도와 공기 질을 유지하기 위해 교실 문이나 창문을 개방했을 때 발생하는 소음으로 인하여 강의 시간을 줄이고 쉬는 시간을 빨리 갖는다고 토로하였다. 다수의 학생들은 실내 온도와 공기의 질에 민감하게 반응하였다. 지나치게 높은 온도는 두통과 피로를 유발하여 학습에 대한 집중력 저하로 나타나 교사로 하여금 수업 시간을 단축하게 하는 또 다른 이유가 되었다. 뿐만 아니라 학생들은 신선한 공기를 마실

수 있을 때 학습에 대한 집중력이 향상된다고 진술하였다. 이외에도 풍부한 일광과 낮은(또는 무) 소음도 학생들의 학습 태도와 참여에 긍정적인 영향을 미치는 것으로 나타났다.

교실 내 향기, 교수-학습에 영향을 미칠까?

향기는 오래된 정서나 기억을 불러오고 정서 및 행동 변화에 영향을 미친다(Kadohisa, 2013). 가령, 좋은 향기는 기쁨, 행복, 사랑의 마음을 유발하고 상쾌한 향기는 갈등 상황에서 회피와 충돌 위험을 감소시킨다. 유사하게 교실 내 향기는 학생들에게 긍정적인 정서를 경험하게 함으로써 심리적인 안정감을 통한 학습 집중력 향상과 학업 자신감 증진에 영향을 미치는 것으로 나타났다(Choi et al., 2022; Rolletschek, 2020).

교실에 있는 식물의 향기도 학습에 대한 집중력을 높인다는 연구 결과가 보고되었다(이정아, 서정근, 2011). 서울 소재 초등학교 학생 180명, 중학교 학생 250명, 고등학교 학생 250명을 대상으로 한 연구에 의하면, 유향 식물군(예: 시베리아)과 무향 식물군(예: 옐로윈)을 각각 교실에 배치했을 때 모든 학교급에서 유향 식물군이 배치된 교실의 학생들이 학습 집중력이 향상되는 것으로 나타났다. 유향 식물군의 향기 성분과 관련된 학습 집중력 향상 효과는 초등학생들에게서 가장 두드러졌다.

2) 스마트 교실

스마트 교실[*]이란 스마트 장치를 사용할 수 있도록 구축된 교실 환경을 가리킨다. 교실 내 스마트폰, 스마트 패드, 전자칠판, 무선 인터

스마트 교실(smart classroom, e-classroom): 2010년대 정보 통신 기술의 발달에 따라 등장했으며 스마트 장치를 교실에서 사용할 수 있도록 환경을 조성하여 이를 수업에 활용하는 형태의 교실을 가리킨다. 최근에는 디지털 교과서나 온라인 수업 등 스마트 장치를 활용하는 교육 방식을 총칭하는 스마트 교육을 스마트 교실이라 부르기도 한다.

☑ 출처: 위키백과

ALC: 교수-학습 방법, 공간, 기술을 종합적으로 반영한 강의실로 원형이나 U자형 책상, 책상별로 기기를 연결하여 조별 또는 전체 학생들과 공유 가능한 디스플레이 장치, 화이트보드, 마이크, 영상 저장 장치 등을 갖추고 있다. 학생들 간 상호작용과 협업 활동을 조장하는 데 효과적이다.

☑ 출처: Eickholt, Johnson, & Seeling, 2021

SCALE-UP: 미국 노스캐롤라이나 주립대학교 물리학과 교수 Robert J. Beichner의 주도로 개발된 혁신적인 교실 모형으로 교사와 학생 및 학생 간 상호작용을 촉진하기 위한 목적으로 설계되었다.

☑ 출처: Park & Choi, 2014

넷 등이 구축되어 있어 교수-학습 활동이 다양한 유형의 스마트 장치들을 사용하여 진행되며 기존 강의실에 비해 시간과 공간의 제약을 덜 받는 특징이 있다. 스마트 교실은 스마트 강의실, 첨단 강의실, **Active Learning Classroom(ALC)**[*] 등의 이름으로 불리며 미국의 ALC로부터 그것의 유래를 찾을 수 있다.

ALC는 1990년대 중반 미국 노스캐롤라이나 주립대학에 있는 **SCALE-UP(Student-Centered Active Learning Environment with Upside-Down Pedagogies)**[*]으로부터 유래한 것으로 강의실 내 조별 활동과 상호작용을 원활하게 하는 화이트보드, 원형 책상, 이동식 의자, 노트북, 천장 장착형 빔프로젝터, 벽에 부착된 모니터, 무선 마이크, 소음을 줄이는 카펫 등을 포함하여 설계되었다(이현우, 차윤미, 김기범, 2018; Burke, 2015). 원형 책상의 특성을 고려하여 기존의 강의실에서와는 다르게 책상 앞과 뒤의 개념이 없는 것도 SCALE-UP의 특징이다(Van Horne et al., 2012). ALC는 SCALE-UP을 변형한 강의실로 매사추세츠 공과대학교, 아이오와 대학교, 미네소타 대학교 등을 포함한 미국 내 250개 이상의 대학교에 구축되어 있다. ALC는 소그룹 및 전체 토론 활동에 유용하고 문제기반학습, 협력학습, 팀 기반 학습 등 의사소통과 협업 능력을 바탕으로 학습자 간 상호작용을 촉진하는 교수-학습에 효과적이다. 우리나라의 경우, 대학을 중심으로 2010년부터 이와 같은 유형의 강의실 구축이 활발하게 이루어졌다.

[그림 4-2] 노스캐롤라이나 주립대학교의 SCALE-UP 강의실(Park & Choi, 2014)

[그림 4-3] 미네소타 대학의 ALC(Park & Choi, 2014)

[그림 4-4] 맥길 대학의 ALC(Park & Choi, 2014)

스마트 교실은 다음의 요인들을 포함하여 구성할 수 있다(남창우, 이민효, 2020; Eickholt, Johnson, & Seeling, 2021; Knudson, Odum, & Meaney, 2022).

(1) 이동이 가능한 그룹형 책상과 의자
(2) 교실에서 교수자와 학습자 및 학습자 간 양방향 소통이 가능하게 배치된 개인용 컴퓨터, 빔프로젝터 및 디스플레이 장치
(3) 소그룹 토론이 가능한 집단 공유 컴퓨터
(4) 학습자 개인이 소지한 노트북, 모바일 폰, 태블릿 등으로 미러링 기능이 가능한 학습 공간
(5) 화이트보드와 전자칠판
(6) 마이크
(7) 영상 저장 장치

3) 학급 운영

교사의 **학급 운영**[*] 전략은 좋은 교실을 유지하고 관리하는 데 필요한 또 다른 요인이다. 효과적인 학급 운영이란 학생들의 수업 방해 행동을 줄이고 학습 참여를 적극적으로 유도함으로써 교사로 하여금 수업 시간을 효율적으로 사용할 수 있게 하는 것이다. 교사는 학기 초에 한 학기 동안 교실이나 수업 시간에 학생들이 준수해야 하는 절차와 규칙을 명확히 알려줌으로써 학교생활에서 학생들에게 요구하고 기대하는 태도와 행동을 학생들 스스로 인식할 수 있도록 한다. 효과적인 학급 운영에 필요한 규칙을 설정하는 데 고려할 점들은 다음과 같다(신명희 외, 2023).

학급/교실 운영(classroom management): 생산적이고 효율적인 학습이 이루어지도록 학급 환경을 유지하는 것이다.
☑ 출처: 교육심리학, 신명희 외, 2023

(1) 학교나 지역 사회의 정책과 일관되게 규칙을 만든다.

(2) 의미가 명확하게 규칙을 기술한다.

(3) 규칙이 있어야 하는 합당한 이유와 내용을 충분히 설명하고 위반할 경우 발생 가능한 결과를 명시한다.

(4) 규칙은 긍정문으로 진술한다. 가령, "싸우지 않기", "왕따가 발생하지 않도록 하기" 보다 "친구들과 사이좋게 지내기", "수업에 필요한 준비물 가져오기" 등의 진술문이 바람직하다.

(5) 규칙의 수는 최소화한다.

(6) 학생들과 토의 과정을 통해서 규칙을 함께 논의하고 만든다.

(7) 모델링과 연습을 통해서 규칙을 가르치고 확인한다.

(8) 교실에서 문제 행동이 발생했을 때 이에 대응하는 규칙뿐만 아니라 학생들에게 기대하는 바람직한 행동을 설명한다.

2 온라인 교육 환경

온라인 교육이란 교수자와 학습자가 물리적 공간과 시간에 구애받지 않고 인터넷을 통해서 상호작용하며 교수-학습 활동을 하는 것이다(Singh & Thurman, 2019). 온라인 교육은 교실이나 강의실처럼 전통적인 물리적 공간을 대체하는 것을 넘어 교수-학습 자료 설계와 경험 및 교수자와 학습자 간 상호작용 등의 교육활동 전반을 새롭게 정의하고 있다.

가. 교수-학습 모형

학습자의 요구와 교육 환경에 적합한 교수 전략의 개발과 활용은 학습자에게 최적의 학습 경험을 제공하는 데 필수적이다. 교육 프로그램을 체계적으로 설계하고 개발할 때 활용되는 대표적인 교수-학습 모형의 예로 ADDIE 모형이 있다. ADDIE는 분석(Analyze),

설계(Design), 개발(Develop), 실행(Implement), 평가(Evaluate)의 영문 첫 자를 조합하여 만든 것으로 각 활동 단계는 교수-학습 프로그램을 설계하는 데 활용된다(Muruganantham, 2015). ADDIE 모형은 온라인 교수 전략을 수립하는 데 효과적일 뿐만 아니라(Branch, 2009) 맞춤형 학습 경험을 통한 학업성취 향상에 도움이 되는 것으로 나타났다(Almelhi, 2021; Göksu et al., 2017).

ADDIE 모형을 적용한 온라인 교수-학습 설계 과정을 살펴보면 다음과 같다. 첫째, 분석 단계는 교수 설계 과정의 기초가 되며 교사는 수업에서의 문제점을 인식하고 원인을 파악하며 해결책을 모색한다. 구체적인 활동으로 학생들의 요구, 과제 및 학습 목표를 분석하여 교수 목표와 가르쳐야 할 과제 목록을 작성하는 것 등이 있다. 영어 수업에서 학생들이 단어 암기를 어려워하는 경우 이에 대한 이유 분석을 위해 학생들의 학습 양식, 온라인 학습도구 사용 능력, 기존 학습 자료의 난이도 등을 조사하는 것이 이에 해당한다.

둘째, 설계 단계에서 교수자는 분석 단계에서 도출된 정보를 바탕으로 효과적인 수업 전략을 구체화시킨다. 교수자는 수업 목표 달성을 위한 교수 자료와 교수 방법을 계획하고 학습자의 특성에 적합한 맞춤형 학습 경험을 제공하기 위해 학습 내용과 활동안을 설계하며 학습자의 이해도를 평가하는 문항을 개발한다.

셋째, 개발 단계는 설계 단계에서 구상한 자료를 실제로 제작하는 단계이다. 교수자는 미디어 시뮬레이션, **인터랙티브 툴**[*] 등을 활용하여 온라인 학습에 적합한 교육 자료를 만들고 실제 수업에서 원활하게 활용할 수 있도록 점검한다. 관련 예로 과학 수업에서 실험 과정을 보여주는 애니메이션을 제작하거나 문법 수업에서 연습문제 풀이와 자

인터랙티브 툴: 교육 현장에서 학습자가 학습 자료와 적극적으로 상호작용할 수 있도록 돕는 디지털 도구로 단순한 정보 전달을 넘어 학습자의 반응에 기반한 피드백을 제공하는 것이 주된 특징이다. 실시간 온라인 퀴즈, 온라인 협력 활동 플랫폼 등이 있다.

☑ 출처:

동 채점 기능이 포함된 온라인 퀴즈를 개발하는 것이 있다.

넷째, 완성된 교육 자료를 실제 수업에서 실행하는 단계이다. 이 단계에서는 학습자가 풍부한 학습 경험을 가질 수 있도록 교육 자료와 과제에 대한 학습자의 접근을 용이하게 하고 교수-학습 활동에 필요한 기술적 지원을 제공하여 원활한 수업이 이루어질 수 있도록 하는 것이 중요하다. 가령, **구글 클래스룸**[*]에 교재를 업로드하고 수업 전에 학생들에게 강의 동영상을 보게 한 후 줌(Zoom)을 활용한 온라인 수업에서 실시간 토론 및 질의응답 시간을 운영할 수 있다.

마지막으로 평가 단계는 수업의 효과성을 점검하고 수업 목표 달성 수준을 분석하여 향후 개선 방안을 도출하는 데 주안점을 둔다. 평가는 단계별 형성 평가와 수업 종료 후 실시하는 총괄 평가로 구분하여 수행한다.

나. 온라인 상호작용

온라인 교육 환경은 시간과 장소에 대한 제약 없이 교수자와 학습자 및 학습자 간 활발한 상호작용을 가능하게 한다. 교수-학습에서 멀티미디어 도구를 활용하는 것은 교수자와 학습자 간 상호작용을 촉진하고 학습자의 학업 참여와 학습에 대한 만족도를 높이며 학습 내용에 대한 이해도를 높이는 데 도움이 된다(Barnett-Itzhaki, Beimel & Tsoury, 2023).

2020년 코로나 19(COVID-19) 팬데믹 이후 온라인 교육의 수요가 급증하면서 가상 교실에서 협력학습을 진행하는 방안에 대한 관심이 높아졌다. 대면으로 실시해왔던 협력학습을 물리적 제약이 없는 가상 교수-학습 공간에 도입함으로써 학생들이 교실이나 학교에 있을 때와 비

구글 클래스룸(Google Classroom): 교사와 학습자를 위한 무료 디지털 학습관리시스템으로 과제 관리, 학습 자료 공유, 학습자 성과 추적 등 다양한 기능을 제공한다. 교사는 구글 게시판을 통해 공지 사항이나 학습 자료를 게시하고 학습자들은 댓글을 달아 실시간으로 질문하거나 의견을 나눌 수 있다.

☑ 출처:

숫한 학교 학습 경험을 집에서도 할 수 있게 되었다. 특히, 실시간 채팅과 챗봇을 통한 의사소통은 교수자와 학습자 및 학습자 간 지속적인 상호작용을 가능하게 한다.

지식 플러스　**온라인 교육에서 활용 가능한 교수-학습 도구**

(1) 퀴즈 기반 교수-학습

게임을 활용한 퀴즈 기반 교수-학습 도구로 카훗!(Kahoot!)과 퀴지즈(Quizziz)가 있다. 카훗!(https://kahoot.com/)은 학습자에게 실시간으로 퀴즈를 풀게 한 후 문제를 빠르게 푼 학습자에게 높은 점수를 부여한다. 시험과 같은 부담은 없지만 퀴즈 참여 중 실시간으로 학습자에게 순위 변화를 보여주고 자극을 줌으로써 경쟁을 통한 학습 활동을 조장한다. 퀴지즈(https://quizizz.com/)는 학습자의 학습 속도에 맞게 객관식, 주관식, 이미지, 오디오 응답 등 다양한 유형의 퀴즈를 풀게 하고 실시간으로 피드백을 제공하여 학습자 스스로 학습할 수 있도록 하는 데 목적을 둔다. 퀴즈 기반 학습 도구는 학습자의 학습에 대한 흥미와 관심을 높이고 학습 내용에 대한 이해 수준을 진단하며 즉각적인 피드백 제공을 통해서 학습 효과를 높이는 데 효과적이다.

(2) 협력 기반 교수-학습

- 온라인 게시판

패들렛(Padlet, https://padlet.com/)과 클래스킥(Classkick, https://classkick.com/)은 가상 게시판을 통해서 학습자가 학습한 내용을 시각적으로 표현하고 의견을 공유할 수 있는 온라인 협업 도구이다. 교수자가 특정 주제에 대한 질문을 게시판에 올리면 학습자는 자신의 생각을 공유하며 동료들과 상호작용한다. 교수자는 실시간으로 피드백을 제공하여 학습 활동을 촉진하고 학습자는 학습 내용을 시각적으로 정리할 수 있는 장점이 있다(Parrish et al., 2021).

- 온라인 소그룹

줌(Zoom)은 개별 채팅뿐만 아니라 소집단 활동을 가능하게 한다. 실시간 소그룹 토론을 진행한 후 구글 클래스룸 게시판에서 추가 토론을 이어가는 방식으로 협력 학습을 강화할 수 있다.

학교 밖 교육 환경

학교 밖 교육 공간으로 고려할 수 있는 곳으로 박물관과 미술관이 있다. 박물관과 미술관은 평생학습에 활용 가능하고 교육과 휴식을 동시에 제공하는 대표적인 교육 공간이다(Falk et al., 2012; Tom Dieck et al., 2018). 이들이 소유한 방대한 교육 자료뿐만 아니라 휴식을 통한 지적 자극 제공, 문화에 대한 인식과 예술적 감수성 함양, 실용적인 지식과 기술 및 지혜 습득은 비형식적 교수-학습 공간으로서 박물관과 미술관이 제공할 수 있는 기능이다(Mortara et al., 2014). 문화자본 축적 접근 이론(Stigler & Becker, 1977)에 의하면, 예술에 대한 경험은 문화 감상 능력을 향상시키고 문화에 대한 소비를 증가시킨다. 따라서 박물관과 미술관 방문은 학습자로 하여금 학습 개념과 내용을 이해하고 학습 활동을 의미 있는 과정으로 만들고 지속시키는 데 도움이 된다(Brida et al., 2017).

오늘날 테크놀로지에 기반한 교육 환경 조성에서 박물관과 미술관은 유의미 학습과 심화 학습의 장으로 활용되고 있다. 오디오 가이드, 모바일 앱, 웨어러블 기술과 결합된 증강현실 앱 등은 박물관과 미술관을 유용한 교수-학습 공간으로 거듭나게 하였다(Leue et al., 2015; Linzer, 2013). 개인 휴대기기, 전자 가이드북 등의 보조 도구를 사용한 학습자가 박물관과 미술관에서 더 많은 질문을 하고 학습 경험에 대해서 높은 만족도를 보인 것도 주목할 만하다(Tom Dieck et al., 2018).

자연과 환경: 하천을 활용한 환경교육

지구 온난화, 기후 변화, 생물 다양성 감소 등의 환경문제로 인한 생태계 파괴와 위협은 환경문제 해결을 위한 교육의 필요성을 절실히 요구하고 있다. 그럼에도 불구하고 환경문제는 여전히 개인과는 상관없는 사회, 국가 및 인류 사회의 문제로 인식되고 있으며 환경교육은 교육의 주된 과제가 아닌 부수적인 것으로 간주되고 있다. 통상 환경문제와 교육은 전통적인 교수-학습 공간에서 경험하거나 이루어지는 것이 아니기에 그것의 중요성을 간과하기 쉽다(최용준, 2023). 따라서 환경교육은 학습자가 문제를 인식 및 발견하고 체험하며 해결할 수 있는 실제 환경에서 이루어지는 것이 필요하다.

하천을 활용한 환경교육 방안을 생각해 보자. 하천은 지표면에 내린 빗물이 모여 흐르는 물길로 다양한 생태계 구성원이 공존하여 살아가는 곳이자 아름다운 자연 경관을 제공한다(최용준, 2023). 하천에서 환경교육을 하는 경우, 학습자는 환경문제에 대한 지식과 정보를 습득할 수 있을 뿐만 아니라 환경문제가 생태계에 미치는 영향을 비판적으로 인식할 수 있다. 이와 함께 지속 가능한 하천을 유지하기 위한 방안과 계획을 창의적으로 제시해 볼 수 있는 기회를 가질 수 있다(조현기, 2018).

3 인공지능기반 교육

최근 들어 관심이 급증하고 있는 인공지능기반 교육은 학습자 개인 맞춤형 학습을 제공하는 데 주안점을 둔다. 인공지능기반 교육은 학습자의 학업 준비도와 성취 수준에 부합하는 과제를 제공하여 학습자의 필요와 요구에 최적화된 학습 경험을 지원함으로써 교육의 효과성을 극대화하는 데 목적이 있다. 다음은 학교에서 활용 가능한 대표적인 적응형 교수-학습 플랫폼이다.

가. 드림박스 러닝(DreamBox Learning, https://www.discoveryeducation.com/solutions/math/dreambox-math/)

드림박스 러닝은 초등학생과 중학생을 위한 적응형 수학 교과 학습 플랫폼으로 학생들의 반응에 따라 문제의 난이도와 속도를 조절한다. 문제를 푸는 과정에서 학생들의 이해 수준을 실시간으로 분석하고 학습 능력에 따라 문제와 설명을 제공함으로써 학생 맞춤형 개별화 수업을 경험할 수 있게 하는 장점이 있다.

나. 소크라티브(Socrative, https://www.socrative.com/)

소크라티브는 중등학생을 대상으로 실시간 퀴즈와 평가를 제공할 수 있도록 개발된 플랫폼으로 학습 결과에 따라 즉각적인 피드백을 제공하여 개인 맞춤형 교수-학습이 가능하다. 교사는 학생들의 이해 수준을 실시간으로 점검하고 추가적으로 필요한 지원을 제공할 수 있다. 몇몇 국가에서 소크라티브를 활용하여 수업 중 개별 피드백에 기반한 맞춤형 학습 경로를 제공하고 있으며 소크라티브의 활용은 학생들의 학습 참여도와 비판적 사고를 촉진하는 데 효과적인 것으로 나타났다(El Shaban, 2017).

다. 알렉스(ALEKS, https://www.aleks.com/?_s=4699956126914241)

알렉스는 중등학생을 대상으로 수학과 과학 교과에서 적응형 학습을 지원하는 인공지능 기반 교수-학습 프로그램이다. 학생들의 성취도를 평가하고 이에 적합한 과제를 제공하며 문제의 난이도를 자동으로 조정함으로써 학생들로 하여금 자신이 부족한 점을 보완하고 필요한 부분에 집중할 수 있도록 돕는 기능이 있다. 2000년부터 2020년까지 수집한 33개의 데이터를 분석한 결과, 알렉스는 학생들의 학업성취 수준을 향상시키는 데 효과적이었다(Sun et al., 2021).

라. 학습관리시스템

학습관리시스템(Learning Management System: LMS)은 온라인 환경에서 교수자와 학습자 간 상호작용을 지원하고 학습 과정 전반을 관리할 수 있도록 돕는 시스템이다. 학습관리시스템을 통해서 교수자는 학습자에게 교수-학습 자료를 온라인으로 제공하고 온라인 퀴즈와 과제를 부여하며 학습자의 학습 진행 상황을 실시간으로 모니터링할 수 있다. 토론 게시판을 활용하여 학습자 간 협업을 독려하고 실시간 화상 강의로 수업 운영을 지원하는 것도 학습관리시스템의 장점이다. 주요 기능을 구체적으로 살펴보면 다음과 같다(Lonn & Teasley, 2009; Oliveira et al., 2016).

1) 교수-학습 자료 제공

교수자는 학습관리시스템에 강의 노트, 발표 자료, 비디오 강의 등 다양한 교수-학습 자료를 업로드하여 학습자가 쉽게 접근하여 활용할 수 있게 한다. 온라인 교수-학습 자료 제공을 통해서 학습자는 필요할 때 언제든 반복적으로 학습 내용을 확인할 수 있다.

2) 과제 및 평가 관리

교수자는 학습자의 과제 수행에 대한 피드백과 평가 결과를 실시간으로 제공할 수 있다. 퀴즈나 시험에 대한 자동 채점 기능은 학습자의 점수 기록과 성적 산출을 용이하게 하여 교수자로 하여금 학습자의 학습 과정을 효율적으로 관리하게 한다. 학습자의 경우 학습 성과를 신속하게 확인할 수 있는 장점이 있다.

3) 학습 진도 추적

교수자는 학습자의 학습 활동을 추적하여 학습 참여도와 진전 상황에 대한 정보를 실시간으로 제공할 수 있다. 교수자는 학습자가 학습 과정에서 겪는 어려움을 신속하게 파악하고 보충 자료 제공이나 개별 지도를 통해서 학습을 지원할 수 있다.

4) 상호작용 강화

온라인 상호작용은 학습자의 학습에 대한 참여도를 높이고 학습 동기를 강화한다. 특히, 학습관리시스템의 토론 게시판이나 실시간 채팅 기능은 교수자와 학습자 그리고 학습자 간 의사소통을 도우며 학습자 간 협업을 촉진한다.

학습관리시스템의 기능들은 교수-학습 활동의 효율성을 높이고 학습자 맞춤형 교수-학습 환경을 조성하는 데 중요한 역할을 한다. 뿐만 아니라 수업 자료 제공, 피드백 및 평가 관리, 학습 활동 추적 등의 기능을 통해서 교수자의 수업 운영을 체계적으로 지원한다. 학습자의 경우 자기주도적인 학습 환경에서 유연하고 역동적으로 학습에 참여할 수 있게 함으로써 학습에 대한 흥미를 높인다. 이처럼 학습관리시스템은 단순한 온라인 학습 관리 도구를 넘어 교수-학습 활동 전반의 질적 향상을 도모하는 인공지능기반 교육 환경을 제공하고 있다.

교실 속으로 **스마트폰 사용의 명암**

서울의 한 고등학교에서 디지털 교수-학습 플랫폼과 스마트폰과 태블릿 PC를 활용한 학습 도구가 수업에 활발히 활용되고 있다. 학생들은 디지털 기기로 수업 자료를 다운로드하고 관련 앱을 사용해서 과제를 보다 쉽게 해결할 수 있게 되었다. 선생님은 이러한 기술의 도입과 도구의 활용이 학생들의 학습 접근성을 높여준다며 반가워했다. 그러나 문제는 일부 학생들이 스마트폰을 학습 활동보다 SNS와 게임용으로 더 많이 사용한다는 것이었다. 학생들은 스마트폰 사용으로 수업에 집중하지 못했고 특히 디지털 중독에 빠진 학생들이 늘어나면서 수업이 제대로 진행되지 못했다. 전반적으로 학생들의 성적은 떨어졌고 수면 부족이나 불안을 호소하는 사례가 빈번하게 보고되었다.

한편 호주, 프랑스 등 일부 국가에서는 청소년의 SNS 사용을 제한하는 법안을 추진하는 등 디지털 중독을 막기 위한 조치를 강화하고 있다. 그러나 우리나라의 경우, 스마트 기기 활용 교육을 오히려 확대하고 있어 청소년의 디지털 중독 문제에 대한 대응이 미비하다는 지적이 제기되고 있다.

생각해 볼 거리

스마트폰이나 태블릿 PC 등의 디지털 기기를 교육에 활용하되 위에서 기술한 부작용을 최소화하기 위해서 교사는 어떻게 해야 할까?

2020년 코로나 19 팬데믹 이후 온라인 수업의 필요성과 중요성을 실감하고 있는 요즘, 비대면 수업이 대면 수업을 대체할 수 있을지에 대한 의견이 분분하다. 실시간 온라인 수업이나 동영상 수업에 익숙한 코로나 시대 학습자 중 일부는 학교라는 물리적인 공간에 가서 수업을 들어야 하는 이유에 대해서 회의적이다. "학교 가기 싫어요. 집에서 온라인으로 공부하고 싶어요." 이렇게 투덜거리며 학교에 마지못해 가는 자녀를 둔 부모의 한숨 소리가 여기저기서 들린다.

교실과 학교는 정말로 필요한 교육 공간일까? 시간과 공간의 제약이 없는 온라인 세상에서 학습자가 원하는 때, 장소에서 학습에 집중하는 것이 오히려 학습에 효과적인 것이 아닐까? 학습자 중심 교수-학습이 중요하다고 주장하면서 학습자의 특성과 요구와는 무관하게 왜 동일한 공간과 시간에 모여서 교수자 한 명의 가르침을 따라야 하는 것일까? 온라인으로 학습자 간 상호 작용도 가능한데 여전히 교실과 학교를 고집하면서 교육을 받아야 하는 이유는 무엇일까? 비대면 수업에 대한 요구와 기대가 커질수록 전통적인 대면 수업에 대한 의구심과 회의감이 드는 것을 부정할 수 없다.

⊙ 생각해 볼 거리

대면 수업과 비대면 수업의 장점과 단점을 각각 설명해보자.

대면 수업 또는 비대면 수업에 보다 최적화된 학습자 유형이 있을까? 만약 있다면 각각의 수업에 보다 적합한 학습자의 특징은 무엇인가?

교수-학습의 효과성을 높이기 위한 방안으로 대면 수업과 비대면 수업을 혼용하는 하이브리드 수업을 설계해보자. 하이브리드 수업의 장점은 무엇이며 그것의 효과성을 극대화하기 위해서 필요한 교수자와 학습자의 역할은 각각 무엇인가?

참고문헌

I. 학습

강승희, 조석희 (2004). 언어 영재교육의 필요성과 방향 탐색. **영재교육연구, 14**(1), 91-114.

김아영, 김성일, 봉미미, 조윤정 (2022). **학습동기: 이론 및 연구와 적용.** 서울: 학지사.

김지운 (2020). 사이버대학 학습자의 학업적 자기효능감, 학습동기, 자기주도학습, 학습몰입의 구조분석. **한국산학기술학회 논문지, 21**(11), 443-454. https://doi.org/10.5762/KAIS.2020.21.11.443

김진우, 박혜성, 이선영 (2020). 부모, 교사, 또래관계가 청소년기 창의성의 종단적 변화양상에 미치는 영향. **창의력교육연구, 20**(3), 91-111. https://doi.org/10.36358/JCE.2020.20.3.91

김현진, 이순아 (2018). 대학생의 자기주도와 자기조절의 수준에 따른 학습양상 비교. **교육심리연구, 32**(4), 623-647.

문용린, 유경재 (2009). 한국형 다중지능 진단도구의 타당화. **교육심리연구, 23**(3), 645-663.

박소영, 김석우 (2007). 인지적 도제학습이 메타인지와 학습태도에 미치는 영향 - 초등학교 음악수업을 중심으로. **교육평가연구, 20**(1), 141-164.

박형근 (2009). **동기요인과 자기주도학습의 관계에서 학습몰입의 매개효과 분석** [박사학위논문, 홍익대학교 대학원].

봉미미, 정윤경, 이선경, 이지수 (2016). 수행목표 재개념화에 의한 5요인 성취목표 척도 개발. **교육심리연구, 30**(1), 61-84.

성태제, 강대중, 강이철, 곽덕주, 김계현, 김천기, 김혜숙, 봉미미, 유재봉, 이윤미, 이윤식, 임웅, 홍후조 (2012). **최신 교육학개론.** 서울: 학지사.

신명희, 강소연, 김은경, 김정민, 노원경, 서은희, 송수지, 원영실, 임호용 (2018). **교육심리학**(4판). 서울: 학지사.

신명희, 강소연, 김은경, 김정민, 노원경, 서은희, 송수지, 원영실, 임호용 (2023). **교육심리학**(5판). 서울: 학지사.

신윤식 (2004). **인지적 도제학습이 문제해결력 및 학습흥미에 미치는 영향** [석사학위논문, 한국교원대학교 교육대학원].

신종호, 김민성, 최지영, 허유성, 이지은 (2015). **교육심리학**. 파주: 교육과학사.

이규봉, 신주현 (2016). 구성주의 학습 환경에 따른 창업교육 사례 연구. **인문사회 21, 7**(6), 701-714. https://doi.org/10.22143/HSS21.7.6.41

이미경 (2007). **예술영재교육대상자 선발모형 개발 연구(Ⅱ)**. 서울: 한국예술영재교육연구원.

이석재 (2003). **생애 능력 측정 도구 개발 연구: 의사 소통 능력, 문제 해결 능력, 자기 주도적 학습 능력을 중심으로**. 진천, 충북: 한국교육개발원.

이선영 (2021). **우리 아이도 영재로 키울 수 있다**. 서울: 박영story.

이선영 (2022). **창의성 바로미터**. 서울: 박영story.

이진숙 (2003). **인지적 도제 학습이 초등학생의 학업 성취도 및 태도에 미치는 영향** [석사학위논문, 한국교원대학교 교육대학원].

이현주, 이미나, 이화선 (2010). 예술영재의 개인 및 환경적 특성 탐색: 음악, 미술, 무용영재를 중심으로: 음악, 미술, 무용영재를 중심으로. **영재교육연구, 20**(2), 547-570.

조규판, 주희진, 양수민 (2019). **교육심리학**. 서울: 학지사.

조아라, 노석준 (2013). 원격대학학습자의 자기주도적 학습능력, 학습몰입, 학습태도, 학습만족도, 학업 성취도 간의 관계 분석. **교육공학연구, 29**(4), 849-879.

천경희 (2020). 인지적 구성주의에 근거한 의학교육의 발전 방향. **의학교육논단, 22**(2), 77-84.

최선일, 손지유, 양정모 (2018). **교육심리학**. 파주: 양서원.

Al-Jarrah, H., & Ismail, N. S. B. (2018). Reading comprehension difficulties among EFL learners in higher learning institutions. *International Journal of English Linguistics, 8*(7), 32-41. https://doi.org/10.5539/ijel.v8n7p32

Ames, C. (1992). Classrooms: Goals, structures, and student motivation. *Journal of Educational Psychology, 84*(3), 261-271. https://doi.org/10.1037/0022-0663.84.3.261

Anderson, J. R., Reder, L. M., & Simon, H. A. (1996). Situated learning and education. *Educational Researcher, 25*(4), 5-11.

Ansburg, P. I., & Dominowski, R. L. (2000). Promoting insightful problem solving. *The Journal of Creative Behavior, 34*(1), 30-60. https://doi.org/10.1002/j.2162-6057.2000.tb01202.x

Atkinson, R. C., & Shiffrin, R. M. (1968). Human memory: A proposed system and its control processes. In K. W. Spence & J. T. Spence (Eds.), *The psychology of learning and motivation* (Vol. 2, pp. 89-195). Academic Press.

Bandura, A. (1965). Influence of models' reinforcement contingencies on the acquisition of imitative responses. *Journal of Personality and Social Psychology, 1*(6), 589-595. https://

doi.org/10.1037/h0022070

Bandura, A. (1977a). *Social learning theory*. Englewood Cliffs, NJ: Prentice-Hall.

Bandura, A. (1977b). Self-efficacy: Toward a unifying theory of behavioral change. *Psychological Review, 84*(2), 191-215. https://doi.org/10.1037/0033-295X.84.2.191

Bandura, A. (1986). *Social foundations of thought and action: A social cognitive theory*. Englewood Cliffs, NJ: Prentice-Hall.

Bandura, A. (1993). Perceived self-efficacy in cognitive development and functioning. *Educational Psychologist, 28*(2), 117-148. https://doi.org/10.1207/s15326985ep2802_3

Bandura, A., Blanchard, E. B., & Ritter, B. (1969). Relative efficacy of desensitization and modeling approaches for inducing behavioral, affective, and attitudinal changes. *Journal of Personality and Social Psychology, 13*(3), 173-199. https://doi.org/10.1037/h0028276

Bandura, A., Ross, D., & Ross, S. A. (1963). Imitation of film-mediated aggressive models. *Journal of Abnormal and Social Psychology, 66*(1), 3-11. https://doi.org/10.1037/h0048687

Bandura, A., & Walters, R.H. (1963). *Social learning and personality development.* New York: Holt, Rinehart and Winston.

Barrows, H. S., & Kelson, A. C. (1995). Problem-based learning in secondary education and the problem-based learning institute.*Problem-Based Learning Institute,1*(1), 1-5.

Bjork, R. A., Dunlosky, J., & Kornell, N. (2013). Self-regulated learning: Beliefs, techniques, and illusions. *Annual Review of Psychology, 64*(1), 417-444. https://doi.org/10.1146/annurev-psych-113011-143823

Bloom, B. S. (1968). Learning for Mastery. *Evaluation Comment, 1*, 1-12.

Bong, M. (2009). Age-related differences in achievement goal differentiation. *Journal of Educational Psychology, 101*(4), 879-896. https://doi.org/10.1037/a0015945

Bong, M., & Clark, R. E. (1999). Comparison between self-concept and self-efficacy in academic motivation research. *Educational Psychologist, 34*(3), 139-153. https://doi.org/10.1207/s15326985ep3403_1

Bong, M., & Skaalvik, E. M. (2003). Academic self-concept and self-efficacy: How different are they really? *Educational Psychology Review, 15*(1), 1-40. https://doi.org/10.1023/A:1021302408382

Bouton, M. E. (1994). Conditioning, remembering, and forgetting. *Journal of Experimental Psychology: Animal Behavior Processes, 20*(3), 219-231. https://doi.org/10.1037/0097-

7403.20.3.219

Boyer, S. L., Edmondson, D. R., Artis, A. B., & Fleming, D. (2014). Self-directed learning: A tool for lifelong learning. *Journal of Marketing Education, 36*(1), 20-32.

Bransford, J. D., Brown, A. L., & Cocking, R. R. (Eds.). (1999). *How people learn: Brain, mind, experience, and school.* National Academy Press.

Brown, A. L. (1978). Knowing when, where, and how to remember: A problem of metacognition. In R. Glaser (Ed.), *Advances in instructional psychology* (Vol. 1, pp. 77–165). Lawrence Erlbaum Associates.

Brown, J. S., Collins, A., & Duguid, P. (1989). Situated cognition and the culture of learning. *Educational Researcher, 18*(1), 32-41.

Cameron, J. (2001). Negative effects of reward on intrinsic motivation—A limited phenomenon: Comment on Deci, Koestner, and Ryan (2001). *Review of Educational Research, 71*(1), 29-42. https://doi.org/10.3102/00346543071001029

Carroll, J. B. (1993). *Human cognitiveabilities: A survey of factor-analytic studies.* New York: Cambridge University Press.

Cattell, R. B. (1963). Theory of fluid and crystallized intelligence: A critical experiment. *Journal of Educational Psychology, 54*(1), 1–22. https://doi.org/10.1037/h0046743

Chen, B., Vansteenkiste, M., Beyers, W., Boone, L., Deci, E. L., Van der Kaap-Deeder, J., Duriez, B., Lens, W., Matos, L., Mouratidis, A., Ryan, R. M., Sheldon, K. M., Soenens, B., Van Petegem, S., & Verstuyf, J. (2015). Basic psychological need satisfaction, need frustration, and need strength across four cultures. *Motivation and Emotion, 39*, 216-236. https://doi.org/10.1007/s11031-014-9450-1

Chrysikou, E. G. (2006). When shoes become hammers: Goal-derived categorization training enhances problem-solving performance. *Journal of Experimental Psychology: Learning, Memory, and Cognition, 32*(4), 935–942. https://doi.org/10.1037/0278-7393.32.4.935

Chu, Y., & MacGregor, J. N. (2011). Human performance on insight problem solving: A review. *The Journal of Problem Solving, 3*(2), 6-29. https://doi.org/10.7771/1932-6246.1094

Chung, Y., Bong, M., & Kim, S. (2020). Performing under challenge: The differing effects of ability and normative performance goals. *Journal of Educational Psychology, 112*(4), 823-840. https://doi.org/10.1037/edu0000393

Cook, D. A., Thompson, W. G., Thomas, K. G., & Thomas, M. R. (2009). Lack of interaction between sensing-intuitive learning styles and problem-first versus information-first instruction: A randomized crossover trial. *Advances in Health Sciences Education, 14*, 79-90.

Covington, M. V. (2000). Intrinsic versus extrinsic motivation in schools: A reconciliation. *Current Directions in Psychological Science, 9*(1), 22-25. https://doi.org/10.1111/1467-8721.00052

Cross, D. R., & Paris, S. G. (1988). Developmental and instructional analyses of children's metacognition and reading comprehension. *Journal of Educational Psychology, 80*(2), 131-142.

Cunningham, J. B., & MacGregor, J. N. (2008). Training insightful problem solving: Effects of realistic and puzzle-like contexts. *Creativity Research Journal, 20*(3), 291-296. https://doi.org/10.1080/10400410802278721

Davis, G. A., Rimm, S. B., & Siegle, D. B. (2013). *Education of the gifted and talented* (6th ed.). Boston: Pearson Education.

Deary, I. J. (2012). Intelligence. *Annual Review of Psychology, 63*, 453-482. https://doi.org/10.1146/annurev-psych-120710-100353

Dennick, R. (2016). Constructivism: Reflections on twenty five years teaching the constructivist approach in medical education. *International Journal of Medical Education, 7*, 200-205. https://doi.org/10.5116/ijme.5763.de11

Dewey, J. (1988). Experience and education. In *The later works of John Dewey, 1925-1953* (Vol. 13, p. 43). Southern Illinois University Press. (Original work published 1938)

Dow, G. T., & Mayer, R. E. (2004). Teaching students to solve insight problems: Evidence for domain specificity in training. *Creativity Research Journal, 16*(4), 389-402. https://doi.org/10.1080/10400410409534546

Dunn, R., Dunn, K., & Price, G. E. (1979). Identifying individual learning styles. In J. W. Keefe & O. B. Kiernan (Eds.), *Student learning styles: Diagnosing and prescribing programs* (pp. 39-54). National Association of Secondary School Principals.

Dunn, R., & Griggs, S. A. (2007). *Synthesis of the Dunn and Dunn learning style model research: Who, what, when, where and so what?* St. John's University Center for the Study of Learning and Teaching Styles.

Dunn, R., Price, G. E., Dunn, K., & Saunders, W. (1979). Relationship of learning style to self-concept. *The Clearing House: A Journal of Educational Strategies, Issues and Ideas,* *53*(3), 155-155.

Dweck, C. S. (1986). Motivational processes affecting learning. *American Psychologist, 41*(10), 1040-1048. https://doi.org/10.1037/0003-066X.41.10.1040

Dweck, C. S. (2006). *Mindset: The new psychology of success.* New York, NY: Random House.

Dweck, C. S., & Leggett, E. L. (1988). A social-cognitive approach to motivation and personality. *Psychological Review, 95*(2), 256-273. https://doi.org/10.1037/0033-295X.95.2.256

Dweck, C. S., & Yeager, D. S. (2019). Mindsets: A view from two eras. *Perspectives on Psychological Science, 14*(3), 481-496. https://doi.org/10.1177/1745691618804166

Ebbinghaus, H. (1885). *Über das Gedächtnis: Untersuchungen zur experimentellen Psychologie.* Leipzig, Germany: Duncker & Humblot.

Eccles, J. (2009). Who am I and what am I going to do with my life? Personal and collective identities as motivators of action. *Educational Psychologist, 44*(2), 78-89. https://doi.org/10.1080/00461520902832368

Eccles, J. S., & Wigfield, A. (2020). From expectancy-value theory to situated expectancy-value theory: A developmental, social cognitive, and sociocultural perspective on motivation. *Contemporary Educational Psychology, 61*, 101859. https://doi.org/10.1016/j.cedpsych.2020.101859

Efklides, A. (2001). Metacognitive experiences in problem solving: Metacognition, motivation, and self-regulation. In A. Efklides, J. Kuhl, & R. M. Sorrentino (Eds.), *Trends and prospects in motivation research* (pp. 297-323). Kluwer Academic Publishers.

Eggen, P., & Kauchak, D. (2006). **교육심리학: 교육실제를 보는 창**(6판). 신종호 외(역). 서울: 학지사. (원본 발간일, 2004).

Eggen, P., & Kauchak, D. (2010). *Educational psychology: Windows on classrooms* (8th ed.). Boston, MA: Pearson Education.

Eggen, P. D., & Kauchak, D. P. (2015). **교육심리학 : 교육 실제를 보는 창**. 신종호(역). 서울: 학지사. (원본 발간일, 1966).

Elliot, A. J., & Harackiewicz, J. M. (1996). Approach and avoidance achievement goals and intrinsic motivation: A mediational analysis. *Journal of Personality and Social Psychology, 70*(3), 461-475. https://doi.org/10.1037/0022-3514.70.3.461

Emaliana, I. (2017). Teacher-centered or student-centered learning approach to promote learning? *Jurnal Sosial Humaniora(JSH), 10*(2), 59-70.

Esteva, A., Kuprel, B., Novoa, R. A., Ko, J., Swetter, S. M., Blau, H. M., & Thrun, S. (2017). Dermatologist-level classification of skin cancer with deep neural networks. *Nature, 542*, 115-118. https://doi.org/10.1038/nature21056

Flake, J. K., Barron, K. E., Hulleman, C., McCoach, B. D., & Welsh, M. E. (2015). Measuring cost: The forgotten component of expectancy-value theory. *Contemporary Educational Psychology, 41*, 232-244. https://doi.org/10.1016/j.cedpsych.2015.03.002

Flavell, J. H. (1979). Metacognition and cognitive monitoring: A new area of cognitive-developmental inquiry. *American Psychologist, 34*(10), 906-911. https://doi.org/10.1037/0003-066X.34.10.906

Fleming, N. D., & Mills, C. (1992). Not another inventory, rather a catalyst for reflection. *To Improve the Academy: A Journal of Educational Development, 11*, 137-155. https://digitalcommons.unl.edu/podimproveacad/246

Flynn, J. R. (1984). The mean IQ of Americans: Massive gains 1932 to 1978. *Psychological Bulletin, 95*(1), 29-51. https://doi.org/10.1037/0033-2909.95.1.29

Gao, R. (2021). The vocabulary teaching mode based on the theory of constructivism. *Theory and Practice in Language Studies, 11*(4), 442-446.

Gardner, H. (1983). *Frames of mind: The theory of multiple intelligences*. New York: Basic Books.

Gardner, H. (1999). *Intelligences reframed: Multiple intelligences for the 21st century*. New York: Basic Books.

Garger, S., & Guild, P. (1984). Learning styles: The crucial differences. *Curriculum Review, 23*(1), 9-12.

Gentile, J. R., & Lalley, J. P. (2003). *Standards and mastery learning: Aligning teaching and assessment so all children can learn*. Thousand Oaks, CA: Corwin.

Graham, S. (2020). An attributional theory of motivation. *Contemporary Educational Psychology, 61*, 101861. https://doi.org/10.1016/j.cedpsych.2020.101861

Grant, H., & Dweck, C. S. (2003). Clarifying Achievement Goals and Their Impact. *Journal of Personality and Social Psychology, 85*(3), 541-553. https://doi.org/10.1037/0022-3514.85.3.541

Guilford, J. P. (1988). Some changes in the structure-of-intellect model. *Educational and*

Psychological Measurement, 48(1), 1-4. https://doi.org/10.1177/001316448804800102

Güngör, A. (2008). Effects of drama on the use of reading comprehension strategies and on attitudes toward reading. *Journal for Learning Through the Arts, 4*(1), 5-35. https://doi.org/10.21977/d94110045

Händel, M., Artelt, C., & Weinert, S. (2013). Assessing metacognitive knowledge: Development and evaluation of a test instrument. *Journal for Educational Research Online, 5*(2), 162-188.

Harackiewicz, J. M., & Priniski, S. J. (2018). Improving student outcomes in higher education: The science of targeted intervention. *Annual Review of Psychology, 69*(1), 409-435. https://doi.org/10.1146/annurev-psych-122216-011725

Hardy, I., Jonen, A., Möller, K., & Stern, E. (2006). Effects of instructional support within constructivist learning environments for elementary school students' understanding of "floating and sinking." *Journal of Educational Psychology, 98*(2), 307-326. https://doi.org/10.1037/0022-0663.98.2.307

Hauptman, H., & Cohen, A. (2011). The synergetic effect of learning styles on the interaction between virtual environments and the enhancement of spatial thinking. *Computers & Education, 57*(3), 2106-2117.

Hennessey, B. A., & Amabile, T. M. (2010). Creativity. *Annual Review of Psychology, 61*, 569-598. https://doi.org/10.1146/annurev.psych.093008.100416

Hmelo-Silver, C. E. (2004). Problem-based learning: What and how do students learn? *Educational Psychology Review, 16*, 235-266.

Honicke, T., & Broadbent, J. (2016). The influence of academic self-efficacy on academic performance: A systematic review. *Educational Research Review, 17*, 63-84. https://doi.org/10.1016/j.edurev.2015.11.002

Hulleman, C. S., Godes, O., Hendricks, B. L., & Harackiewicz, J. M. (2010). Enhancing interest and performance with a utility value intervention. *Journal of Educational Psychology, 102*(4), 880-895. https://doi.org/10.1037/a0019506

Hulleman, C. S., Schrager, S. M., Bodmann, S. M., & Harackiewicz, J. M. (2010). A meta-analytic review of achievement goal measures: Different labels for the same constructs or different constructs with similar labels? *Psychological Bulletin, 136*(3), 422-449. https://doi.org/10.1037/a0018947

Husmann, P. R., & O'Loughlin, V. D. (2019). Another nail in the coffin for learning styles? Disparities among undergraduate anatomy students'study strategies, class performance, and reported VARK learning styles. *Anatomical Sciences Education, 12*(1), 6-19.

Jang, H., Kim, E. J., & Reeve, J. (2016). Why students become more engaged or more disengaged during the semester: A self-determination theory dual-process model. *Learning and Instruction, 43*, 27-38. https://doi.org/10.1016/j.learninstruc.2016.01.002

Joët, G., Usher, E. L., & Bressoux, P. (2011). Sources of self-efficacy: An investigation of elementary school students in France. *Journal of Educational Psychology, 103*(3), 649-663. https://doi.org/10.1037/a0024048

Jong, M. S., & Shang, J. (2015). Impeding phenomena emerging from students'constructivist online game-based learning process: Implications for the importance of teacher facilitation. *Educational Technology & Society, 18*(2), 262-283.

Kagan, J., Rosman, B. L., Day, D., Albert, J., & Phillips, W. (1964). Information processing in the child: Significance of analytic and reflective attitudes. *Psychological Monographs: General and Applied, 78*(1), 1-37. https://doi.org/10.1037/h0093830

Karwowski, M. (2010). Are creative students really welcome in the classrooms? Implicit theories of "good" and "creative" student'personality among polish teachers. *Procedia-Social and Behavioral Sciences, 2*(2), 1233-1237. https://doi.org/10.1016/j.sbspro.2010.03.179

Kelly, D., & Tangney, B. (2004, August). Predicting learning characteristics in a multiple intelligence based tutoring system. In *International Conference on Intelligent Tutoring Systems* (pp. 678-688). Berlin, Heidelberg: Springer Berlin Heidelberg.

Khataee, E. (2019). The effect of THIEVES strategy on EFL learners' reading comprehension. *International Journal of Instruction, 12*(2), 667-682. https://doi.org/10.29333/iji.2019.12242a

Kilpatrick, W. H. (1918). *The project method*. Teachers College Record.

Kirschner, P., Sweller, J., & Clark, R. E. (2006). Why unguided learning does not work: An analysis of the failure of discovery learning, problem-based learning, experiential learning and inquiry-based learning. *Educational Psychologist, 41*(2), 75-86.

Klašnja-Milićević, A., Vesin, B., Ivanović, M., & Budimac, Z. (2011). E-Learning personalization based on hybrid recommendation strategy and learning style identification. *Computers & Education, 56*(3), 885-899.

Klassen, R. M., & Usher, E. L. (2010). Self-efficacy in educational settings: Recent research and emerging directions. In T. C. Urdan & S. A. Karabenick (Eds.), *The decade ahead: Theoretical perspectives on motivation and achievement* (Vol. 16, pp. 1-33). Emerald Group Publishing Limited. https://doi.org/10.1108/S0749-7423(2010)000016A007

Knowles, M. S. (1975). *Self-directed learning*. Association Press.

Köhler, W. (1921). *Intelligenzprüfungen am menschenaffen*. Springer. https://doi.org/10.1007/978-3-642-47574-0

Kolb, D. A. (1984). *Experiential learning: Experience as the source of learning and development* (Vol. 1). Prentice-Hall.

Kolb, D. A. (1985). *Learning Style Inventory*. McBer & Company.

Kozbelt, A., & Kantrowitz, A. (2019). Talent and ability in drawing and visual art. In R. F. Subotnik, P. Olszewski-Kubilius, & F. C. Worrell (Eds.), *The psychology of high performance: Developing human potential into domain-specific talent* (pp.311-343). American Psychological Association. https://doi.org/10.1037/0000120-015

Landrum, T. J., & Kauffman, J. M. (2006). Behavioral approaches to classroom management. In C. M. Evertson & C. S. Weinstein (Eds.), *Handbook of classroom management: Research, practice, and contemporary issues* (pp. 47-71). Mahwah, NJ: Erlbaum.

Latham, A., Crockett, K., McLean, D., & Edmonds, B. (2012). A conversational intelligent tutoring system to automatically predict learning styles. *Computers & Education, 59*(1), 95-109. https://doi.org/10.1016/j.compedu.2011.11.001

Lave, J., & Wenger, E. (1991). *Situated learning: Legitimate peripheral participation*. Cambridge University Press.

Mahbuba, R. (2023). Unraveling the distinctions between self-directed learning and self-regulated learning. *International Journal of Advanced Multidisciplinary Research and Studies, 3*(6), 1549-1552.

Mahoney, M. (2004). What is constructivism and why is it growing? *Contemporary Psychology, 49*, 360-363.

Marland, S. P. (1972). *Education of the gifted and talented. Report to Congress.* Washington, DC: Government Printing Office.

Marzuki, A. G. (2019). Developing students' reading skills on Islamic texts through SQ3R method in an EFL class. *Register Journal, 12*(1), 49-61. https://doi.org/10.18326/rgt.v12i1.49-61

Maslow, A. H. (1943). A theory of human motivation. *Psychological Review, 50*(4), 370-396. https://doi.org/10.1037/h0054346

Maslow, A. H. (1954). *Motivation and personality.* New York: Harper & Row.

McInerney, D. M. (2004). A discussion of future time perspective. *Educational Psychology Review, 16,* 141-151.

Meyers, C., & Jones, T. B. (1993). *Promoting active learning: Strategies for the college classroom.* Jossey-Bass Inc.

Midgley, C., Kaplan, A., & Middleton, M. (2001). Performance-approach goals: Good for what, for whom, under what circumstances, and at what cost? *Journal of Educational Psychology, 93*(1), 77-86. https://doi.org/10.1037/0022-0663.93.1.77

Milad, M. (2022). CALL Project-based program to enhance student-teachers' TEFL skills. *Journal of Language Teaching and Research, 13*(5), 936-943.

Miller, G. A. (1956). The magical number seven, plus or minus two: Some limits on our capacity for processing information. *Psychological Review, 63*(2), 81-97. https://doi.org/10.1037/h0043158

Miller, R. B., & Brickman, S. J. (2004). A model of future-oriented motivation and self-regulation. *Educational Psychology Review, 16*(1), 9-33. https://doi.org/10.1023/B:EDPR.0000012343.96370.39

Mitry, M. M. (2021). Translating constructivism into pedagogy from philosophy to practice: Active project-based learning. *The International Journal of Humanities Education, 19*(1), 39-51. https://doi.org/10.18848/2327-0063/CGP/v19i01/39-51

Murphy, K. L., Mahoney, S. E., Chen, C. Y., Mendoza-Diaz, N. V., & Yang, X. (2005). A constructivist model of mentoring, coaching, and facilitating online discussions. *Distance Education, 26*(3), 341-366.

Myers, K. M., & Davis, M. (2007). Mechanisms of fear extinction. *Molecular psychiatry, 12*(2), 120-150. https://doi.org/10.1038/sj.mp.4001939

Norman, E., Pfuhl, G., Sæle, R. G., Svartdal, F., Låg, T., & Dahl, T. I. (2019). Metacognition in psychology. *Review of General Psychology, 23*(4), 403-424. https://doi.org/10.1177/1089268019883821

Pajares, F. (1996). Self-efficacy beliefs in academic settings. *Review of Educational Research, 66*(4), 543-578. https://doi.org/10.3102/00346543066004543

Pajares, F. (1997). Current directions in self-efficacy research. In P. R. Pintrich & M. L. Maehr (Eds.), *Advances in motivation and achievement* (Vol. 10, pp. 1-49). JAI Press.

Parvez, S. M., & Blank, G. D. (2008). Individualizing tutoring with learning style based feedback. In *Intelligent Tutoring Systems: 9th International Conference, ITS 2008, Montreal, Canada, June 23-27, 2008 Proceedings 9* (pp. 291-301). Springer Berlin Heidelberg.

Pashler, H., McDaniel, M., Rohrer, D., & Bjork, R. (2008). Learning styles: Concepts and evidence. *Psychological Science in the Public Interest, 9*(3), 105-119. https://doi.org/10.1111/j.1539-6053.2009.01038.x

Pavlov, I. P. (1927). *Conditioned reflexes*. London: Oxford University Press.

Piaget, J. (1952). *The origins of intelligence in children*. International Universities Press.

Piaget, J. (1959). *The language and thought of the child*. Routledge & Kegan Paul.

Piaget, J. (1980). *Adaptation and intelligence: Organic selection and phenocopy*. University of Chicago Press.

Piirto, J. (2008). Giftedness in nonacademic domains. In S. I. Pfeiffer (Ed.), *Handbook of giftedness in children: Psychoeducational theory, research, and best practices* (pp. 367-386). New York: Springer.

Pintrich, P. R. (2000). Multiple goals, multiple pathways: The role of goal orientation in learning and achievement. *Journal of Educational Psychology, 92*(3), 544-555. https://doi.org/10.1037/0022-0663.92.3.544

Reiser, B. J. (2004). Scaffolding complex learning: The mechanisms of structuring and problematizing student work. *Journal of the Learning Sciences, 13*(3), 273-304.

Renzulli, J. S. (1978). What makes giftedness: Reexamining a definition. *Phi Delta Kappan, 60*, 180-184. https://doi.org/10.1177/003172171109200821

Robinson, F. P. (1961). *Effective study* (4th ed.). Harper & Row.

Ryan, R. M., & Deci, E. L. (2000). Self-determination theory and the facilitation of intrinsic motivation, social development, and well-being. *American Psychologist, 55*(1), 68-78. https://doi.org/10.1037/0003-066X.55.1.68

Ryan, R. M., & Deci, E. L. (2017). *Self-determination theory: Basic psychological needs in motivation, development, and wellness*. New York: The Guilford Press.

Sandars, J., & Walsh, K. (2016). Self-directed learning. *Education for Primary Care, 27*(2). 151-152.

Schmidt, H. G., Rotgans, J. I., & Yew, E. H. (2011). The process of problem-based learning: What works and why. *Medical Education, 45*(8), 792-806.

Schrader, D. E. (2015). Constructivism and learning in the age of social media: Changing minds and learning communities. *New Directions for Teaching and Learning*, 23-35. https://doi.org/10.1002/tl.20160

Schunk, D. H. (1991). Self-efficacy and academic motivation. *Educational Psychologist, 26*(3-4), 207-231. https://doi.org/10.1080/00461520.1991.9653133

Schunk, D. H. (2004). *Learning theories: An educational perspective* (4th ed.). Columbus, OH: Merrill.

Schunk, D. H., & DiBenedetto, M. K. (2016). Self-efficacy theory in education. In K. R. Wentzel & D. B. Miele (Eds.), *Handbook of motivation at school* (2nd ed., pp. 34-54). Routledge.

Schunk, D. H., & Pajares, F. (2005). Competence perceptions and academic functioning. In A. J. Elliot & C. S. Dweck (Eds.), *Handbook of competence and motivation* (pp. 85-104). Guilford Press.

Schunk, D. H., & Pajares, F. (2009). Self-efficacy theory. In K. R. Wentzel & A. Wigfield (Eds.), *Handbook of motivation at school* (pp. 35-53). Routledge.

Schunk, D. H., & Usher, E. L. (2019). Social cognitive theory and motivation. In R. M. Ryan (Ed.), *The Oxford handbook of human motivation* (2nd ed., pp. 11-26). Oxford University Press.

Schunk, D. H., Pintrich, P. R., & Meece, J. L. (2013). **학습동기: 이론, 연구 그리고 교육**(3판). 신종호 외(역). 서울: 학지사. (원본 발간일, 2008).

Senko, C., & Miles, K. M. (2008). Pursuing their own learning agenda: How mastery-oriented students jeopardize their class performance. *Contemporary Educational Psychology, 33*(4), 561-583. https://doi.org/10.1016/j.cedpsych.2007.12.001

Skinner B. F. (1953). *Science and human behavior*. New York: Macmillan.

Smith, P. L., & Ragan, T. J. (2005). *Instructional design* (3rd ed.). Indianapolis, IN: Wiley.

Snowman, J. (1986). Learning tactics and strategies. In J. W. Segal, S. F. Chipman, & R. Glaser (Eds.), *Cognitive classroom learning: Understanding, thinking, and problem solving* (pp. 243-273). Academic Press.

Snyderman, M., & Rothman, S. (1987). Survey of expert opinion on intelligence and aptitude testing. *American Psychologist, 42*(2), 137-144. https://doi.org/10.1037/0003-066X.42.2.137

Sousa, D. A. (2006). *How the brain learns* (3rd ed.). Corwin Press.

Spearman, C. (1904). 'General intelligence,' objectively determined and measured. *The American Journal of Psychology, 15*(2), 201-292. https://doi.org/10.2307/1412107

Sternberg, R. J. (1985). *Beyond IQ: A triarchic theory of human intelligence.* New York: Cambridge University Press.

Sternberg, R. J. (1998). Principles of teaching for successful intelligence. *Educational Psychologist, 33*(2/3), 65-72. https://doi.org/10.1080/00461520.1998.9653291

Tannenbaum, A. J. (1986). Giftedness: A psychosocial approach. In R. J. Sternberg & J. E. Davidson (Eds.), *Conceptions of giftedness* (pp. 21-52). New York, NY: Cambridge University Press.

Tannenbaum, A. J. (2003). Nature and nurture of giftedness. In N. Colangelo & G. A. Davis (Eds.), *Handbook of gifted education* (3rd ed., pp. 45-59). Boston: Pearson Education.

Thomas, E. L., & Robinson, H. A. (1972). *Improving reading in every class: A sourcebook for teachers.* Allyn & Bacon.

Thompson, R. F. (1986). The neurobiology of learning and memory. *Science, 233*(4767), 941-947. https://doi.org/10.1126/science.3738519

Thurstone, L. L. (1938). The perceptual factor. *Psychometrika, 3*(1), 1-17. https://doi.org/10.1007/BF02287914

Tolman, E. C., & Honzik, C. H. (1930). Introduction and removal of reward, and maze performance in rats. *University of California Publications in Psychology, 4*(25), 257-275.

Understanding Science. (n.d.). Testing an idea (1 of 3). University of California Museum of Paleontology. https://undsci.berkeley.edu/teach-resources/testing-an-idea-1-of-3/

Urdan, T., & Mestas, M. (2006). The goals behind performance goals. *Journal of Educational Psychology, 98*(2), 354-365. https://doi.org/10.1037/0022-0663.98.2.354

Usher, E. L., & Pajares, F. (2008). Sources of self-efficacy in school: Critical review of the literature and future directions. *Review of Educational Research, 78*(4), 751-796. https://doi.org/10.3102/0034654308321456

Usher, E. L., Ford, C. K., Li, C. R., & Weidner, B. L. (2019). Sources of self-efficacy in mathematics: A validation study. *Contemporary Educational Psychology, 58*, 87-105. https://doi.org/10.1016/j.cedpsych.2019.02.002

Vansteenkiste, M., & Ryan, R. M. (2013). On psychological growth and vulnerability: Basic psychological need satisfaction and need frustration as a unifying principle. *Journal of Psychotherapy Integration, 23*(3), 263-280. https://doi.org/10.1037/a0032359

Vansteenkiste, M., Simons, J., Lens, W., Soenens, B., Matos, L., & Lacante, M. (2004). Less is sometimes more: Goal content matters. *Journal of Educational Psychology, 96*(4), 755-764. https://doi.org/10.1037/0022-0663.96.4.755

VARK. (2025, January 25). *The VARK Questionnaire Korean*. Retrieved January 25, 2025, from https://vark-learn.com/wp-content/uploads/2014/08/The-VARK-Questionnaire-Korean.pdf

Verschueren, J. (1999). *Understanding pragmatics*. Oxford University Press.

Vimeo. (2017, August 7). *Albert Bandura: Social cognitive theory [Video]*. Vimeo. https://vimeo.com/228694242

Vygotsky, L. S. (1968). *Mind in society*. Harvard University Press. (Original work published 1934)

Vygotsky, L. S. (1994). The problem of environment. In R. van der Veer & J. Valsiner (Eds.), *The vygotsky reader* (pp. 338-354). Blackwell.

Weiner, B. (1992). *Human motvation: Metaphors, theories, and research.* Newbury Park, CA: Sage.

Weiss, R. E. (2003). Designing problems to promote higher-order thinking. *New Directions for Teaching and Learning, 2003*(95), 25-31.

Wigfield, A., & Eccles, J. S. (2000). Expectancy-value theory of achievement motivation. *Contemporary Educational Psychology, 25*(1), 68-81. https://doi.org/10.1006/ceps.1999.1015

Williams, C. C., & Zacks, R. T. (2001). Is retrieval-induced forgetting an inhibitory process? *The American Journal of Psychology, 114,* 329-354. https://doi.org/10.2307/1423685

Witkin, H. A. (1969). Social influences in the development of cognitive style. In D. A. Goslin (Ed.), *Handbook of socialization theory and research* (pp. 687-706). Rand McNally.

Witkin, H. A., Goodenough, D. R., & Oltman, P. K. (1979). Psychological differentiation: Current status. *Journal of Personality and Social Psychology, 37*(7), 1127-1145. https://doi.org/10.1037/0022-3514.37.7.1127

Witkin, H. A., Oltman, P. K., Raskin, E., & Karp, S. (1971). *A manual for the embedded figures test*. Consulting Psychologists Press.

Woolfolk, A. (2001). *Educational psychology* (8th ed.). Allyn & Bacon.

Yang, X. (2022). Constructivism-based drama activities in EFL reading classes. *TESOL Journal, 13*(4), e681.

Zedan, R., & Bitar, J. (2017). Mathematically gifted students: Their characteristics and unique needs. *European Journal of Education Studies, 3*(4), 236-259. https://doi.org/10.5281/zenodo.37595

Zeldin, A. L., & Pajares, F. (2000). Against the odds: Self-efficacy beliefs of women in mathematical, scientific, and technological careers. *American Educational Research Journal, 37*(1), 215-246. https://doi.org/10.3102/00028312037001215

Zimmerman, B. J. (1989). A social cognitive view of self-regulated academic learning. *Journal of Educational Psychology, 81*(3), 329-339. https://doi.org/10.1037/0022-0663.81.3.329

Zimmerman, B. J. (2013). From cognitive modeling to self-regulation: A social cognitive career path. *Educational Psychologist, 48*(3), 135-147. https://doi.org/10.1080/00461520.2013.794676

Zimmerman, B. J., & Moylan, A. R. (2009). Self-regulation: Where metacognition and motivation intersect. In D. J. Hacker, J. Dunlosky, & A. C. Graesser (Eds.), *Handbook of metacognition in education* (pp. 299-315). Routledge.

II. 교수

교육부, 한국교육과정평가원. (2017). **과정을 중시하는 수행평가 어떻게 할까요?: 중등** (연구자료 ORM 2017-19-2). 교육부, 한국교육과정평가원.

네이버 블로그(2024.11.20). https://blog.naver.com/swhy7/30179409621

성태제 (2014). **교육평가의 기초**(2판). 서울: 학지사.

신명희, 강소연, 김은경, 김정민, 노원경, 서은희, 송수지, 원영실, 임호용 (2014). **교육심리학**(3판). 서울: 학지사.

신명희, 강소연, 김은경, 김정민, 노원경, 서은희, 송수지, 원영실, 임호용 (2018). **교육심리학**(4판). 서울: 학지사.

임철일, 임정훈, 이동주 (2021). **교육공학**. 서울: 한국방송통신대학교 출판문화원.

Ausubel, D. P. (1963). *The psychology of meaningful verbal learning*. New York: Grune and Stratton.

Bruner, J. S. (1960). *The process of education*. Cambridge, MA: Harvard University Press.

Eggen, P., & Kauchak, D. (2006). 교육심리학: 교육실제를 보는 창(6판). 신종호 외(역). 서울: 학지사. (원본 발간일, 2004).

Francom, G. M. (2010). Teach me how to learn: Principles for fostering students' self-directed learning skills. *International Journal of Self-Directed Learning, 7*(1), 29-44.

Gabler, I. C., & Schroeder, M. (Eds.). (2003). *Constructivist methods of the secondary classroom.* Boston, MA: Pearson.

Gagné, R. M. (1985). *The conditions of learning* (4th ed.). New York: Holt, Rinehart, and Winston.

Glaser, R. (Ed.). (1962). *Training research and education.* Pittsburgh: University of Pittsburgh Press.

Johnson, D. W., Johnson, R. T., & Smith, K. A. (1998). Cooperative learning returns to college what evidence is there that it works?. *Change: The Magazine of Higher Learning, 30*(4), 26-35. https://doi.org/10.1080/00091389809602629

Kirschner, P., Sweller, J., & Clark, R. E. (2006). Why unguided learning does not work: An analysis of the failure of discovery learning, problem-based learning, experiential learning and inquiry-based learning. *Educational Psychologist, 41*(2), 75-86.

Milad, M. (2022). CALL project-based program to enhance student-teachers' TEFL skills. *Journal of Language Teaching and Research, 13*(5), 936-943. https://doi.org/10.17507/jltr.1305.05

Reigeluth, C. M. (1983). Meaningfulness and instruction: Relating what is being learned to what a student knows. *Instructional Science, 12*(3), 197-218.

Scriven, M. (1967). The methodology of evaluation. In R. W. Tyler, R. M. Gagné, & M. Scriven (Eds.), *Perspectives of curriculum evaluation* (Vol. 1, pp. 39-83). Chicago, IL: Rand McNally.

Staub, F. C., & Stern, E. (2002). The nature of teachers' pedagogical content beliefs matters for students' achievement gains: Quasi-experimental evidence from elementary mathematics. *Journal of Educational Psychology, 94*(2), 344-355. https://doi.org/10.1037/0022-0663.94.2.344

Tyler, R. W. (1930). Measuring the ability to infer. *Educational Research Bulletin, 9*(17), 475-480. https://www.jstor.org/stable/1472023

Tyler, R. W. (1931). A generalized technique for conducting achievement tests. *Educational Research Bulletin, 10*(8), 199-208. https://www.jstor.org/stable/1470345

Tyler, R. W. (1942). General statement on evaluation. *The Journal of Educational Research, 35*(7), 492-501. https://www.jstor.org/stable/27528279

Tyler, R. W. (1949). *Basic principles of curriculum and instruction*. Chicago, IL: The University of Chicago Press.

van Woezik, T. E., Koksma, J. J. J., Reuzel, R. P., Jaarsma, D. C., & van der Wilt, G. J. (2021). There is more than 'I' in self-directed learning: An exploration of self-directed learning in teams of undergraduate students. *Medical Teacher, 43*(5), 590-598. https://doi.org/10.1080/0142159X.2021.1885637

III. 교사

계보경, 한나라, 김은지, 조소영, 박연정 (2021). **메타버스(Metaverse)의 교육적 활용: 가능성과 한계**. 대구: 한국교육학술정보원.

교육부. (2017). 입장 바꿔 생각해보자! 육색 사고 모자 활동. **교육부 공식 블로그**. https://if-blog.tistory.com/7162

교육부. (2023. 9. 1). **행복한 교육**. https://www.moe.go.kr/upload/brochureBoard/1/2023/09/1693541623802_3689043186048287.pdf에서 2025년 1월 25일 인출

교육부. (2024. 3. 28). **말과 글**. https://www.moe.go.kr/boardCnts/viewRenew.do?boardID=430&lev=0&statusYN=W&s=moe&m=060210&opType=N&boardSeq=98499에서 2025년 1월 25일 인출

김아영, 김성일, 봉미미, 조윤정 (2022). **학습동기: 이론 및 연구와 적용**. 서울: 학지사.

김진우, 박혜성, 이선영 (2020). 부모, 교사, 또래관계가 청소년기 창의성의 종단적 변화양상에 미치는 영향. **창의력교육연구, 20**(3), 91-111. https://doi.org/10.36358/JCE.2020.20.3.91

백영균, 김정겸, 변호승, 왕경수, 윤미형, 최명숙 (2024). **인공지능 시대의 교육방법 및 교육공학**. 서울: 학지사.

서울특별시 교육청. (연도미상). **디지털교수학습**. https://www.sen.go.kr/user/bbs/BD_selectBbsList.do?q_bbsSn=1051에서 2025년 1월 25일 인출

오미진, 김성일 (2007). 자기효능감, 과제 선택범위 및 경쟁이 과제흥미에 미치는 효과. **교육심리연구, 21**(3), 573-589.

이선영 (2021). **우리 아이도 영재로 키울 수 있다**. 서울: 박영story.

이선영 (2022). **창의성 바로미터**. 서울: 박영story.

이선영, 우정민, 박혜성 (2023). 동질그룹핑 교육 경험이 영재들의 학습, 정서 및 사회성, 창의성과 진로 발달에 미치는 영향에 관한 메타분석. **영재교육연구, 33**(1), 1-32.

정재삼, 이정민, 조일현, 임규연, 소효정, 허열 (2021). **미래사회를 위한 교육의 방법과 테크놀로지**. 파주: 교육과학사.

진주시청. (2024. 8. 29). 집 근처에서 편하게 교육받으세요! 찾아가는 디지털배움터 교육 사업 '에듀버스' 실시. **진주시청 공식 블로그**. https://blog.naver.com/thejinjucity/223565188988에서 2025년 1월 25일 인출

Barnett-Itzhaki, Z., Beimel, D., & Tsoury, A. (2023). Using a variety of interactive learning methods to improve learning effectiveness: Insights from AI models based on teaching surveys. *Online Learning, 27*(3), 363-386. https://doi.org/10.24059/olj.v27i3.3575

Bergin, D. A. (2016). Social influences on interest. *Educational Psychologist, 51*(1), 7-22. https://doi.org/10.1080/00461520.2015.1133306

Berns, A., Mota, J. M., Ruiz-Rube, I., & Dodero, J. M. (2018, October). Exploring the potential of a 360 video application for foreign language learning. In *Proceedings of the sixth international conference on technological ecosystems for enhancing multiculturality* (pp. 776-780).

Bieñkiewicz, M. M., Smykovskyi, A. P., Olugbade, T., Janaqi, S., Camurri, A., Bianchi-Berthouze, N., ... & Bardy, B. G. (2021). Bridging the gap between emotion and joint action. *Neuroscience & Biobehavioral Reviews, 131*, 806-833. https://doi.org/10.1016/j.neubiorev.2021.08.014

Bosnjak, A., Boyle, C., & Chodkiewicz, A. R. (2017). An intervention to retrain attributions using CBT: A pilot study. *The Educational and Developmental Psychologist, 34*(1), 1-16. https://doi.org/10.1017/edp.2017.1

Chan, S., & Yuen, M. (2014). Creativity beliefs, creative personality and creativity-fostering practices of gifted education teachers and regular class teachers in Hong Kong. *Thinking Skills and Creativity, 14*, 109-118. https://doi.org/10.1016/j.tsc.2014.10.003

Chodkiewicz, A. R., & Boyle, C. (2014). Exploring the contribution of attribution retraining to student perceptions and the learning process. *Educational Psychology in Practice, 30*(1), 78-87. https://doi.org/10.1080/02667363.2014.880048

Chodkiewicz, A. R., & Boyle, C. (2016). Promoting positive learning in students aged 10-12 years using attribution retraining and cognitive behavioural therapy: A pilot study. *School Psychology International, 37*(5), 519-535. https://doi.org/10.1177/0143034316667114

Clark, B. (2012). *Growing up gifted: Developing the potential of children at school and at home* (8th ed.). Pearson.

Clifford, M. M. (1984). Thoughts on a theory of constructive failure. *Educational Psychologist, 19*(2), 108-120. https://doi.org/10.1080/00461528409529297

Darling-Hammond, L., & Bransford, J. (2007). *Preparing teachers for a changing world: What teachers should learn and be able to do*. Hoboken, NJ: John Wiley & Sons.

De Bono, E. (2017). *Six thinking hats*. London: Penguin.

de Shazer, S. (1985). *Keys to solution in brief therapy*. New York: Norton.

Eberle, B. (1996). *SCAMPER: Games forimagination development* (3rd ed.). DOK Publishers.

Eccles, J. S., Midgley, C., & Adler, T. F. (1984). Grade-related changes in the school environment: Effects on achievement motivation. In J. G. Nicholls (Ed.), *The development of achievement motivation* (pp. 283–331). JAI Press.

El Shaban, A. (2017). The use of Socrative in ESL classrooms: Towards active learning. *Teaching English with Technology, 17*(4), 64–77.

Elias, M. J., & Weissberg, R. P. (2000). Primary prevention: Educational approaches to enhance social and emotional learning. *Journal of School Health, 70*(5), 186-190.

Feuchter, M. D., & Preckel, F. (2022). Reducing boredom in gifted education: Evaluating the effects of full-time ability grouping. *Journal of Educational Psychology, 114*(6), 1477–1493. https://doi.org/10.1037/edu0000705

Flowerday, T., Schraw, G., & Stevens, J. (2004). The role of choice and interest in reader engagement. *Journal of Experimental Education, 72*(2), 93-114. https://doi.org/10.3200/JEXE.72.2.93-114

GATHER. (2024.11.22). https://www.gather.town

Gay, G. (2000). *Culturally responsive teaching: Theory, research and practice*. New York: Teachers College Press.

Graham, S. (2020). An attributional approach to motivation in school. In G. A. Dweck & A. J. Elliot (Eds.), *Handbook of theories of motivation and learning* (pp. 269–293). Academic Press. https://doi.org/10.1016/B978-0-12-814330-8.00017-5

Gross, M. U. M. (2015). Exceptionally gifted children: Long-term outcomes of academic acceleration and non-acceleration. *Journal for the Education of the Gifted, 38*(2), 149–179. https://doi.org/10.1177/0162353215578281

Guskey, T. R. (2003). *How classroom assessments improve learning*. Alexandria, VA: ASCD.

Guskey, T. R. (2007). Using assessments to improve teaching and learning. In D. Reeves (Ed.), *Ahead of the curve: The power of assessment to transform teaching and learning.* Bloomington, IN: Solution Tree.

Harackiewicz, J. M., Barron, K. E., Tauer, J. M., Carter, S. M., & Elliot, A. J. (2002). Short-term and long-term consequences of achievement goals: Predicting interest and performance over time. *Journal of Educational Psychology, 94*(3), 562–575. https://doi.org/10.1037/0022-0663.94.3.562

Hattie, J. (2009). The black box of tertiary assessment: An impending revolution. In L. Meyer, S. Davidson, H. Anderson, R. Fletcher, P. Johnston, & M. Rees (Eds.), *Tertiary assessment and higher education student outcomes: Policy, practice and research.* Wellington, New Zealand: Ako Aotearoa.

Hattie, J. A. C., & Gan, M. (2011). Instruction based on feedback. In R. Mayer & P. Alexander (Eds.), *Handbook of research on learning and instruction.* (pp. 249-271). New York: Routledge.

Hidi, S. (1990). Interest and its contribution as a mental resource for learning. *Review of Educational Research, 60*(4), 549-571. https://doi.org/10.3102/00346543060004549

Hidi, S., & Renninger, K. A. (2006). The four-phase model of interest development. *Educational Psychologist, 41*(2), 111-127. https://doi.org/10.1207/s15326985ep4102_4

Holmes, W., Bialik, M., & Fadel, C. (2019). *Artificial intelligence in education: Promises and implications for teaching and learning.* Boston, MA: The Center for Curriculum Redesign.

Huang, W., Hew, K. F., & Fryer, L. K. (2022). Chatbots for language learning—Are they really useful? A systematic review of chatbot-supported language learning. *Journal of Computer Assisted Learning, 38*(1), 237-257.

Johnson, L., Becker, S. A., Cummins, M., Estrada, V., Freeman, A., & Hall, C. (2016). *NMC horizon report: 2016 higher education edition.* The New Media Consortium.

Kudo, H., & Mori, K. (2015). A preliminary study of increasing self-efficacy in junior high school students: Induced success and a vicarious experience. *Psychological Reports, 117*(2), 631-642. https://doi.org/10.2466/11.07.PR0.117c22z

Kuhail, M. A., Alturki, N., Alramlawi, S., & Alhejori, K. (2023). Interacting with educational chatbots: A systematic review. *Education and Information Technologies, 28*(1), 973-1018.

Kuznetcova, I., & Glassman, M. (2020). Rethinking the use of Multi-User Virtual Environments in education. *Technology, Pedagogy and Education, 29*(4), 389-405. https://doi.org/10.1080/1475939X.2020.1768141

Kyriacou, C. (2001). Teacher stress: Directions for future research. *Educational Review, 53*(1), 27-35.

Lubart, T., & Besançon, M. (2017). On the measurement and mismeasurement of creativity. In R. A. Beghetto & B. Sriraman (Eds.), *Creative contradictions in education: Creativity theory and action in education* (Vol. 1, pp. 333–348). Springer. https://doi.org/10.1007/978-3-319-21924-0_18

Luckin, R., Holmes, W., Griffiths, M. & Forcier, L. B. (2016). *Intelligence unleashed: An argument for AI in Education.* London: Pearson.

Marzano, R. J. (2007). *The art and science of teaching.* Alexandria, VA: ASCD.

Mesler, R. M., Corbin, C. M., & Martin, B. H. (2021). Teacher mindset is associated with development of students' growth mindset. *Journal of Applied Developmental Psychology, 76,* 101299. https://doi.org/10.1016/j.appdev.2021.101299

Noddings, N. (2005). Identifying and responding to needs in education. *Cambridge Journal of Education, 35*(2), 147-159.

Perry, R. P., Stupnisky, R. H., Hall, N. C., Chipperfield, J. G., & Weiner, B. (2010). Bad starts and better finishes: Attributional retraining and initial performance in competitive achievement settings. *Journal of Social and Clinical Psychology, 29*(6), 668–700. https://doi.org/10.1521/jscp.2010.29.6.668

Renninger, K. A., & Hidi, S. E. (2022). Interest development, self-related information processing, and practice. *Theory into Practice, 61*(1), 23-34. https://doi.org/10.1080/00405841.2021.1932159

Robinson, K. (2011). *Out of our minds: Learning to be creative.* Capstone.

Rosenthal, R., & Jacobson, L. (1968). Pygmalion in the classroom. *The Urban Review, 3*(1), 16-20.

Sahlberg, P. (2011). The professional educator: Lessons from Finland. *American Educator, 35*(2), 34-38.

Schraw, G., Flowerday, T., & Lehman, S. (2001). Increasing situational interest in the classroom. *Educational Psychology Review, 13*(3), 211–224. https://doi.org/10.1023/A:1016619705184

Serrat, O. (2017). *Knowledge solutions: Tools, methods, and approaches to drive organizational performance*. Springer Nature. https://doi.org/10.1007/978-981-10-0983-9

Shulman, L. (1987). Knowledge and teaching: Foundations of the new reform. *Harvard Educational Review, 57*(1), 1-23.

Shute, V. J. (2008). Focus on formative feedback. *Review of Educational Research, 78*(1), 153-189.

Silverman, L. K. (1989). Invisible gifts, invisible handicaps. *Roeper Review, 12*(1), 37-42.

Singh, V., & Thurman, A. (2019). How many ways can we define online learning? A systematic literature review of definitions of online learning (1988-2018). *American Journal of Distance Education, 33*(4), 289-306. https://doi.org/10.1080/08923647.2019.1663082

Sutton, R. E., & Wheatley, K. F. (2003). Teachers' emotions and teaching: A review of the literature and directions for future research. *Educational Psychology Review, 15*, 327-358.

Tomlinson, C. A. (2001). *How to differentiate instruction in mixed-ability classrooms*. Upper Saddle River, NJ: Pearson Education.

Tschannen-Moran, M., & Hoy, A. W. (2001). Teacher efficacy: Capturing an elusive construct. *Teaching and Teacher Education, 17*(7), 783-805.

Turing, A. M. (1950). Computing machinery and intelligence. *Mind, 59*(236), 433-460. https://www.jstor.org/stable/2251299

Vangrieken, K., Meredith, C., Packer, T., & Kyndt, E. (2017). Teacher communities as a context for professional development: A systematic review. *Teaching and Teacher Education, 61*, 47-59.

Wallas, G. (1926). *The art of thought*. Harcourt Brace.

Wang, Y., Su, Z., Zhang, N., Xing, R., Liu, D., Luan, T. H., & Shen, X. (2022). A survey on metaverse: Fundamentals, security, and privacy. *IEEE Communications Surveys & Tutorials, 25*(1), 319-352. https://doi.org/10.1109/COMST.2022.3202047

Wiliam, D. (2011). What is assessment for learning?. *Studies in Educational Evaluation, 37*(1), 3-14.

Wisniewski, B., Zierer, K., & Hattie, J. (2020). The power of feedback revisited: A meta-analysis of educational feedback research. *Frontiers in Psychology, 10*, Article 3087. https://doi.org/10.3389/fpsyg.2019.03087

Wojciechowski, R., & Cellary, W. (2013). Evaluation of learners' attitude toward learning in ARIES augmented reality environments. *Computers & Education, 68*, 570-585. https://

doi.org/10.1016/j.compedu.2013.02.014

Wu, E. H. K., Lin, C. H., Ou, Y. Y., Liu, C. Z., Wang, W. K., & Chao, C. Y. (2020). Advantages and constraints of a hybrid model K-12 e-learning assistant chatbot. *IEEE Access, 8*, 77788-77801. https://doi.org/10.1109/ACCESS.2020.2988252

Wu, R., & Yu, Z. (2024). Do AI Chatbots Improve students learning outcomes? Evidence from a meta-analysis. *British Journal of Educational Technology, 55*(1), 10-33.

Wu, T., He, S., Liu, J., Sun, S., Liu, K., Han, Q. L., & Tang, Y. (2023). A brief overview of ChatGPT: The history, status quo and potential future development. *IEEE/CAA Journal of Automatica Sinica, 10*(5), 1122-1136.

ZEPETO. (2024.11.22). https://web.zepeto.me/ko

Zimmerman, M. (2018). *Teaching AI: Exploring new frontiers for learning.* Portland, Oregon: International Society for Technology in Education.

IV. 교육 환경

남창우, 이민효 (2020). 대학교육에서 스마트 교실 환경 변인이 대학생의 멀티미디어 활용태도 및 협력적 학습태도에 미치는 영향. **학습자중심교과교육연구, 20**(12), 111-131.

신명희, 강소연, 김은경, 김정민, 노원경, 서은희, 송수지, 원영실, 임호용 (2023). **교육심리학**(5판). 서울 : 학지사

이정아, 서정근 (2011). 교실 내 방향성식물의 유·무가 초, 중, 고등학생들의 학습집중력 및 정서안정에 미치는 영향. **인간식물환경학회지, 14**(3), 133-137.

이현우, 차윤미, 김기범 (2018). 대학교육에서 Active Learning Classroom의 효과에 관한 사례 연구. **교육정보미디어연구, 24**(4), 733-754.

조현기 (2018). 도심하천 답사활동을 통한 초등학생 환경소양 증진. **사회과교육연구, 25**(4), 43-61.

최용준 (2023). **하천 환경지리 프로그램이 초등학생의 생태시민성에 미치는 영향** [석사학위논문, 서울대학교 대학원].

Almelhi, A. M. (2021). Effectiveness of the ADDIE model within an E-learning environment in developing creative writing in EFL students. *English Language Teaching, 14*(2), 20-36. https://doi.org/10.5539/elt.v14n2p20

Barnett-Itzhaki, Z., Beimel, D., & Tsoury, A. (2023). Using a variety of interactive learning methods to improve learning effectiveness: Insights from AI models based on teaching surveys. *Online Learning*, 27(3), 363–386. https://doi.org/10.24059/olj.v27i3.3575

Branch, R. M. (2009). *Instructional design: The ADDIE approach*. Springer. https://doi.org/10.1007/978-0-387-09506-6

Brida, J. G., Nogare, C. D., & Scuderi, R. (2017). Learning at the museum: Factors influencing visit length. *Tourism Economics, 23*(2), 281-294.

Brink, H. W., Lechner, S. C. M., Loomans, M. G. L. C., Mobach, M. P., & Kort, H. S. M. (2024). Understanding how indoor environmental classroom conditions influence academic performance in higher education. *Facilities, 42*(2), 185-200. https://doi.org/10.1108/F-12-2022-0164

Brink, H. W., Loomans, M. G. L. C., Mobach, M. P., & Kort, H. S. M. (2021). Classrooms'indoor environmental conditions affecting the academic achievement of students and teachers in higher education: A systematic literature review. *Indoor Air, 31*(2), 405–425.

Burke, D. D. (2015). Scale-Up! Classroom design and use can facilitate learning. *The Law Teacher, 49*(2), 189-205.

Choi, N., Yamanaka, T., Takemura, A., Kobayashi, T., Eto, A., & Hirano, M. (2022). Impact of indoor aroma on students' mood and learning performance. *Building and Environment, 223*, 109490.

Cotner, S., Loper, J., Walker, J. D., & Brooks, D. C. (2013). "It's not you, it's the room"—Are the high-tech, active learning classrooms worth it? *Journal of College Science Teaching, 42*(6), 82-88.

Eickholt, J., Johnson, M. R., & Seeling, P. (2021). Practical active learning stations to transform existing learning environments into flexible, active learning classrooms. *IEEE Transactions on Education, 64*(2), 95-102. doi: 10.1109/TE.2020.3009919.

Falk, J. H., Ballantyne, R., Packer, J., & Benckendorff, P. (2012). Travel and learning: A neglected tourism research area. *Annals of Tourism Research, 39*(2), 908-927.

Frontczak, M., & Wargocki, P. (2011). Literature survey on how different factors influence human comfort in indoor environments. *Building and Environment, 46*(4), 922-937.

Godfrey, E. B., & Grayman, J. K. (2014). Teaching citizens: The role of open classroom climate in fostering critical consciousness among youth. *Journal of Youth and Adolescence, 43*, 1801-1817.

Göksu, I., Özcan, K., Çakir, R., & Göktas, Y. (2017). Content analysis of research trends in instructional design models: 1999-2014. *International Review of Research in Open and Distributed Learning, 18*(3), 239–261. https://doi.org/10.19173/irrodl.v18i3.3261

Google. (n.d.). *Google Classroom.* Google for Education. Retrieved February 11, 2025, from https://edu.google.com/intl/ALL_kr/workspace-for-education/products/classroom/

Johnson, B. (2024, April 14). Interactive learning tools: A practical guide to integrating technology in the classroom. *Davenport Group.* https://davenportgroup.com/insights/interactive-learning-tools-a-practical-guide-to-integrating-technology-in-the-classroom/

Kadohisa, M. (2013). Effects of odor on emotion, with implications. *Frontiers in Systems Neuroscience, 7*(66). Article 66. https://doi.org/10.3389/fnsys.2013.00066

Knudson, D., Odum, M., & Meaney, K. (2022). Student and faculty perception of engagement in two active learning classroom designs. *Journal of Learning Spaces, 11*(2), 36-44.

Lai, H. R., Chou, W. L., Miao, N. F., Wu, Y. P., Lee, P. H., & Jwo, J. C. (2015). A comparison of actual and preferred classroom environments as perceived by middle school students. *Journal of School Health, 85*(6), 388-397.

Leue, M. C., Jung, T., & tom Dieck, D. (2015). Google glass augmented reality: Generic learning outcomes for art galleries. In *Information and Communication Technologies in Tourism 2015: Proceedings of the International Conference in Lugano, Switzerland, February 3-6, 2015* (pp. 463-476). Springer International Publishing.

Linzer, D. (2013). Learning by doing: Experiments in accessible technology at the Whitney Museum of American Art. *Curator, 56*(3), pp. 363-367.

Lonn, S., & Teasley, S. D. (2009). Saving time or innovating practice: Investigating perceptions and uses of learning management systems. *Computers & Education, 53*(3), 686–694. https://doi.org/10.1016/j.compedu.2009.04.008

Mortara, M., Catalano, C. E., Bellotti, F., Fiucci, G., Houry-Panchetti, M., & Petridis, P. (2014). Learning cultural heritage by serious games. *Journal of Cultural Heritage, 15*(3), 318-325.

Muruganantham, G. (2015). Developing of e-content package by using ADDIE model. *International Journal of Applied Research, 1*(3), 52–54.

Oliveira, P. C. D., Cunha, C. J. C. D. A., & Nakayama, M. K. (2016). Learning management systems (LMS) and e-learning management: An integrative review and research agenda. *JISTEM-Journal of Information Systems and Technology Management, 13*(2), 157–180. https://doi.org/10.4301/S1807-17752016000200001

Oliver-Hoyo, M. T., Allen, D., Hunt, W. F., Hutson, J., & Pitts, A. (2004). Effects of an active learning environment: Teaching innovations at a research I institution. *Journal of Chemical Education, 81*(3), 441-448.

Park, E. L., & Choi, B. K. (2014). Transformation of classroom spaces: Traditional versus active learning classroom in colleges. *Higher Education, 68*, 749-771.

Parrish, C. W., Guffey, S. K., Williams, D. S., Estis, J. M., & Lewis, D. (2021). Fostering cognitive presence, social presence, and teaching presence with integrated online—Team-based learning. *TechTrends, 65*(4), 473-484. https://doi.org/10.1007/s11528-021-00598-5

Rolletschek, H. (2020). The effects of odor on vocabulary learning. *Language Teaching Research Quarterly, 18*, 21-39.

Stigler, G.J., & Becker, G.S. (1977). De Gustibus on Est Disputandum. *American Economic Review, 67*(2), 76-90.

Sun, S., Else-Quest, N. M., Hodges, L. C., French, A. M., & Dowling, R. (2021). The effects of ALEKS on mathematics learning in K-12 and higher education: A meta-analysis. *Investigations in Mathematics Learning, 13*(3), 182-196. https://doi.org/10.1080/1947750 3.2021.1918105

tom Dieck, M. C., Jung, T. H., & tom Dieck, D. (2018). Enhancing art gallery visitors' learning experience using wearable augmented reality: Generic learning outcomes perspective. *Current Issues in Tourism, 21*(17), 2014-2034.

Van Horne, S., Murniati, C., Gaffney, J. D. H., & Jesse, M. (2012). Promoting active learning in technology-infused TILE Classrooms at the University of Iowa. *Journal of Learning Spaces, 1*(2), 1-9. https://libjournal.uncg.edu/jls/article/view/344/280

Wang, M. T., & Degol, J. L. (2016). School climate: A review of the construct, measurement, and impact on student outcomes. *Educational Psychology Review, 28*(2), 315-352.

색인

저자 약력

· 이선영
(현)서울대학교 사범대학 교육학과 교수
(전)연세대학교 교육과학대학 교육학과 부교수/조교수
(美)조지아대학교 교육대학 교육심리학과 영재/창의성교육전공 박사

· 박혜성
(현)한국해양대학교 학술연구교수
서울대학교 사범대학 교육학과 교육심리전공 박사
서울대학교 사범대학 교육학과 석사

· 우정민
(현)서울대학교 사범대학 교육학과 박사 수료
서울대학교 사범대학 교육학과 석사

· 황선영
(현)서울대학교 사범대학 교육학과 박사 수료
(美)텍사스A&M대학교 교육학과 석사

· 김진우
(현)서울대학교 사범대학 교육학과 박사 수료
서울대학교 사범대학 교육학과 석사

· 이 빈
(현)서울대학교 사범대학 교육학과 박사 수료
서울대학교 사범대학 교육학과 석사
(전)초등학교 정교사(1급)

교육심리학: 학습과 교수

초판발행   2025년 3월 4일

지은이   이선영·박혜성·우정민·황선영·김진우·이 빈
펴낸이   노 현

편 집   배근하
기획/마케팅   조정빈
표지디자인   이영경
제 작   고철민 · 김원표

펴낸곳   ㈜ 피와이메이트
                서울특별시 금천구 가산디지털2로 53, 210호(가산동, 한라시그마밸리)
                등록 2014. 2. 12. 제2018-000080호
전 화   02)733-6771
f a x   02)736-4818
e-mail   pys@pybook.co.kr
homepage   www.pybook.co.kr
ISBN   979-11-7279-041-7 93370

정 가   22,000원

박영스토리는 박영사와 함께하는 브랜드입니다.